SÃO PAULO DEVE SER DESTRUÍDA

SÃO PAULO DEVE SER DESTRUÍDA

MOACIR ASSUNÇÃO

2ª edição

EDITORA RECORD
RIO DE JANEIRO • SÃO PAULO
2024

CIP-BRASIL. CATALOGAÇÃO NA FONTE
SINDICATO NACIONAL DOS EDITORES DE LIVROS, RJ

A873s
2ª ed.

Assunção, Moacir
　　São Paulo deve ser destruída / Moacir Assunção. – 2ª ed. –
Rio de Janeiro: Record, 2024.
　　il.

　　ISBN 978-85-01-10011-5

　　1. Brasil – História – Revolução Paulista, 1924. I. Título.

14-18464

CDD: 981.06
CDU: 94(81)'1924'

Copyright © Moacir Assunção, 2015

Texto revisado segundo o Acordo Ortográfico da Língua Portuguesa de 1990.

Todos os direitos reservados. Proibida a reprodução, armazenamento ou transmissão de partes deste livro através de quaisquer meios, sem prévia autorização por escrito.

Direitos exclusivos desta edição reservados pela
EDITORA RECORD LTDA.
Rua Argentina, 171 – 20921-380 – Rio de Janeiro, RJ – Tel.: (21) 2585-2000.

Impresso no Brasil

ISBN 978-85-01-10011-5

Seja um leitor preferencial Record.
Cadastre-se no site www.record.com.br e receba informações sobre nossos lançamentos e nossas promoções.

Atendimento direto ao leitor:
sac@record.com.br

A revolta de São Paulo
Para mim já não foi bão
Pela notícia que corre
Os revortoso têm razão
Aí estou me referindo
A essa nossa situação
Se os revortoso ganhar
aí eu pulo e rolo no chão.

"Moda da Revolução de 1924"
Cornélio Pires e Arlindo Santana
(gravada em 1929)

Sumário

Moacir Assunção e a Revolução de 1924 — Fernando Jorge   9
Por que esquecemos? — Estefânia Knotz Canguçu Fraga   13
Apresentação e agradecimentos   19
Cronologia da Revolta   27
Breve contexto histórico e político de 1924 e os antecedentes do movimento   35

1. Os que foram atacados (suas histórias de horror e sofrimento)   43
2. Os que bombardearam e suas razões (Arthur Bernardes, Carlos de Campos, Potiguara, Sócrates e Bento Bueno)   91
3. É lícito atacar uma cidade aberta? A discussão acerca da legalidade e da legitimidade do bombardeio a São Paulo   137
4. As tentativas de negociação   153
5. As cartas da Revolução   163
6. Memorialistas e cronistas contam a história   181
7. A feroz repressão a rebeldes, anarquistas e à fraca oposição parlamentar   195
8. A reconstrução da cidade   229
9. O destino dos tenentes e de seus algozes   235

Entrevistas   255
Notas   265
Referências bibliográficas   271

Moacir Assunção e a Revolução de 1924

Fernando Jorge*

Moacir Assunção está realizando uma obra indispensável para os que desejam ver a história do Brasil sob novos aspectos. Sim, pois ele é um pesquisador tenaz, infatigável. Nos três livros de sua autoria já publicados, o leitor encontra o fato importante, porém contado de forma inédita. Essa capacidade de Moacir de achar e mostrar o episódio valioso, elucidativo, me traz à memória o vulto do insigne historiador Alexandre Herculano, a quem devemos essa obra soberba, em três volumes, intitulada *História da origem e estabelecimento da Inquisição em Portugal (1854-1859)*. Herculano frisou: "Há muitas vezes na História, ao lado dos fatos públicos, outros sucedidos nas trevas, os quais, frequentemente, são a causa verdadeira daqueles, e que os explicariam se fossem revelados."

Moacir Assunção faz isso. Colhe depoimentos orais, consulta arquivos e coleções de periódicos, vasculha, esquadrinha, nunca esmorece na tarefa de esclarecer, de apresentar a verdade, pois sabe, como Santo Agostinho, que "os que não querem ser vencidos pela verdade são vencidos pelo erro" (*Qui vinci a veritate nolunt, ab errore vincuntur*).

---

* Escritor e jornalista, autor de *Drummond e o elefante Geraldão* (Novo Século).

Os três livros de Moacir provam como ele não repete literalmente o fato já divulgado, mas, se o evoca, é para exibi-lo com luz mais definidora, precisa. Admirável a sua pertinácia, o seu afã de separar, exímio garimpeiro da História do Brasil, o ouro do cascalho.

Oito anos de pesquisas exigiram a feitura do primeiro livro de Moacir, o delicioso *Os homens que mataram o facínora: A história dos grandes inimigos de Lampião*. Dotado de infinita paciência, de agudo senso crítico, para escrevê-lo ele pesquisou anos a fio em arquivos de Alagoas, do Sergipe, da Bahia, do Ceará, da Paraíba, de Pernambuco.

Seis anos de pesquisas. Eis o tempo que lhe custou para produzir o monumental *Nem heróis, nem vilões*, livro repleto de fatos novos, de informações interessantes, desconhecidas, sobre a ferocíssima Guerra do Paraguai. Moacir Assunção fez o que nenhum historiador brasileiro havia feito: colheu depoimentos de historiadores paraguaios, como Carlo Pucineri Scala, proprietário de um rico arquivo sobre o conflito; de Manuel Peña, ex-presidente da Academia Paraguaia de História, cujos antepassados foram perseguidos por Solano López. Outra façanha: colheu o depoimento, lá no Paraguai, da filósofa Gladys Solano López, uma senhora de 72 anos, bisneta do ditador daquele país, como seu nome indica.

Em resumo, as duas obras de Moacir são originais, pioneiras, inovadoras, pois a primeira oferece dados preciosos que não encontramos nos livros sobre o cangaço de Walfrido Moraes, Renato Phaelante, Aglae Lima de Oliveira, Melchíades da Rocha, Maria Isaura Pereira de Queiroz. Também constatamos o mesmo empenho na obra *Nem heróis, nem vilões*, em que há informes novos, inexistentes nas obras sobre a Guerra do Paraguai de Gustavo Barroso, Dionísio Cerqueira, Tasso Fragoso, Antônio de Sena Madureira, Alfredo da Mota Menezes, Leon Pomer, Ricardo Salles, Walter Spalding e Anatólio Alves de Assis.

* * *

Neste seu livro sobre a revolta de 5 de julho de 1924, o historiador Moacir Assunção prova, mais uma vez, que é um fiel evocador dos episódios marcantes da História do Brasil. Moacir lê a rebelião com olhos perspicazes e a analisa com espírito justo, imparcial. Além de proceder assim, tem o dom de seduzir o leitor, graças ao seu estilo fluente, espontâneo. E divulga pormenores curiosos, fatos inéditos, não registrados em outras obras sobre o assunto. Vejam a sua forma segura de situar o movimento no contexto histórico, de descrever os antecedentes que o geraram, de narrar o horror, o sofrimento das vítimas, de explicar as razões dos que bombardearam a mais rica, a mais próspera cidade da pátria de Rui Barbosa. Admirem como ele analisa o problema moral de atacar uma cidade aberta de operários, de imigrantes, onde havia labor fecundo, progresso sempre crescente.

A descrição empolgante que Moacir faz do martírio de São Paulo, sob as bombas dos aviões de Arthur Bernardes, fere a nossa sensibilidade, como se estivéssemos lendo o texto de um historiador de talento, a nos mostrar a selvageria do bombardeio da antiga cidade basca de Guernica, pelos aliados alemães de Franco, em abril de 1937, que Picasso fixou numa tela forte, dramática; e o bombardeio, em fevereiro de 1945, da majestosa cidade de Dresden, cheia de museus, de soberbos edifícios barrocos, a "Florença alemã" — na definição do escritor Herder —, antiga capital da Saxônia, arrasada por centenas de aviões dos britânicos e dos americanos.

Moacir Assunção, com este livro *São Paulo deve ser destruída*, além de se inserir entre os grandes historiadores do Brasil moderno, nos dá a impressão de ser dotado de visão múltipla, pois nada escapa à sua análise da revolta, como as tentativas de negociação, as cenas do massacre urbano, o exame dos textos dos memorialistas e cronistas que dissertaram sobre o tema, as consequências do levante, a reconstrução de São Paulo. Historiador superatento, ele não deixa escapar nada, de maneira envolvente, porque é dono de um estilo claro, agradável, magnético.

Após concluir a leitura deste livro fascinante, lembrei-me da seguinte frase de Jules Michelet (1798-1874), colocada no capítulo 4 do livro *L'Amour*: "A História é uma ressurreição da vida integral, não de suas superfícies, mas dos seus organismos interiores e profundos."

Por que esquecemos?

Estefânia Knotz Canguçu Fraga*

Uma possível resposta a essa questão depende do historiador que, a exemplo do *Lumpensammler*, de Walter Benjamin, o catador de cacos e de restos, se disponha a sair em busca do que foi deixado de lado pela história oficial, como algo que não tenha significação e não mereça ser lembrado e comemorado. Enfim, cabe ao pesquisador enfrentar a árdua tarefa de encontrar vestígios e de dar exterioridade ao "rastro arquival", na expressão de David Konstan, ao tratar de questões relacionadas à memória, ao esquecimento e ao ressentimento.**

Moacir Assunção, autor do livro sobre o movimento de 1924 em São Paulo, percebeu que as fotos da época, que sobreviveram ao acontecimento, assim como outros materiais documentais, constituem suportes para o trabalho do historiador. Contudo, como imagens e textos, contêm outro arquivo memorial, que não se apresenta de imediato. Para ser lido, exige sensibilidade e habilidade analítica do pesquisador para que consiga perceber que, sob a aparência imediata e, por vezes, sedutora e convincente dos discursos visuais e textuais, há rastros que remetem

---

* Doutora em História e professora titular da Pontifícia Universidade Católica de São Paulo (PUC-SP).
** BRESCIANI, Stella; NAXARA, Márcia (orgs.), "Ressentimento: História de uma emoção", In *Memória e (res)sentimento: Indagações sobre uma questão sensível*. Campinas: Ed. Unicamp, 2004.

a outro lado da história, em que é possível "ouvir" os anônimos e os sem-importância para a história oficial. A destruição de casas, edifícios públicos e, sobretudo, o registro da existência de feridos e mortos no conflito, o desespero dos moradores da cidade para fugir aos bombardeios e demais artefatos bélicos — usados pelas tropas legalistas para justificar o objetivo de legitimar a ordem e o poder do Estado, e, pelos rebelados, para contestar aquele poder — condenaram ao esquecimento os sem-importância, os sem-nome, enfim a população civil, que, nas condições históricas do momento, constaram para a posteridade apenas como números nas estatísticas oficiais.

A tarefa a que se impôs o historiador Moacir Assunção foi a de encontrar brechas nos discursos dos vencedores, e também nos dos vencidos — militares, autoridades, memorialistas, jornalistas —, enfim, nos vários suportes de que se valeu a memória autorizada, tanto do lado dos legalistas quanto dos rebeldes paulistas, para dar visibilidade histórica aos rastros e vestígios dos moradores, sofridos protagonistas do conflito, mas relegados ao esquecimento, sem direito nem à palavra nem à lembrança.

Em *São Paulo deve ser destruída*, pesquisa originalmente apresentada como dissertação de mestrado ao Programa de Pós-Graduação em História da Pontifícia Universidade Católica de São Paulo — e que agora encontra a oportunidade para publicação —, o autor se preocupou em encontrar os vestígios de moradores de bairros atingidos pelos bombardeios, como Mooca, Brás e Ipiranga.

Em um processo minucioso de pesquisa, paciente, e com olhar investigativo — que lembra a imagem usada pelo historiador Carlo Ginzburg para retratar o ofício do historiador —, o autor se debruçou em fontes variadas, como jornais da grande imprensa e da imprensa operária, livros de memorialistas e cronistas, fotografias, cartas, memórias e materiais vários, espalhados em arquivos pelo Brasil, para encontrar os indícios da experiência dos cidadãos envolvidos no conflito, e dar-lhes visibilidade histórica.

Pelos registros de depoimentos da população civil e pelos outros indícios encontrados em matérias de jornais, em arquivos e na literatura, Moacir Assunção pôde perceber que as principais vítimas do bombardeio legalista — e também dos rebelados — foram trabalhadores pobres, a maioria imigrantes, que viviam em bairros operários nas zonas leste e sul da capital paulista.

Os números que o pesquisador nos apresenta expressam a extensão do confronto bélico, conhecido como a segunda revolução tenentista, que ocorreu na cidade de São Paulo, de 5 a 28 de julho de 1924: 503 mortos, 4.864 feridos, e o êxodo de aproximadamente 250 mil moradores, que buscaram refúgio em cidades vizinhas. O desabastecimento de gêneros alimentícios provocou saques, como registram as fotos pertencentes ao arquivo pessoal dos descendentes dos antigos donos da hoje tradicional Padaria São Domingos, no bairro do Bixiga.

Por tratar-se de um trabalho pioneiro, destaco o empenho do historiador em localizar e assinalar, na cidade de São Paulo de 1924, os edifícios públicos, a sede dos quartéis, os parques, as indústrias, enfim, os espaços da cidade que foram bombardeados e sofreram danos, identificando também os locais onde se instalaram os quartéis-generais das forças legalistas e os dos revoltosos.

Por último, convém reconhecer a dificuldade em detalhar, em poucas linhas, a inédita abordagem do estudo da qual se valeu o pesquisador para tratar da temática, objeto de sua investigação. Embora algumas excelentes pesquisas tenham contribuído para analisar o movimento de 1924 em São Paulo — e o resultado obtido por Moacir Assunção se soma, sem dúvida, a elas —, tenho a convicção de que o recorte temático escolhido pelo pesquisador, ao buscar indícios do cotidiano dos moradores durante o conflito, representa a contribuição original para a historiografia brasileira e, em especial, para a história de São Paulo.

Percorrendo a produção existente sobre o tema, percebe-se que a historiografia paulista ainda se ressente de trabalhos sobre essa revolta, que se justificou unicamente como uma disputa de poder, à custa de muito sofrimento da população civil — como costuma ocorrer no jogo violento da guerra, movido invariavelmente por interesses políticos e ideológicos.

Nessa perspectiva e na esteira do que nos lembra Paul Ricoeur,* é possível reconhecer, no conflito de 1924, a ideologização da memória — tanto de vencidos como de vencedores.

Sem julgar rebeldes e legalistas, e reconhecendo que posições e propostas ideológicas estão sutilmente inscritas nas entrelinhas de documentos oficiais e em fontes literárias, o autor trabalhou na perspectiva de encontrar os rastros do homem comum, a população civil da cidade paulistana. Conseguiu, em uma tarefa que em nenhum momento se mostrou fácil, mas sempre desafiadora e instigante, percorrer as fontes documentais, reconhecendo que os materiais produzidos pelos protagonistas daquele movimento — legalistas e rebeldes —, tanto no calor do conflito como posteriormente, pretendiam que sua produção literária se tornasse o suporte para acolher suas memórias, registros de sua participação, avaliação e julgamento do conflito.

Essa é uma armadilha que pode estar contida nos textos memorialísticos, crônicas, relatórios e em documentos oficiais. Contudo, esses materiais, sem a pretensão, guardam também o que Ricoeur chama de "esquecimento de reserva", que impede que o esquecimento seja o inimigo da memória e da história.

Trata-se, portanto, de entender que o arquivo documental sobre a revolta de 1924 não tem a intenção de condenar ao esquecimento o sofrimento e as dificuldades da população civil da cidade durante o confronto. Trata-se, sobretudo e essencialmente, de investigar a con-

---

* RICOEUR, Paul, *A memória, a história, o esquecimento*. São Paulo: Editora Unicamp, 2007, p. 95.

dição histórica da produção daqueles materiais que o historiador, no exercício de seu ofício, constituiu como fontes.

> [...] é o passado, em sua dupla dimensão mnemônica e histórica que, no esquecimento, se perde; a destruição de um arquivo, um museu, uma cidade — esses testemunhos da história passada — equivale a esquecimento. Há esquecimento onde houve rastro. Mas o esquecimento não é apenas o inimigo da memória e da história. Uma das teses que mais prezo é que existe também um esquecimento de reserva que o torna o recurso para a memória e a história, sem que seja possível estabelecer o balanço dessa luta de Titãs (RICOEUR, p. 30).

Esse foi o compromisso de Moacir Assunção nesta pesquisa: compreender por que esquecemos. E encontrar no esquecimento, os rastros da história. A outra face de *São Paulo deve ser destruída*.

Apresentação e agradecimentos

Tive contato com o tema da revolta paulista de 1924 quando, como um jovem repórter do jornal *Diário Popular*, no início da década de 1990, fazia reportagens contando a história dos bairros de São Paulo, publicadas aos sábados numa coluna intitulada "Conheça seu Bairro", que existiu por dois anos naquele tradicional diário paulistano, hoje extinto e substituído pelo *Diário de S. Paulo*. Invariavelmente, todas as vezes que ia entrevistar os moradores antigos dos bairros atingidos pelo bombardeio, eles me falavam desse conflito. Surpreso, porque não conhecia o evento, imaginava que meus informantes se referissem à Revolução de 1932, muito mais famosa que a ocorrida apenas oito anos antes. Assim, comecei a pesquisar o assunto, conseguindo amealhar, em pouco tempo, uma bibliografia bastante expressiva sobre o tema, composta de pelo menos trinta livros escritos na época, fotos e outros documentos.

Fiquei tão impressionado com a destruição causada pelo bombardeio a uma cidade, integrante do mesmo país do Exército que a atacava ferozmente, que me lembrei da determinação do tribuno romano Catão, o Velho (234-149 a.C.) — *Delenda est Cartago* (Cartago deve ser destruída) —, que sempre terminava seus discursos com esta frase, propondo a eliminação da cidade-Estado fenícia que rivalizava comercial e politicamente com Roma na Antiguidade. Sentença que se cumpriu nas Guerras Púnicas, movidas por Roma contra essa potência emergente.

Começando a conhecer melhor os personagens daquele conflito, qual não foi minha surpresa ao constatar que estudei em duas escolas — Marechal Juarez Távora, no Jardim Penha, e Padre Antão, na Penha —, ambas na zona leste da capital paulista, que relembram figuras que vivenciaram o conflito, respectivamente na condição de líder militar rebelde e pároco da Penha de França no período. Muitos anos depois, comecei a lecionar em uma universidade, a São Judas Tadeu, que fica na Mooca, também na zona leste paulistana, ao lado do que restou do Cotonifício Crespi, prédio parcialmente destruído por bombas no episódio, em um dos bairros paulistanos mais atingidos durante a conflagração.

Descobri depois que o casarão onde vivia José Carlos de Macedo Soares, personagem central da revolta como presidente da Associação Comercial de São Paulo, ficava na esquina das ruas da Consolação e Major Quedinho, ou seja, exatamente onde estava instalado o prédio do *Diário Popular*, meu local de trabalho por cinco anos. Cheguei à conclusão, então, de que tantas coincidências me forçavam a uma espécie de "compromisso moral" de tentar acrescentar subsídios que ajudassem a contar melhor esta história, pela qual me apaixonei ao conhecê-la com mais detalhes.

Assim, continuei estudando o tema. Em fins de 2011, interessado em desenvolver uma pesquisa de caráter mais acadêmico sobre o assunto, resolvi apresentar uma proposta de dissertação de mestrado na Pontifícia Universidade Católica de São Paulo (PUC-SP) para estudar melhor esta história e compreender suas implicações na história de São Paulo e do Brasil.

Tive acesso, então, no curto período do mestrado, a uma enorme gama de documentos, dissertações, livros, fotografias e cartas que aumentaram bastante meu interesse pela Revolta de 1924. A orientação da professora Estefânia Knotz Canguçu Fraga, as aulas de todos os professores, os debates com os colegas, as leituras e pesquisas, tudo foi de grande valia para que eu me aprofundasse no tema.

Quando cheguei à PUC, pretendia estudar a história das pessoas comuns que se envolveram involuntariamente no conflito. Imaginei que a universidade talvez não desse guarida a esse tipo de pesquisa. Qual não foi minha surpresa quando a orientadora explicou que a vida e a trajetória das pessoas comuns são um foco prioritário de estudo da história social, linha de pesquisa que perpassa o departamento.

Fui então atrás desses personagens — simples operários que habitavam os bairros atingidos — e aos poucos consegui encontrá-los, em livros, memoriais, cartas, fotos e outros documentos. Estive, entre outros locais, no Arquivo Histórico do Exército, no Rio de Janeiro, e no Arquivo Público Mineiro, em Belo Horizonte, além do Arquivo Público do Estado de São Paulo, na capital paulista. Só fui encontrá-los, entretanto, no Arquivo da Cúria Metropolitana, na unidade da PUC do Ipiranga, em São Paulo.

Em muitos momentos, foi emocionante ter em mãos documentos em que paulistanos comuns contavam seus padecimentos no período. Com um pouco mais de tempo, seria possível ter um painel mais completo das histórias, mas creio que, no que foi possível, ajudei a trazer às páginas deste livro a história das pessoas que sofreram com perdas de amigos e parentes, além de amargar prejuízos materiais durante o conflito. Tudo dentro daquele princípio do famoso ditado indiano que diz que "quando dois elefantes brigam, quem sofre é a grama".

O que foi possível constatar é que ainda há muito para estudar nesse tema tão rico, com histórias e personagens que tiveram grande importância — de uma ou de outra forma — na história do Brasil. As perspectivas que se abrem para a pesquisa do assunto são inúmeras, a começar pelo fato de que a Revolta ou Revolução de 1924 ainda é um assunto carente de estudos, ao contrário da Revolução de 1932, muito mais pesquisada. Espero que o trabalho possa aguçar o interesse de outros pesquisadores por um maior estudo sobre o tema, que considero fundamental para entender a política brasileira do século XX.

Creio que seria oportuno, por exemplo, investigar a influência do movimento de 1924 em revoltas similares no Brasil e até no exterior. Sabe-se que várias revoltas ocorreram simultaneamente à de São Paulo e outras pouco depois, mas faltam estudos acadêmicos sobre o tema que nos possibilitem ter uma visão global do momento que viveu o país entre o fim da chamada República Velha e a Revolução de 1930. Alguns exemplos são o levante do 10º Regimento de Cavalaria Independente, em Bela Vista, Mato Grosso; do 28º Batalhão de Caçadores de Sergipe; do 26º Batalhão em Belém; e do 27º Batalhão em Manaus, além do 4º Grupo de Artilharia, em Óbidos, também no Pará. Navios da Marinha, como o encouraçado *São Paulo* e a *Flotilha do Amazonas*, também se rebelaram.

No Chile, por sua vez, ocorreu no mesmo ano de 1924 um levante de jovens militares que passou à história com o nome de *Ruido de Sables*, em referência ao barulho das armas dos tenentes dentro do parlamento daquele país, com o objetivo de pressionar os parlamentares a realizarem mudanças e conquistarem melhorias salariais para os militares. O que pude perceber com o estudo é que, para além de um movimento militar que opôs milicianos rebeldes a legalistas, a revolta de 1924 marcou, de forma indelével, mais de uma geração de paulistanos e paulistas que sentiu na pele seus efeitos ou os conheceu por meio da memória de parentes e amigos. A própria geografia da cidade guarda, até os dias de hoje, resquícios daquele período.

E o que dizer dos personagens de importância crucial para o momento, como o presidente da República, Arthur Bernardes, o ministro da Guerra, Setembrino de Carvalho, o general Tertuliano Potiguara e o presidente Washington Luís entre os legalistas; o general Isidoro Dias Lopes, o major Miguel Costa, o capitão Juarez Távora, os tenentes Filinto Müller, Eduardo Gomes, e até mesmo, de certa forma, o capitão Luís Carlos Prestes entre os rebeldes? Todos, presentes na história da revolta paulista, tiveram, para o bem ou para o mal, uma trajetória muito importante na história do Brasil.

SÃO PAULO DEVE SER DESTRUÍDA

O que é possível notar é que a geração de 1924 ajudou a formar os quadros e o jeito de ser da política brasileira até meados da ditadura militar de 1964, com reflexos nos dias de hoje. Imprimiu uma marca, em grande parte provocada pelos reflexos da conflagração no cotidiano de paulistas e brasileiros no período, assim como o fenômeno do tenentismo, essencial para entender a política brasileira na sua relação com os militares. Formou-se naquela época, também, o gérmen de um poderoso estado policial no país, que se consolidaria durante o Estado Novo getulista e a ditadura militar de 1964.

Bernardes, por exemplo, é um personagem instigante e deve ser considerado um homem do seu tempo, apesar das críticas que lhe possamos fazer em razão do episódio. Quando da sua saída da Presidência, o presidente que o substituía, Washington Luís, disse, conforme publicou o jornal *O Globo*, de 1º de janeiro de 1927:

> Pode V. Exa. retirar-se à sua vida particular com espírito tranquilo de um justo e com certeza de haver cumprido galhardamente o seu dever.

Ambos, o presidente que saía e o que entrava, cumpriram um papel: destruir as organizações operárias, notadamente as ligadas aos anarquistas. Segundo June G. Harner, em sua obra *Pobreza e política no Brasil* (1993):

> As organizações operárias se desintegraram sob o ataque violento do governo. Em São Paulo e outras cidades do Sul, a Polícia não apenas fechou completamente os jornais operários, como destruiu as sedes dos sindicatos e prendeu e espancou grevistas, mas também deportou os militantes estrangeiros, devastando a liderança operária.

Fica no ar uma pergunta: o presidente poderia agir de forma diferente para combater a revolta, diante da cidade ocupada por oponentes bem armados, ao ordenar o bombardeio sem tréguas? Sem dúvida, havia opções. Em Santos, na mesma época, em episódio descrito por

Gerson Macedo Soares em sua obra *A acção da Marinha na Revolução Paulista de 1924*, um aeroplano rebelde, pilotado por Anésia Pinheiro, sobrevoou embarcações da Marinha de Guerra e jogou panfletos sobre o navio *Minas Gerais*. O comandante da esquadra e governador militar da cidade, José Maria Penido, afirmou que podia ter abatido o avião com seus canhões antiaéreos, mas não o fez para evitar mortes e prejuízos materiais à população. Bem diverso foi o comportamento do presidente da República no episódio no que diz respeito à rebelião em São Paulo. Ele mandou bombardear a cidade, sem piedade, mesmo que o saldo pudesse ser a morte de civis desarmados.

Não restam dúvidas de que naquela época se constituiu um poderoso aparelho repressivo, cujas consequências chegaram até nossos dias, depois de passar pelas ditaduras do Estado Novo e a militar. No livro, discuto alguns temas pouco estudados como os motivos alegados pelo governo para bombardear a cidade, as armas usadas, as injunções políticas, o sofrimento da população civil e a forte repressão governamental no pós-revolta. Procurei trazer histórias singulares de sujeitos que viveram as agruras do conflito e visitei os locais atingidos pelas bombas. Trata-se da fala "dos de baixo", como diria o grande historiador inglês Edward Palmer Thompson. O assunto, naturalmente, está muito longe de se esgotar.

As perspectivas de estudo, a meu ver, poderiam passar por temas como a participação dos soldados de baixa patente no conflito, de um e de outro lado, das mulheres, das crianças, dos negros, com mais dados sobre o cotidiano das pessoas comuns, e muitos outros. Oxalá o tema Revolta de 1924 e suas consequências conquistem cada vez mais interesse e rendam novas pesquisas e investigações, de forma que possamos, um dia, dizer que conhecemos esse tema tão bem quanto a revolução ocorrida oito anos depois. Quem sabe, em algum momento, o governo do estado não resolva, sob pressão da sociedade, instalar na cidade, talvez no Palácio dos Campos Elíseos, o Museu das Revoluções Brasileiras, onde ficariam sob guarda documentos, fotografias, armas, uniformes e outros objetos de 1924, 1930 e 1932, três momentos marcantes da história nacional?

Por fim, gostaria de deixar registrados os meus agradecimentos a um grupo de pessoas fundamental para a publicação deste livro, sempre deixando bem claro que os eventuais erros devem ser debitados na conta do autor. Em primeiro lugar à minha orientadora na PUC-SP, a professora Estefânia Knotz Canguçu Fraga, que teve uma participação enorme no desenvolvimento da pesquisa naquela instituição. Os agradecimentos são extensivos aos professores Antonio Rago Filho, Olga Brites, Maria do Rosário Cunha Peixoto, Maria Izilda Matos, Yvone Dias Avelino e Vera Lúcia Vieira. Também agradeço aos meus queridos amigos e colegas professores Paulo Cunha, da Unesp de Marília, Marcos Horácio Gomes Dias, da Universidade São Judas Tadeu, e Edgar da Silva Gomes, da PUC-SP.

A professora Aninha Duarte, da Universidade Federal de Uberlândia (UFO), teve uma participação fundamental na análise das fotografias que apresento neste trabalho. Meu muito obrigado especial aos colegas pesquisadores Domingos Meirelles, também autor da Record, Fernando Jorge, Fábio Venturini, Carlos Beutel e Yuri Abyaza Costa. Agradeço, ainda, a colaboração inestimável dos responsáveis pelos arquivos consultados, em especial Jair Mongelli Júnior, do Arquivo da Cúria Metropolitana, Magno Sergio Dias Pereira, do Museu de Polícia Militar, Marcia Pazin e Isabel Chiavini Torres, da Fundação Energia e Saneamento, Norma Haru, da Biblioteca Mário de Andrade, e Valkiria Iaccoca, do Museu Memória do Bixiga. Igualmente, agradeço aos funcionários do Arquivo Público do Estado de São Paulo, do Arquivo Edgar Leuenroth da Unicamp, do Arquivo Washington Luís da Secretaria Municipal de Cultura de São Paulo, do Arquivo Público Mineiro, do Arquivo Histórico do Exército, da Biblioteca Mário de Andrade, da Fundação Energia e Saneamento, da Biblioteca da Faculdade de Saúde Pública da USP, do CPDoc-FGV e do acervo histórico da Assembleia Legislativa de São Paulo.

Por fim, deixo registrados os agradecimentos aos colegas do mestrado: Mônica, Airton, Rafael, Edmilson, Daiane, Jorge, Priscila, Mariane, Vinícius, Elton, Diane e Maria Nicolau. Por favor, perdoem-me eventuais omissões de nomes. Agradecimentos especiais ao meu pai, Moacir Assunção, aos meus irmãos, e à minha pequena família, Alda e Júlia, que, como sempre, entendeu minhas ausências constantes. Alda, minha querida companheira, foi uma verdadeira cúmplice neste trabalho no qual suas digitais estão impressas.

Cronologia da Revolta

5 de julho (madrugada de sábado, inverno paulistano): Início da luta na cidade, com a tomada dos principais quartéis, como os da região da Luz, pelos rebeldes. Prisão do comandante da Força Pública, coronel Quirino Ferreira. Tropas sublevadas do Quartel de Quitaúna, na região de Osasco, comandadas pelo tenente Custódio de Melo, atacam, com artilharia, o Palácio dos Campos Elíseos e tomam a Estação da Luz e a repartição do Telégrafo Nacional. O capitão Joaquim Távora e o tenente Eduardo Gomes tomam o 4º Batalhão de Caçadores, em Santana. O general Isidoro Dias Lopes instala, no prédio do 1º Batalhão da Força Pública (hoje Quartel da Rota, na Luz), o quartel-general das Forças Revolucionárias. O general Abílio de Noronha é preso pelo general Isidoro Dias Lopes e pelo capitão Joaquim Távora quando tentava retomar quartéis capturados pelos rebeldes.

6 de julho (domingo): Marinheiros a bordo do porta-aviões *Minas Gerais* desembarcam em Santos, em apoio à legalidade. São 2 mil fuzileiros navais, no porta-aviões, com quatro aviões de guerra. Cinquenta praças da polícia conseguem chegar ao Palácio dos Campos Elíseos, sob cerrado ataque, para ajudar na defesa. Tropas comandadas pelo general Eduardo Artur Sócrates deixam o Rio de Janeiro em direção a São Paulo.

7 de julho (segunda-feira): Vários civis influentes, entre eles o irmão do presidente (governador) Carlos de Campos, Almírio de Campos, dirigem-se ao Palácio dos Campos Elíseos para defender o governo. O governo federal decreta feriado bancário. A Secretaria de Justiça, no largo do Palácio (hoje Pátio do Colégio), é atacada pelos rebeldes. O capitão Helvécio Gomes, da Marinha, usando um pequeno canhão, consegue desalojar rebeldes no Hotel Terminus. Uma força de sessenta homens da Força Pública se entrincheira na subestação transformadora da Light na rua Paula Sousa. O local vira um forte bastião legalista. No interior, o general Sócrates instala em Caçapava o quartel-general da legalidade. O 4º Batalhão da Força Pública, na Luz, continua resistindo aos rebeldes.

8 de julho (terça-feira): Revoltosos atiram contra o Palácio dos Campos Elíseos a partir do Alto do Araçá, nas proximidades do cemitério. O general Estanislau Pamplona, considerando impraticável a defesa do palácio, recomenda a Carlos de Campos que deixe o local. Ele sai dos Campos Elíseos e se dirige à Secretaria de Justiça, no largo do Tesouro. O prédio é atacado pela artilharia rebelde. Sem ter informações precisas do que está ocorrendo, alguns líderes rebeldes resolvem se render. Depois de uma discussão com Isidoro Dias Lopes, que propunha a retirada da cidade, Miguel Costa chega a enviar carta ao presidente por um emissário, propondo a rendição, desde que os homens da Força Pública obtivessem anistia.

9 de julho (quarta-feira): O presidente Carlos de Campos decide deixar a cidade, ao lado do secretário de Justiça, Bento Bueno, e do general Nicolau Pamplona, dirigindo-se a Guaiaúna, na época uma vilazinha nos arredores da Penha. As forças do coronel Pedro Dias de Campos, legalista, fazem o mesmo. Começam os saques em armazéns da Mooca e do Bom Retiro e o Mercadinho da rua 25 de Março é incendiado por saqueadores. O emissário de Miguel Costa, que pretendia se render em troca de anistia a seus comandados, retorna com a notícia do abandono do Palácio dos Campos Elíseos pelo governo, o que dá novo ânimo aos rebeldes. Isidoro cria a Chefatura de Polícia do Exército Revolucionário e entrega seu comando ao major Raul Dowsley Cabral Velho. Os rebeldes distribuem um manifesto à população explicando suas razões. Há saques em várias regiões da cidade.

10 de julho (quinta-feira): Forças legalistas combatem nas regiões leste e sul contra os rebeldes. É publicado nos jornais o primeiro manifesto revolucionário. O general Isidoro Dias Lopes participa de uma reunião com representantes das chamadas "classes conservadoras" na casa do presidente da Associação Comercial, José Carlos de Macedo Soares. Ele promete apoio às medidas do prefeito Firmiano Morais Pinto, que permanece no cargo, com a criação de uma Guarda Municipal, de uma comissão de abastecimento e da Brigada Acadêmica. Tropas do interior, como as do 2º Grupo de Artilharia de Montanha, de Jundiaí, as do 5º Batalhão de Caçadores, de Rio Claro, e o 4º Regimento de Artilharia Montada, de Itu, integram-se às forças rebeldes. São organizados, também, três batalhões estrangeiros, compostos de alemães, húngaros e italianos, em apoio à revolta. As tropas de Isidoro estabelecem duas linhas de defesa, uma que vai do Brás à Liberdade, e outra entre o Cambuci e o Ipiranga.

11 de julho (sexta-feira): Tem início o bombardeio sobre São Paulo. Começam intensos combates nos bairros do Brás, Belenzinho e Mooca. Neste último, o ataque legalista é comandado pelo general Tertuliano Potiguara. Depois de firmar sua posição, o general Sócrates determina que as peças de artilharia (canhões) sejam postadas no outeiro da Igreja da Penha e no Alto do Ipiranga. A população começa a fugir dos bairros atingidos, em direção à Lapa, Barra Funda, Perdizes, Jardim América e outras regiões. Os primeiros bairros atingidos pelo bombardeio são Brás, Mooca e Belenzinho. À tarde, o ataque se estende para a Luz.

12 de julho (sábado): O bombardeio sobre a cidade continua. Agora, os bairros centrais são os mais afetados. O bispo católico d. Duarte Leopoldo e o presidente da Liga Nacionalista, Frederico Steidel, mandam telegrama ao presidente da República, Arthur Bernardes, pedindo que a cidade não seja mais bombardeada. O prefeito Firmiano de Morais Pinto telefona ao ministro da Guerra, marechal Setembrino de Carvalho, reforçando o pedido. Setembrino responde que "não podemos fazer a guerra tolhidos do dever de não nos servirmos da artilharia contra o inimigo" e que "os danos materiais de uma cidade podem ser facilmente reparados, mas os prejuízos morais não são suscetíveis de reparação".

13 de julho (domingo): A cidade é castigada mais uma vez pelo bombardeio. Os rebeldes fazem um voo de reconhecimento sobre o encouraçado *Minas Gerais*. Eduardo Gomes, ao lado do piloto Carlos Herdler, lança manifestos sobre o navio, fundeado em Santos. Um outro voo foi feito sobre os bairros da Penha, Ipiranga e Vila Mariana.

14 de julho (segunda-feira): Forças legalistas ocupam, de surpresa, o 5º Batalhão da Força Pública, na rua Vergueiro, Vila Mariana, e os largos do Paraíso e Guanabara. Os canhões legalistas agora atiram contra a Liberdade, Aclimação e Vila Mariana.

15 de julho (terça-feira): Os rebeldes conseguem conter a ofensiva legalista, mas perdem o capitão Joaquim Távora, mortalmente atingido na esquina da rua Paraíso com a Maestro Cardim. O Estado-Maior de Isidoro instala linhas de defesa no bairro do Belenzinho, Mooca, Cambuci e Vila Mariana para conter as investidas dos legalistas.

16 de julho (quarta-feira): As autoridades da cidade tentam, mais uma vez sem sucesso, uma negociação com o governo federal, agora por meio do general Abílio de Noronha, preso pelos revolucionários, para tentar impedir o bombardeio à cidade. Trens superlotados saem de São Paulo levando a população da cidade, em fuga com medo da guerra. Até vagões de carga, que saem das estações Luz e Sorocabana, levam passageiros. Calcula-se que 250 mil paulistanos deixaram a cidade de carro, de bicicleta, a pé e de trem.

17 de julho (quinta-feira): Uma nova tentativa de negociação fracassa. Ao ter ciência de que os rebeldes pediam "a entrega imediata do governo da União a um governo provisório" como condição para um entendimento, o general Abílio de Noronha se recusa a colaborar com a tentativa de armistício. O general Eduardo Sócrates, por sua vez, aumenta a pressão para a reconquista da capital.

18 de julho (sexta-feira): Combates na região do Ipiranga, zona sul, e do Tatuapé e Mooca, zona leste.

19 de julho (sábado): Legalistas e revolucionários lutam no Ipiranga e Vila Mariana. Começam os bombardeios aéreos sobre a cidade e continua o êxodo da população. Revoltosos tomam a Igreja do Cambuci, um ponto estratégico para a observação da capital. Combates de rua na Mooca e no Hipódromo. D. Duarte Leopoldo se dirige a Guaiaúna, onde estão o presidente do estado, Carlos de Campos, e o comandante-geral das tropas federais, general Eduardo Sócrates, para pedir que cessem os bombardeios.

20 de julho (domingo): Novos voos de reconhecimento dos aviões legalistas sobre a capital, preocupando o comando rebelde.

21 de julho (segunda-feira): Rebeldes concentram forças no Paraíso e na Vila Mariana, com a intenção de barrar o avanço das tropas governistas.

22 de julho (terça-feira): Contraofensiva governista na Liberdade obriga os rebeldes a voltarem para o Centro. Aviões governistas sobrevoam a cidade e despejam bombas no bairro da Luz. Um incêndio destrói o Cotonifício Crespi.

23 de julho (quarta-feira): Intensos combates no Cambuci e Belenzinho. Também há luta nos setores da Liberdade e Vila Mariana. O prefeito Firmiano Pinto e o arcebispo d. Duarte vão a Guaiaúna pedir que o presidente do estado impeça o bombardeio. Este transfere a responsabilidade para o presidente da República. O prefeito viaja para o Rio de Janeiro no mesmo dia, mas encontra um ambiente hostil e retorna sem acordo. Rebeldes equipam um avião para realizar um voo de ida e volta ao Rio de Janeiro com o objetivo de jogar uma bomba sobre o Palácio do Catete. O aparelho acaba caindo em Cunha, na fronteira com o Rio, sem atingir o objetivo.

24 de julho (quinta-feira): Forças legalistas, inclusive da polícia de estados vizinhos, retomam a Igreja do Cambuci para a legalidade. O templo estava ocupado por soldados estrangeiros a serviço da sedição. Rebeldes mandam um trem carregado de dinamite para explodir na região da Penha, mas os legalistas conseguem, graças a Aquilino Vidal, mestre de linha, conter o ataque.

25 de julho (sexta-feira): Soldados legalistas atacam as indústrias Duchen, na Mooca. A prefeitura reorganiza o Corpo de Bombeiros, sob o comando do tenente-coronel Soares Neiva, para tentar evitar os incêndios que apavoram a cidade. Chefe rebelde, o coronel João Francisco artilha um trem para atacar os legalistas na região da Mooca, mas o veículo descarrilha e ele sofre 51 ferimentos no corpo. Combates cada vez mais violentos na região da Mooca. Defesas rebeldes começam a ceder.

26 de julho (sábado): Aviões governistas espalham pela cidade um boletim assinado pelo ministro da Guerra, Setembrino de Carvalho, pedindo à população que abandone a cidade, "deixando os rebeldes entregues à sua própria sorte". Aumenta o êxodo da população, enchendo as estradas de saída da cidade. Isidoro escreve ao general Sócrates propondo a deposição das armas em troca da anistia aos revolucionários implicados em levantes militares desde 1922. O vigário da Penha, padre Antão Jorge Hechenblaikner leva a resposta: o governo só aceitará a rendição incondicional dos revoltosos. O general rebelde pede a intercessão de Macedo Soares, que escreve duas cartas, uma para o presidente Carlos de Campos e outra para o general Sócrates, propondo um armistício.

27 de julho (domingo): O jornalista Paulo Duarte segue para Guaiaúna, levando as cartas do presidente da Associação Comercial, José Carlos de Macedo Soares, em que este pede ao presidente do estado, Carlos de Campos, e ao comandante das tropas legais, Eduardo Sócrates, que o bombardeio seja interrompido. Campos diz que a resposta será "a intensificação dos bombardeios". Sócrates nem responde aos apelos. Às 22 horas daquele dia, os rebeldes abandonaram a cidade, em trens que partiram da Estação da Luz em direção ao interior. São treze composições, com cerca de 3.500 soldados, catorze canhões, animais, víveres e munição.

28 de julho (segunda-feira): Depois de constatar a retirada dos rebeldes, o general Carlos Arlindo e o coronel Pedro Dias de Campos ordenaram a suas tropas que entrassem na cidade. Às 9 horas, Arlindo retomou o Palácio da Cidade, no Centro, e às 10 horas, o presidente Carlos de Campos, ao lado do general Eduardo Sócrates e do secretário de Justiça, Bento Bueno, retornaram ao Palácio de Campos Elíseos.

Breve contexto histórico e político de 1924 e os antecedentes do movimento

> *Durante toda a noite e o dia de hoje, têm-se dado bombardeios horríveis! As balas passam sobre nossas cabeças, assobiando terrivelmente. Espera-se a todo momento ser-se vítima de uma dessas monstruosas granadas. O bairro atingido agora pelas forças do governo é esse. Já morreram diversas pessoas aqui na rua, e aqui ficam, sem o auxílio de ninguém. As granadas caem, impiedosas, por estas redondezas. Temos nos escondido no porão. Fugir não posso. Além das ruas estarem intransitáveis, eu não tenho para onde ir [...]. Imagina que 10 mil homens do governo cercaram a cidade e despejam sobre ela tiros e mais tiros de canhão.**

O Brasil vivia um momento de transição política no início do século XX. No Rio de Janeiro, a capital da República, e em São Paulo, os anos de 1917 e 1918 foram marcados pelo recrudescimento do movimento operário, com a forte influência da Revolução Russa sobre as expectativas dos trabalhadores em torno do mundo e o fortalecimento de suas entidades representativas. Além disso, São Paulo havia vivenciado uma grande greve naquele ano de 1917. No Rio, ocorreu outra no ano seguinte. A oligarquia política, que reagiu a este movimento com repressão e expulsão de líderes trabalhistas, rapidamente criou a figura do "agitador estrangeiro", ou seja, o anarquista ou socialista, muitas vezes de origem estrangeira, que viria a "contaminar o pacífico trabalhador nacional" com suas ideias. O Partido Comunista do Brasil (PCB) havia sido fundado havia apenas

---

* Carta de Francisca Spinelli, moradora do Brás, à sua amiga Leopoldina Ferreira, de Piracicaba.

dois anos por ex-anarquistas. Ao mesmo tempo, a política de valorização do café, com a queda das exportações do produto, agravou uma crise econômica latente. Segundo Boris Fausto em *História geral da civilização brasileira*:

> A insatisfação popular tinha raízes em uma crise econômica que a tocava diretamente. A crise internacional de 1920 refletiu-se no volume e sobretudo no preço das exportações brasileiras de café, que caíram de 13 milhões de sacas, rendendo 73 milhões de libras, em 1919, para 11,5 milhões de sacas, rendendo apenas 53 milhões de libras em 1920. Segundo cálculos imprecisos, o custo de vida dobrou no mesmo período, tendo sido, aliás, a crítica à inflação um dos temas do movimento tenentista.

Embora o regime fosse civil, os militares detinham importância e força e se consideravam guardiões das instituições. Entre 1889, quando foi proclamada a República, e 1922, o país havia tido três generais-presidentes. Um sentimento latente de contestação ao regime, que poderia se manifestar sobretudo em momentos de eleição, crescia entre a baixa oficialidade, os tenentes do Exército.

A crise na representação dos Estados no poder — monopolizada por São Paulo e Minas Gerais, no chamado Pacto do Café com Leite — se fez sentir naquele período, favorecendo as possibilidades de mudanças na ordem institucional. Grupos dominantes de estados como Pernambuco, Rio Grande do Sul e Bahia começaram a se movimentar para ocupar seu espaço no poder da República, do qual participavam somente os dois grandes estados.

Com o fim do mandato de Epitácio Pessoa em 1922, as oligarquias de Minas Gerais e São Paulo escolheram para sucedê-lo o mineiro Arthur Bernardes, na época presidente (governador) de seu estado. Grupos contrários dos estados dissidentes organizaram então o movimento conhecido como Reação Republicana e lançaram a candidatura do fluminense Nilo Peçanha à sucessão de Pessoa.

SÃO PAULO DEVE SER DESTRUÍDA

A divulgação no jornal carioca *Correio da Manhã*, em 9 de outubro de 1921, de uma carta manuscrita atribuída a Bernardes, com críticas ao marechal Hermes da Fonseca, ex-presidente da República e presidente do Clube Militar, na qual o velho militar era chamado de "sargentão sem compostura", elevou ainda mais o grau de desconfiança entre os grupos. No dia 12, outra carta seria publicada. O candidato da situação negou a autoria dos documentos, mas o Clube Militar, em assembleia geral extraordinária, considerou, por 439 a 112 votos, as cartas autênticas. Liderados pelo general Augusto Ximeno de Villeroy, parte dos militares passou a exigir a renúncia de Bernardes e a apoiar a candidatura de Nilo Peçanha.

O governo determinou a prisão do marechal Hermes da Fonseca e o fechamento do Clube Militar, com base em uma legislação que previa o encerramento de atividades de entidades anarquistas e bordéis. O clima nos quartéis se encaminhou para a revolta e, ainda no governo de Epitácio Pessoa, em 5 de julho de 1922, ocorreu uma insurreição, que se iniciou na Vila Militar, mas se expandiu para a Escola do Realengo e o Forte de Copacabana. Comandado por tenentes, o movimento foi debelado, e seus líderes, presos ou mortos, sendo instaurado um inquérito militar para apurar responsabilidades. Dezoito rebeldes saíram à praia de Copacabana, em frente à unidade militar, para enfrentar 3 mil legalistas e foram mortos, em sua maioria. Somente dois oficiais, Eduardo Gomes e Siqueira Campos, escaparam, ajudando a celebrizar a mística dos Dezoito do Forte. O episódio ficou conhecido como a primeira revolução tenentista.

Arthur Bernardes, eleito em 1º de março de 1922, decretou o estado de sítio, que duraria praticamente todo seu mandato, sob a alegação de combate à subversão. Insatisfeito, um grupo de militares — quase todos oficiais de baixa patente, como tenentes — resolveu articular uma nova conspiração, que dessa vez envolveria unidades do Exército espalhadas por todo o país. A partir de 1923, os líderes do movimento, entre os quais o general Isidoro Dias Lopes e o capitão Joaquim Távora, passam a percorrer o país, fomentando a rebelião.

Em São Paulo — cidade escolhida porque os rebeldes estavam muito vigiados no Rio de Janeiro —, teria início, em 5 de julho de 1924, a segunda revolta tenentista: a Rebelião de 1924. Entre os dias 5 e 28 daquele mês, os enfrentamentos entre os militares rebeldes e os legalistas causaram — conforme dados oficiais da prefeitura, divulgados pelo prefeito Firmiano de Morais Pinto na obra *A Prefeitura Municipal de S. Paulo em face dos acontecimentos de julho* (da Seção de obras de *O Estado de S. Paulo*) — a morte de 503 pessoas e ferimentos em outras 4.846. Desses, dois terços eram civis, e somente um terço era militar.

Em consequência da rebelião, a cidade sofreu o maior bombardeio de sua história. Bairros como a Mooca, o Brás, a Aclimação, a Luz e o Belenzinho foram atacados por canhões federais instalados nos altos da Penha e da Vila Matilde, por aviões carregados com petardos de 60 quilos, e até por tanques de guerra, armas ainda desconhecidas no Brasil. Em outros bairros, como Vila Mariana e Ipiranga, travaram-se fortes combates de rua. Ainda de acordo com o levantamento, 212 mil pessoas — a população era de 700 mil — fugiram da região central da cidade, deslocando-se para bairros mais distantes e cidades vizinhas, como Campinas e Guarulhos, nos poucos trens postos à disposição pelos rebeldes.

O prefeito calculou em cerca de 1.800 os imóveis destruídos pela ação dos bombardeios. O "êxodo" de paulistanos pode ter chegado a 250 mil pessoas, já que muitos deixaram a cidade de carro, a pé, de bicicleta e até em carros funerários. Nos dias de hoje, com 11 milhões de habitantes, seria como se cerca de 4 milhões de moradores (um número muitas vezes superior ao da saída de paulistanos nos feriados em direção ao litoral e ao interior) deixassem a cidade, praticamente a esvaziando.

Os rebeldes do Exército, que tinham como aliado na capital paulista o major fiscal da Força Pública (atual Polícia Militar) Miguel Costa, pretendiam, com o movimento iniciado em São Paulo, depor o presidente da República, Arthur Bernardes, e "republicanizar a República". Ou seja, fazer o regime retroagir aos princípios políticos de 1889, com reivindicações como a instituição do voto secreto, a abolição dos impostos interestaduais, o combate à corrupção eleitoral, a liberdade de imprensa, a reforma do ensino e as reformas tributária e aduaneira.

Na madrugada de 5 de julho, militares do Exército e da Força Pública paulista tomaram vários quartéis das duas corporações, principalmente os da região da Luz, ao mesmo tempo que prendiam autoridades como o comandante da Segunda Região do Exército, general Abílio de Noronha, e da Força Pública, coronel Quirino Ferreira. Na sequência a este movimento, era sitiado o Palácio dos Campos Elíseos, residência oficial do presidente (governador) do estado, Carlos de Campos.

Alguns contratempos na programação do levante, no entanto, trouxeram dificuldades aos planos dos rebeldes. Agora, em vez de cercar o Rio de Janeiro, como previsto, com a posterior deposição do presidente, os rebeldes começavam a ficar cercados em São Paulo, já que tropas federais se deslocaram para a cidade. No dia 9 de julho, Carlos de Campos abandonou a região central e refugiou-se em Guaiaúna, na época um arrebalde do bairro da Penha de França, na zona leste, onde começaram a se concentrar soldados legalistas vindos da capital federal e de outros estados pela linha de trem da Central do Brasil (EFCB), que ia do Rio de Janeiro até Mogi das Cruzes, em São Paulo. Os militares legalistas eram comandados pelo general Eduardo Sócrates, que formou duas colunas, lideradas pelos generais Tertuliano Potiguara e Carlos Arlindo, para tentar retomar a cidade.

Com o objetivo de conter os inimigos, os rebeldes se concentraram na região da Luz e organizaram postos de defesa em torno da região central. Os legalistas, por sua vez, passaram a promover incursões que visavam a quebrar a resistência dos inimigos em bairros como o Belenzinho, Mooca e Brás. Paralelamente, outras tropas das polícias militares do Espírito Santo, Bahia, Minas Gerais, Rio Grande do Sul e São Paulo forçavam as posições rebeldes na região do Ipiranga.

Logo, o governo federal iniciaria o bombardeio sobre a cidade. Bairros industriais como Brás, Mooca e Belenzinho, entre outros, começaram a sofrer os efeitos dos tiros de canhões franceses de 100 e 105 milímetros instalados no outeiro da Igreja da Penha e nos altos de Guaiaúna, na zona leste, e do Ipiranga, na zona sul. Muitos civis foram mortos — em alguns casos, famílias inteiras —, mas os rebeldes tiveram pouco prejuízo com a nova estratégia governista, conforme aponta o general Abílio de Noronha em sua obra *Narrando a verdade*:

> [...] dos 802 feridos internados [na Santa Casa] no período da Revolução de 1924, 641 eram homens, dos quais 200 militares e 441 civis. Dos 110 que morreram no local, 87 eram homens e, destes, somente 26 militares.

Na região do Ipiranga, a Igreja da Glória, no Cambuci, foi outro ponto de combate entre as tropas legais e os revolucionários. Na Vila Mariana, também houve confrontos. A população civil sobrevivia escondida em porões, buscando comida e água somente quando cessavam, mesmo que por pouco tempo, o bombardeio e os tiroteios constantes.

O arcebispo católico d. Duarte Leopoldo, o presidente da Associação Comercial, José Carlos de Macedo Soares, e o prefeito da cidade, Firmiano Pinto, e até o general Abílio de Noronha encaminharam apelos ao presidente Arthur Bernardes e ao presidente do estado, Carlos de Campos, para que cessasse o bombardeio. Nenhum dos seis pedidos de trégua foi atendido. Logo, um exército de 18 mil homens, com artilharia, tanques e aviões, cercava os rebelados. A população era atendida, da forma como era possível, pelos médicos da Santa Casa de Misericórdia, do Hospital Samaritano, do Hospital Umberto Primo e por entidades da sociedade civil como a Liga Nacionalista e a Cruz Vermelha. Em vários momentos houve registros de saques aos mercados e galpões, pela população, em busca de gêneros alimentícios.

No dia 28 de julho, dias depois que os aviões governistas lançaram sobre a cidade panfletos que avisavam de um iminente bombardeio total à capital paulista, os rebeldes resolveram abandonar a cidade. Apesar de ter sido o maior conflito bélico travado na cidade de São Paulo, inclusive com um "bombardeio terrificante" (ou "bombardeio à alemã", modalidade de ataque com bombas em que não há alvos definidos, muito usada pelos exércitos alemães na Primeira Guerra Mundial) por parte dos aviões e canhões governistas, a Revolta de 1924 é um tema pouco explorado das historiografias brasileira e paulista.

Na mística revolta estadual de São Paulo, a Revolta de 1924 perde de longe, em termos de projeção e fama, para a Revolução Constitucionalista de 1932, tema muito mais conhecido pelos paulistas e que integra os chamados marcos da paulistanidade. No entanto, a Revolta de 1924 foi muito mais cruenta que a de 1932, na qual a luta se travou fora dos limites da capital paulista e o número de baixas, em termos porcentuais, foi menor. Em 1924, quase toda a cidade foi bombardeada, enquanto em 1932 o bombardeio foi pontual, localizado, por exemplo, no Campo de Marte, onde ficava a esquadrilha da Força Pública. A Revolta de 1924 durou 28 dias e morreram 503 pessoas, segundo dados oficiais. A legação americana, entretanto, calculou os mortos em mil. A Revolução de 1932 ocorreu durante aproximadamente três meses, e há o registro de 634 mortes de paulistas.

1
Os que foram atacados (suas histórias de horror e sofrimento)

> *Mal colocou sua artilharia em posição sobre as colinas que dominam a cidade, o general Sócrates, comandante das tropas federais de cerco, desencadeou sobre a cidade aberta, da qual nenhum dos seus 800 mil habitantes havia sido evacuado, um "bombardeio à alemã". Soube aproveitar as lições da Grande Guerra europeia. Não tendo nenhuma catedral de Reims para demolir, Sócrates dava como alvo a seus canhões ora um hotel reluzente de novo, ora bela fábrica moderna, ora um dos novos arranha-céus da cidade, destroçando um bonde, mandando aos ares uma confeitaria, espirrando uma escola, explodindo uma praça ou um bar. [...] Percebia-se que os oficiais "legalistas" faziam isso de coração alegre. As ordens eram formais: era preciso esmagar a sedição. Pior para a cidade: ela seria reconstruída.**

A Revolta de 1924 deixou marcas profundas na memória da população da cidade, principalmente a que viveu a experiência de sofrer um "bombardeio terrificante" em seu próprio bairro e em sua casa. Muitos paulistanos deixaram relatos dessa experiência em livros, jornais e outros escritos. Nestes, a tônica é o desespero diante de uma situação aflitiva e, naquele momento, aparentemente sem perspectiva de resolução, na qual não morriam os combatentes, mas os civis. Transparece nos relatos, também, a revolta contra a decisão do presidente Arthur Bernardes e de seu ministro da Guerra, Setembrino de Carvalho, secundados pelo

---

* Texto do poeta franco-suíço Blaise Cendrars (pseudônimo de Frédéric Louis Sauser [1887-1961]), que passava uma temporada no Brasil na época, travando contato com os modernistas.

governador Carlos de Campos e seu secretário de Justiça e Segurança Pública, Bento Bueno, de considerar toda a capital paulista alvo de tiros de canhão, granadas incendiárias e bombas lançadas de aviões.

Os registros de depoimentos da população civil a que se teve acesso, guardados em alguns arquivos, em livros e jornais, permitem perceber que as principais vítimas do bombardeio legalista (e mesmo rebelde) são trabalhadores pobres, atacados nos bairros operários das zonas leste e sul. Apesar dos poucos registros, observa-se que em todos predominam o desespero e a estupefação diante dos bombardeios e dos tiroteios em plena rua. Boa parte dos depoimentos foi obtida no Arquivo da Cúria Metropolitana de São Paulo, que mantém memoriais nos quais as próprias vítimas dos ataques (ou seus prepostos) contavam sua história, em documentos enviados ao arcebispo metropolitano, d. Duarte Leopoldo Silva.

A razão desse procedimento é que o religioso era o presidente de uma comissão organizada pelo governo do estado, sob determinação da Lei 1.972, de setembro de 1924, que previa o pagamento de indenizações a vítimas pobres da sedição militar e a reconstrução dos templos religiosos destruídos. Era a Comissão de Assistência às Vítimas Pobres da Rebeldia. A maior parte dos atingidos pelas bombas e pelos tiros, pelo que foi possível perceber a partir dos depoimentos, era de imigrantes pobres, italianos, alemães e portugueses, além de brasileiros, com profissões como carroceiro, chacareiro, bordadeiras, operários, empregadas domésticas, pedreiros e choferes, todas na base da pirâmide social. As vítimas eram, em geral, moradores de bairros como Mooca, Brás, Belenzinho, Luz, Cambuci, Ipiranga, Vila Mariana, Paraíso e região central, nos quais se travaram combates durante o movimento militar.

A família Giani, moradora da rua Aymorés, 60, no Bom Retiro, foi certamente uma das que mais sofreram no conflito. No dia 17 de julho, de acordo com o relato do padre Luiz Marcigaglia, também autor de *Férias de julho*, uma granada explodiu em frente à casa da família, de origem italiana, matando dois filhos de Antonio de Giani, Lúcia e

Pedro. Em seguida, morreram mais dois. A família ficou alojada no Liceu Coração de Jesus, escola dirigida por Marcigaglia transformada em abrigo durante o movimento militar, entre os dias 16 e 30 de julho, o qual relatou, em memorial à comissão dirigida pelo arcebispo d. Duarte Leopoldo Silva, o drama dos Giani:

> No dia 17 de julho, pela tarde, caiu uma granada na frente da casa do sr. De Giani, justamente quando estavam lá brincando seus filhos. Foi um espetáculo desolador! Uma menina de 12 anos, Lúcia, ficou completamente despedaçada. Três outros filhos, gravemente feridos, foram transportados para a Santa Casa. Um deles, Pedro, faleceu dias depois. O outro, uma criança chamada Vítor teve um pé amputado. O maior foi levado para o Liceu, onde continuou o tratamento até ficar bom.

Marcigaglia relata ainda que a mulher do italiano, que tinha duas gêmeas pequenas, ficou tão abalada com o ocorrido que não conseguiu mais amamentar as meninas, mortas, pois, de inanição. "Essa pobre família foi a mais provada de todas que estiveram no Liceu. Com efeito, teve dois filhos mortos, um estropiado (sem um pé) e outro muito ferido. Pode-se acrescentar que as gêmeas também foram vítimas da revolta."

Há casos como o de José Libonia e de sua irmã, Maria Libonia, ambos operários e moradores da rua Espírita, 31, no Cambuci, que presenciaram a morte da mãe, Grazia Paula Libonia, assassinada a tiros por forças legalistas no dia 15 de julho de 1924, quando, acompanhada dos filhos, passava pela rua Pires da Mota, no mesmo bairro. Como relatou o viúvo, o italiano Gaetano Libonia: "Ela era muito pobre, vivia de lavar roupa e tinha uma vida honestíssima. Seu corpo foi inumado no Hospital Central do Cambuci."

A alemã Anna Schimidt Werner, de 49 anos, viúva, moradora da rua Senador Queirós, no bairro da Luz, relatou também a morte, no dia 12 de julho, da filha Dinorah, e os ferimentos em suas irmãs Zulmira e Marta — ambas internadas na Santa Casa de Misericórdia —, e nela própria, por estilhaços de granada lançada contra a casa em que viviam naquele bairro.

Moradora da Mooca, Sophia Alonso teve sua história contada por um vizinho, Osvaldo. Segundo ele, a mulher, que era viúva e vivia na rua Visconde de Parnaíba, 394, foi morta por um bombardeio de tropas legalistas ao Alto da Mooca.

> Foi por volta das 14 horas do dia 18 de julho. Uma granada explodiu o prédio onde ela morava. Não ficou nada de pé.

Germano Paulino, residente no Brás, relatou a morte da mulher, Paulina, mãe de cinco filhos, durante o bombardeio ao bairro por tropas legalistas. Queixa semelhante faz a italiana Vicenta Carbone, que perdeu o marido, Gaetano Carbone, e seu filho de cinco anos, por explosão de granada na rua Dutra Ruiz, bairro do Belenzinho.

Um relato surpreendente e bastante completo foi o da portuguesa Boaventura Fernandes, empregada doméstica e analfabeta, que teve sua história contada por um vizinho que sabia ler e escrever. De acordo com ela, soldados legalistas acampados no Ipiranga mataram a tiros, sem motivo algum, seu marido, o pedreiro Domingos. Segundo Boaventura, os fatos se deram no dia 9 de julho:

> As forças legais acamparam no lugar denominado Villa Secker e, às 19 horas, apareceu um soldado do 3º Batalhão da Força Pública pedindo café, ao que foi servido. Apenas dez minutos depois, ele apareceu novamente, pedindo café, e eu disse que não tinha mas ia fazer. Ele, então, pediu água e, depois de se servir, disse que estava com vontade de matar alguém naquela casa e, ato contínuo, fez fogo contra o meu marido, Domingos Fernandes, que veio a falecer e foi enterrado no cemitério de São Caetano. O soldado bandido se encontrava alcoolizado.

Antônio José de Carvalho, morador da rua do Paraíso, 125, contou a história do assassinato, também por tropas legalistas, da prima Rosa, de 16 anos, no dia 26 de julho. Ela era bordadeira da Fábrica de Tecidos

Paulista e a família, depois de muitos tiroteios entre as forças legalistas e rebeldes, decidiu abandonar a casa em que viviam, em busca de lugar mais seguro. Ao fugirem, Rosa e sua mãe, Paula Maria de Oliveira Carvalho, foram surpreendidas por um novo tiroteio.

De acordo com o relato, a mãe conseguiu se jogar, com as filhas menores, em uma vala de 10 metros que havia perto, mas Rosa, que era arrimo da família apesar da pouca idade, não conseguiu se salvar:

> Daí, essa infeliz mãe, apertando contra o peito uma de suas filhas, assistia, estarrecida e apavorada, à agonia da também filha Rosa, atingida pelos tiros, não podendo salvá-la. Até para conseguir resgatar o corpo da menina foi difícil, por causa da intensidade do tiroteio.

Ainda na Mooca, Nathalia Milcke pede indenização pela morte do irmão, Antenor Milcke, de origem húngara, que havia sido morto, deixando três filhos menores, por granadas governistas jogadas contra a Companhia Antarctica, na avenida Presidente Wilson, ocupada por rebeldes. Ele vivia em uma chácara nos fundos da fábrica. A italiana Amélia Roschini, moradora da rua da Mooca, 126, naquele bairro, teve sua história contada pela filha Duzalina. Segundo ela, a mãe morreu com um tiro na cabeça, disparado em um confronto entre tropas legalistas e rebeldes.

Moradora da rua Rubino de Oliveira, 32, no Brás, a brasileira Clotilde de Almeida Queiroz relatou a morte do seu filho Euclydes de Almeida Queiroz, de 19 anos, quando seguia para casa, na rua Fontes Júnior, atingido por um tiro disparado por soldados legalistas, em confronto com rebeldes. Seu vizinho, o português Antônio Pinto de Assis, natural do Vizeu e morador da rua Conselheiro Belizário, 72, no Brás, contou que, em 8 de julho, uma bomba vinda da Penha caiu sobre sua casa, matando três filhos: Dora, de 14 anos, Hermínia, de sete, e Linda, de três meses, além de deixar sua mulher e ele próprio feridos. Enéas de Abreu, de 21 anos, brasileiro natural de Pernambuco, relatou à comissão que teve as pernas amputadas quando, ao seguir para almoçar em um restaurante, foi atingido, ao lado de um amigo, em frente ao Hotel Terminus, no centro, por estilhaços de granada disparada por tropas legalistas.

O italiano Santo Muratori, de sessenta anos, morador da rua Ana Nery, 320, no Cambuci, perdeu o filho Antônio Muratori, de 19 anos, mecânico e arrimo de família:

> Quando lia jornais, ele foi traiçoeiramente atingido por uma bala de fuzil que lhe ocasionou imediata morte. Tendo falecido no dia 20, somente foi enterrado no dia 23 do mesmo mês, pela falta de transporte, no Cemitério do Araçá.

Isabel Nessa, mulher de Pedro Pastore, sapateiro, italiano de Bari e morador da avenida Martin Burchard, 12, na Mooca, relatou que quando chegava em casa, no dia 12 de julho, ele foi acometido por uma granada que também matou o médico Angelo de Vita. Ela sobreviveu, mas perdeu uma perna.

No bairro vizinho do Brás, mais especificamente na rua Caetano Pinto, as vítimas foram espanhóis que viviam na região. Jesus Munhares, morador no número 80, foi atingido por estilhaços de granada. Sua vizinha, a italiana Anunciata de Felice, moradora do número 70, teve ferimentos por tiro de fuzil. Também espanhola, Sophia Martins, que vivia no número 62, ficou ferida por fragmentos de granada.

A operária Ida Acioli, de 18 anos, moradora da Villa Maria, 14, no Cambuci, disse que foi atingida por uma bala quando seguia para casa, nas imediações do Palácio das Indústrias, na Várzea do Carmo (atual Parque D. Pedro II), ficando sem uma perna. Assim, um advogado descreveu a situação da mulher, que pedia ajuda:

> Pobríssima, com irmãos e mãe ora em extrema indigência, quando fora sempre o arrimo seguro de sua família, implora de Vossa Reverendíssima o encaminhamento de vossos bons ofícios a fim de recolher qualquer óbulo [esmola] caridoso.

Em um dos poucos casos de mortos de melhor condição financeira, o francês Mario Fagier, de 42 anos, que estava somente de passagem por São Paulo em viagem a Montevidéu, foi forçado a refugiar-se com a família no Theatro Olymphia, no Brás, atacado por granadas legalistas, em um episódio que custou a vida de trinta pessoas e causou ferimentos em oitenta. O jovem Raymond, de 16 anos, filho de Fagier, foi uma das vítimas, de acordo com os relatos. "O jovem foi enterrado no Cemitério do Araçá e o pai, depois de voltar do enterro, descobriu que não tinha mais nada, que seus bens desapareceram do Theatro enquanto ele levava o corpo do filho ao cemitério", registra-se no caso. Ao lado da ficha de Fagier, Amália Ferreira Matarazzo, uma das pessoas encarregadas de investigar as histórias dos suplicantes, anotou: "Família de classe média. Perdeu quase tudo o que tinha. Merece um auxílio de cem mil-réis."

Os rebeldes também mataram, sem motivo aparente, assim como os legalistas, pessoas do povo, sem relação com nenhum dos lados em disputa. Pelo menos foi o que contou Josephina Moschi, de 42 anos, viúva de Augusto Moschi:

> No dia 9 de julho, necessitando seu marido fazer compras de mantimentos foi, em companhia de Giácomo Ghiraldi, a um armazém próximo de sua casa a fim de comprar o necessário, que ao sair da rua Hipódromo, 382, na qual residia e onde havia trincheiras de revoltosos, um soldado de cor, o qual parecia embriagado, o alvejou além de seu companheiro, ao passo que, estando ambos gravemente feridos, foram transportados para a Santa Casa e após longo sofrimento veio o seu esposo a falecer, no dia 3 de agosto, ficando, pois, a suplicante e as duas famílias sem o amparo do seu chefe.

Da mesma forma, Maria Carlota Barroso Borges, mãe de três filhos menores, afiançou que seu marido, Francisco Pereira Borges, foi assassinado em Santo Amaro, na noite de 17 de julho, por um soldado revoltoso "que nessa ocasião cumpria ordens do general chefe dos revolucionários". Era uma referência ao líder dos rebeldes, general Isidoro Dias Lopes.

Também houve casos relatados de perdas materiais. A viúva Olympia Gonçalves Pereira, por exemplo, alegou ter sido despojada de seus únicos bens durante o movimento militar: duas casas, na rua Urano, na Aclimação, destruídas por bombardeio governista. Os danos foram avaliados pelo perito da polícia João Queiroz Assumpção Filho como "irreversíveis".

Em geral, os moradores acusavam os soldados legalistas por saques a suas propriedades. Jonas Rolim de Arruda, residente na rua Redenção, 113, no Belenzinho, disse que soldados da polícia mineira o teriam despojado de vários bens que estavam em sua casa, entre os quais um relógio de ouro e um revólver. O mesmo assegurou Thomaz Ferreira, morador da rua Serra de Araraquara, no Belenzinho, que alegou ter perdido 14 contos de réis para saqueadores das tropas legalistas, e Francisco Falchi, cuja residência, no largo do Cambuci, foi ocupada por soldados legalistas que combatiam os rebeldes na Igreja da Glória, posteriormente saqueada. O carroceiro Miguel Francisco, que tinha uma pequena chácara na rua Machado de Assis, 184, na Vila Mariana, alegou que soldados governistas que entraram em São Paulo após a retirada dos rebeldes roubaram todos os seus poucos pertences.

Rafael Franceschi, morador do Cambuci na época, contou, em depoimento ao projeto Museu de Rua — uma atividade do Museu do Bixiga e do Movimento de Revalorização do Cambuci, que entrevistou participantes do episódio ainda vivos em 1984 —, um pouco dos padecimentos que sua família e seus vizinhos passaram no período:

> Durante 23 dias, eu e mais 25 pessoas ficamos num porão na rua Lavapés. A artilharia começava às 18h30 e toda a população ficava apavorada. Não por causa dos tiros de fuzil, mas por conta das granadas que podiam cair em nossas cabeças a qualquer momento. Perto da casa, havia uma metralhadora que atirava em direção ao morro do Piolho. Além disso, eram utilizadas também balas dum-dum, aquelas que estouram dentro do corpo.

SÃO PAULO DEVE SER DESTRUÍDA

Os jornais também contavam parte dessas histórias de vítimas dos combates durante o movimento militar. No *Jornal do Commercio*, edição de 24 de julho, é possível acompanhar a tragédia da família Vazzotto, de origem italiana da Calábria, atingida por granadas na Mooca:

> O bombardeio de anteontem, bastante visível, aliás, no relampaguear sinistro de todo um amplo semicírculo do alto da Mooca, não se limitou só à destruição de muitas riquezas, como vitimou ainda um número bastante grande de habitantes daquele vasto bairro de nossa metrópole. Assim, a família de Angelo Vazzoto, calabrês, refugiou-se no terreno que fica na esquina da rua Visconde de Parnaíba com a rua Piratininga. Minutos depois, duas granadas alcançam os pobres refugiados, dizimando a desgraçada família — nove pessoas.

Já no dia 6 de julho, o jornal *O Estado de S. Paulo*, em edição quase inteiramente dedicada à guerra na cidade, começava a divulgar a lista de mortos no dia anterior, quando eclodiu o conflito. Eram indicativos de uma cidade em conflagração. Registrou-se na publicação que, até as 23 horas, apenas se sabia da morte das seguintes pessoas:

> Catharino de Menezes, soldado do 2º Batalhão,
> Maria Clara Gomes, de 44 anos, residente à alameda Nothman, 10,
> Euclydes Domingues, soldado revoltoso do 1º Batalhão,
> Júlio Teixeira Lôbo, empregado no escritório do dr. Ramos de Azevedo, foi atingido por bomba no prédio, que ficava na rua da Boa Vista. Uma granada disparada pelos revoltosos atingiu o edifício e matou o rapaz, contínuo da empresa, arremessando seu corpo contra a parede.
> Mariangela Maiolino, residente à rua Vergueiro, 7,
> Francisco Vitelio, de 26 anos, morador à rua da Mooca, 454. Esta última viajava em um automóvel pela rua 25 de Março quando o seu carro foi atingido por um disparo de fuzil.

Da mesma forma, os livros também relataram parte dos padecimentos da população no período. Nascido em 1900, na rua Antônio Carlos, perto da avenida Paulista, e morador da rua dos Carmelitas, na Mooca, o sr. Ariosto, como é identificado no livro de Ecléa Bosi, *Memórias de velhos*, era filho de italianos de Modena e Capri. Na rua em que vivia, em frente a um quartel da Força Pública, foi um observador privilegiado, se é que há privilégio em assistir a cenas de violência, do movimento de 1924. Ariosto, que na época em que a obra foi lançada (1983) vivia em um asilo do bairro, lembrava-se do que houve na ocasião, quando até o irmão mais velho, Amleto, se juntou aos rebeldes depois de brigar com o pai.

> Quando veio a Revolução de 1924, dispararam os canhões nas travessas da rua da Mooca. Lembro que todos os vizinhos rodeavam o tenente Cabanas, que era muito destemido, e levavam comida, ou mesmo seu abraço. Nós víamos os petardos atravessarem as ruas; na Igreja do Cambuci, os soldados do governo acampavam e disparavam. Os revoltosos de Isidoro Dias Lopes e do tenente Cabanas atiravam do quartel da rua Tabatinguera. O povo andava escondido, fugindo para outros bairros. O povo do Brás fugiu para onde pôde: Penha, Belenzinho, Lapa.

A carta da também moradora do Brás, Francisca Spinelli, à amiga Leopoldina Ferreira, de Piracicaba, permite dimensionar as dificuldades da população civil com o bombardeio. Relata Anna Maria Martinez Côrrea em *A rebelião de 1924 em São Paulo*:

> Durante toda a noite e o dia de hoje, têm-se dado bombardeios horríveis! As balas passam sobre nossas cabeças, assobiando terrivelmente. Espera-se a todo momento ser-se vítima de uma dessas monstruosas granadas. O bairro agora atingido pelas forças do governo é esse. Já morreram diversas pessoas aqui na rua e aqui ficam, sem o auxílio de ninguém. As granadas caem impiedosas por estas redondezas. Temos nos escondido no porão. Fugir não posso. Além das ruas estarem intransitáveis, eu não tenho para onde ir.

SÃO PAULO DEVE SER DESTRUÍDA

Nos relatos, os paulistanos demonstravam sua impotência diante da situação. Se para a maioria não era possível fugir, a única saída era permanecer, enquanto durasse a guerra, escondidos nos porões, únicos lugares em que estavam relativamente a salvo dos tiros e das bombas nas ruas. Iniciado pelo Brás e Mooca, o bombardeio se estendeu, depois, a outras regiões, como o Cambuci e Vila Mariana, onde soldados governistas e rebeldes trocavam tiros na rua. A população não tinha para onde correr, pelo que se depreende dos relatos. D. Alice, moradora da Liberdade, ainda na obra de Bosi, descreveu a situação:

> A gente nunca quer sair de casa pra ir pra nenhum lugar, só quando já não pode ficar mais... acho que todas as pessoas são assim. Durante o dia, ouvíamos os tiros de canhão, eu ia me aguentando e ficando mais um pouco. Mas, foi quando um dia... o tiroteio se cruzava entre os soldados na Igreja da Glória e os outros no depósito de pólvora, lá embaixo na rua Tabatinguera. Eu morava no meio. Foi a revolução do Isidoro Dias Lopes. Cortaram as luzes e de noite os tiros sacudiam a casa... o barulho do canhão. Eu só tinha medo de morrer no escuro. [...] no dia seguinte disse: vou embora, vou de carro de boi, carroça, mas vou sair daqui. Os carros, quando saíam na rua, os soldados pegavam. Meu marido viu um carro parado em nossa rua, na porta de uns amigos, e pediu o favor que viessem me buscar com a menina. [...] Quando saía de casa via o clarão, os estrondos. [...] uns primos meus acompanharam os revoltosos e um deles desapareceu, deve ter morrido no combate. Muita gente morreu.

O professor Henrique Geneen descreveu, em seu livro *Aventuras de uma família durante a revolução de julho de 1924*, o dia a dia das dificuldades vividas por sua família e pelos vários hóspedes que recebeu em sua casa, na Vila Mariana, durante os dias do movimento militar. Segundo o autor, foi necessário improvisar para sobreviver naqueles dias.

Fala-se de um terrível combate que vai se travar na região da Vila Mariana, decididamente, as coisas desandam. Como está resolvido, como pedra e cal, que da casa não sairemos — tanto vale morrer aqui como acolá —, foi decidido também que passaríamos a noite no porão. O perigo ali é menor. Só uma bomba, das grossas, ali nos atingiria.

Dito e feito — as camas e pertences foram transportados e arranjados! Eis que quando mal começamos a instalação, vejo um aluno meu pedir precisamente este local, para ele e sua mãe. Aceitei, havia lugar ainda. Mas timidamente ele disse que um amigo viria também — com a família. "Que venha. A família compõe-se de onze pessoas. Pois que os onze mais os dois venham. Nós somos em três. Pois que venham todos!" Fugiram da rua Tabatinguera, a toda pressa, não tinham trazido nem camas nem cobertas. Vieram com uma mão na frente e outra atrás!

Combates na zona sul

Ainda no dia 14 de julho, os canhões legalistas começaram a atingir regiões até então poupadas, como a Liberdade, Aclimação e Vila Mariana. Segundo Edgard Carone em seu livro *República Velha: Instituições sociais*, na madrugada do dia seguinte, um contingente de forças legalistas, que saiu do Ipiranga em automóveis, depois de atravessar a Vila Mariana e o Aclimação, conseguiu entrincheirar-se nas redondezas da Liberdade. Ocupou, entre outros pontos, o quartel do 5º Batalhão da Força Pública, na rua Vergueiro, os largos do Paraíso e da Guanabara, e o convento da Imaculada Conceição, na avenida Brigadeiro Luiz Antônio.

Na batalha pela retomada do reduto do 5º Batalhão, na Vila Mariana, morreu o capitão do Exército Joaquim Távora — até hoje homenageado com nome de rua nas redondezas —, baleado quando comandava o grupo atacante. Foi ferido na esquina das ruas do Paraíso e Maestro Cardim e morreu dias depois, no Hospital da Força Pública. O diagnóstico apontou a razão: "intoxicação urêmica."

Nas imediações do Ginásio Anglo-Brasileiro, na Vila Mariana, os combates se intensificavam, com mortos de parte a parte. Era a luta pelo controle da região entre a Liberdade, já na zona central, portanto relativamente perto do quartel-general rebelde, e o Ipiranga, onde as forças legalistas continuavam avançando. "As ruas perto do Ginásio Anglo-Brasileiro ficam juncadas de cadáveres", diz Távora em seu livro *À guisa de depoimento*.

No dia 16 de julho, o jornal *O Estado de S. Paulo* publicava o seguinte sobre a luta na região sul da cidade:

> A explosão de granadas em bairros populosos da cidade, que, durante os últimos dias, tem alarmado a nossa população, ainda ontem se verificou com grande intensidade, causando numerosas vítimas e produzindo danos materiais.
>
> Determinado pela fuzilaria e pelo bombardeio da cidade, o êxodo de famílias cresceu extraordinariamente ontem.
>
> Os bairros da Liberdade, Cambuci, Aclimação, Glória e Vila Mariana foram abandonados por grande número de famílias, que a proximidade dos tiros de canhão e do ruído da fuzilaria impelia para outros pontos mais abrigados da cidade. Os mortos e feridos, em número sempre muito avultado, continuavam a sobrecarregar a Cruz Vermelha e a Santa Casa.

Fome, saques e êxodo

As consequências da guerra travada dentro da cidade logo se fizeram sentir. Eram a fome, quando começava a faltar comida, já que não era mais possível abastecer as prateleiras; o desemprego, por causa da destruição das fábricas; e o medo constante de morrer, atingido pelas bombas e granadas. O saque às fábricas e aos moinhos ainda em atividade, além de aos mercados municipais, começou a seguir. O êxodo veio na sequência. Premidos e atemorizados pelos ataques, muitos moradores começaram, então, a fugir da cidade para não morrer.

Ainda na Mooca, uma manada inteira de bois foi atacada pela população faminta. Os animais foram descarnados ainda vivos, com todo tipo de faca, pelos espanhóis que viviam nas imediações da rua Ana Néri, para onde a boiada seguiu, ao fugir da rua da Mooca, por causa dos tiros. O morador Domingos Robilotta, na ocasião com 73 anos, contou, em depoimento ao projeto Museu de Rua, como se deu o ataque:

> Os espanhóis foram atrás dos bois, mataram e descarnaram eles quase vivos. Os gritos dos animais pareciam humanos. Também saquearam os armazéns gerais da São Paulo Railway (SPR). Durante a noite, a gente ouvia as pessoas transportando sacos de farinha, algodão etc. Um fato pitoresco é que um "gaiato" ficava na esquina da rua Niterói com a rua Ana Néri e passava a faca nos sacos, quando o cara chegava em casa, o saco estava vazio.

O jornalista e escritor Tito Batini, que vivia em São Paulo na época do episódio, descreveu sua experiência durante o movimento militar, quando estava hospedado na "pensão de dona Joana", casa de família que ficava na região da Liberdade. O relato, no qual se destacam a fome e a participação do autor nos saques, foi publicado no livro *A Light e a Revolução de 24*:

> Dona Joana, viúva, nos chamava de "meus filhos". Manteiga e leite estavam mais difíceis. Estávamos ameaçados de não ter mais o que comer. Eu e meu mano Pio Líbero nos arriscamos, então, para os lados do Belenzinho, onde moravam nossos tios e primos. Há quinze dias, a artilharia dos quartéis da avenida Tiradentes pipocava, entremeada

pelo rugir dos canhões, os quais respondiam desesperadamente ao bombardeio desfechado pelos legalistas contra a cidade aberta ao mando do presidente Arthur Bernardes. Lá na travessa da Intendência, onde procuramos nossos parentes, porém, a coisa não estava melhor. Uma colega de nossa prima Santina, operária da fábrica de tecidos Scuracchio, havia sido morta por bala perdida ao sair à procura de alimento para o lar.

Depois que outras tentativas de obter comida nas poucas padarias abertas falharam, só sobrou a Tito Batini e a seus companheiros integrar-se, segundo contou, aos saqueadores que furtavam mercadorias dos mercados e galpões.

O jornal *O Estado de S. Paulo*, em edição de uma só página, dava notícias de saques pelos lados do Mercado, onde se situavam os armazéns dos atacadistas, e dos moinhos Gamba e Matarazzo. Então, nos decidimos. Saímos, eu, meu irmão e outro pensionista. Alcançamos a avenida Brigadeiro Luís Antônio, onde paralelepípedos amontoados formavam trincheiras.

Ouvíramos dizer que o tenente Cabanas, da Força Pública, um dos heróis do movimento, estava dando cobertura ao povo que saqueava os armazéns. Desde jovens e até anciões, homens e mulheres se aglomeravam em extensa área, gemendo ao peso de quanto haviam podido recolher — feijão, arroz, carne-seca, cebola, alho... Nós três não tínhamos recipientes para encher. Diabo! Falta de prática. Nunca antes havíamos participado dum saque... Nosso companheiro teve a ideia: arrancamos nossos paletós, que transformamos em sacolas, dando nós às mangas; e um pouco caberia em nossos chapéus e nos bolsos das calças.

Dali a alguns dias, a cidade estava transformada num inferno. Subia para uma centena o número de canhões fazendo cerco às tropas rebeldes. Aviões despejavam bombas, indiscriminadamente, atingindo a área civil. Após uma semana, a despensa estava, de novo, vazia.

A Padaria São Domingos, no bairro do Bixiga, chamado então pelo seu nome oficial de Bela Vista, foi cercada por saqueadores que iniciaram um ataque, contido, quando seu proprietário, Domenico Calabrese, distribuiu pães à população. Os saques aos armazéns e mercados, principalmente na região central, foram, conforme lembra Batini, a consequência direta da fome sofrida pela população, em meio a bombas e tiroteios. De tudo se furtava, afirmam os depoentes, mesmo o que não se precisava, embora a preferência fosse, naturalmente, por produtos alimentícios. O sr. Ariosto também destaca:

> Depois da revolução, o povo sentiu-se com fome. Nas igrejas, davam mantimentos. As fábricas pararam muito tempo e os operários não tinham mais mantimentos, não tinham nada nas suas casas, então começaram a saquear o Moinho Santista, o Matarazzo. Traziam sacos de farinha nas costas e levavam para os seus. Até armazém eles saquearam. Depois, a polícia foi de casa por casa para buscar os mantimentos. Eles recuperaram os sacos de farinha para os moinhos.

Os bombardeios, o tiroteio e as dificuldades vividas pela população paulistana trouxeram um novo problema: a impossibilidade de abastecer a cidade, sitiada pelas tropas federais. Logo, o desabastecimento e o desaparecimento dos gêneros alimentícios viriam se somar aos outros problemas enfrentados pelos moradores da cidade. Segundo Zélia Gattai, em *Anarquistas, graças a Deus*, os armazéns que antes aceitavam que os consumidores pagassem suas dívidas no sistema de cadernetas, agora só queriam pagamento em dinheiro. Logo, sem condições de reabastecer as prateleiras, até a possibilidade de pagar à vista desapareceria, uma vez que não havia o que comprar.

O sapateiro anarquista e líder sindical Pedro Catalo deixou um relato indignado em que demonstrava simpatia pela rebeldia e questionava o bombardeio governista, ao mesmo tempo que também se mostrava perplexo ante a estratégia legalista de considerar toda a capital um perímetro de lutas. Segundo Edgar Rodrigues, em *Novos rumos: pesquisa social*:

> Os tiros dos canhões legalistas não precisavam de mira, bastava despejá-los sobre a população que tivera a ousadia de manifestar a sua simpatia por um movimento militar que lhes despertava uma certa esperança. O governador e o presidente da República sabiam-nos, e por isso a ordem era arrasar a capital. A população vivia aterrorizada pelo bombardeio que não poupava ninguém, e em todos os bairros havia vítimas inocentes a lamentar. Um amigo meu, de profissão forneiro, perdeu a sua mulher, atingida enquanto lavava roupa.
>
> A Revolução de 24, como ficou conhecida, trazia francamente um traço de revolta contra as injustiças sociais e, por essa razão, todos os potentados, donos de fábricas, donos de grandes armazéns, donos de moinhos e os atacadistas, fugiram precipitadamente temendo por uma vingança popular. Bastou que um soldado de Isidoro rebentasse as portas de um armazém, para que o saqueio se generalizasse e se prolongasse até que as forças revolucionárias dominaram a capital.
>
> Por semanas inteiras, via-se multidão de gente carregando de tudo, desde farinha e outros comestíveis, até casimira, remédios, panelas e louças de todo tipo, ferramentas e até aparelhos sanitários. O saqueio era favorecido pelos soldados da revolução que desde os primeiros momentos ganharam a simpatia do povo paulista e se tornaram amigos. Em qualquer casa que esses soldados pedissem comida, café ou outros favores de emergência, eram atendidos com simpatia e entusiasmo. Por esta razão, o bombardeio sobre a capital de São Paulo fazia-se indiscriminada e criminosamente.

Até mesmo na vizinha cidade de São Caetano, no Grande ABC, que fica ao lado do Ipiranga — um dos locais onde se enfrentaram legalistas e revolucionários —, os efeitos do movimento de 1924 se fizeram sentir. Em artigo disponível no Museu de Polícia Militar, o advogado Henri Veronesi, ex-conselheiro da Fundação Pró-Memória, conta a história de sua mãe, Idamis Veronesi, que tinha nove anos em 1924 e morava com os pais, Artemio e Flavia Veronesi, na rua João Pessoa, 27, naquele município:

> Depois da chegada dos soldados legalistas à cidade, já que estavam no Ipiranga, a família pensou em fugir. Os soldados eram malvistos na cidade e chegaram a prender muitos operários, sem razão, acusando-os de serem espiões dos revoltosos.
> Depois de alguns dias que os soldados estavam acampados em São Caetano, os bombardeios de São Paulo começaram a ser ouvidos na cidade. Dias depois, eram tiroteios e bombardeios. Numa noite, no bairro do Ipiranga, houve um confronto entre legalistas e revolucionários. O tiroteio parecia estar sendo travado em São Caetano e muita gente que morava na periferia, na divisa com o Ipiranga, correu a se alojar em São Caetano.
> Os legalistas, depois do início da revolução, montaram um hospital no Cine Central, na rua Perella, para onde eram encaminhados os feridos dos bairros do Ipiranga e Cambuci. Muitas pessoas morreram e, quando isso acontecia, os mortos eram levados para o único cemitério da cidade, o da Vila Paulo. Ali, ficavam aguardando seu transporte para outras localidades. Ela chegou a saber que muitos cadáveres foram enterrados em valas comuns.
> Seu pai trouxe quatro cápsulas vazias de balas de canhão e trabalhou nelas com um punção de bico, gravando figuras de soldados, fortes, árvores e um escudo, com os dizeres Revolta Paulista — 5 de julho de 1924.

No seu relatório, publicado após o fim do conflito, o prefeito da capital, Fimiano de Morais Pinto, informava que 103 estabelecimentos comerciais e industriais sofreram prejuízos decorrentes de fogo, saques, bombardeio, roubos e requisições dos sediciosos no período da revolta. Desses, sete tiveram prejuízos com o fogo, seis com os saques e o fogo, 17 prejuízos consideráveis causados pelo bombardeio, seis por roubos e o mesmo número com requisições dos sediciosos.

SÃO PAULO DEVE SER DESTRUÍDA

Os maiores incêndios, de acordo com documento publicado no livro *A Prefeitura Municipal de S. Paulo em face dos acontecimentos de julho de 1924*, foram no Cotonifício Crespi, depósitos da Anglo Mexican Petroleum, Mercado Municipal de Aves e Oficina Duprat (ambos na rua 25 de Março), Fórum Criminal no largo do Palácio, Atlantic Refining Co., Chakib, Rieckmann & Cia., Grandes Moinhos Gamba, na Mooca, Antonio de Camillis, Cie des Magasins Genereux et des Entrepôts Livres d'Anvers, Companhia Paulista de Alimentação, Marcos Faveli, Vasconcellos e Carmim. Muitos paulistanos, então, começaram a fugir da cidade, deslocando-se para outros municípios. Segundo o jornal *O Estado de S. Paulo*, de 16 de julho,

> Aumentou consideravelmente ontem o número de famílias que se retiraram para o interior do estado, aproveitando os diversos trens organizados pela São Paulo Railway e Sorocabana. Neste mesmo dia 15 de julho, foram vendidas 9 mil passagens, na Estação da Luz. O número de passageiros embarcados, entretanto, foi muito mais elevado em vista das passagens concedidas gratuitamente a muitas pessoas. Na Sorocabana, ainda nessa data, foram vendidas 2 mil passagens, fora as gratuitas.

O mesmo relatório da prefeitura paulistana dos acontecimentos de julho de 1924 informava que 212.385 paulistanos deixaram a cidade pelas ferrovias — o que equivalia a uma média diária de 9.199 pessoas — em direção principalmente a Campinas, cidade que mais recebeu cidadãos em fuga, e a Jundiaí, ambas relativamente longe do teatro dos acontecimentos. Esse número, conforme já afirmamos, poderia chegar a 250 mil porque houve muitos casos de paulistanos que deixaram a cidade de carro, bicicleta, cavalo e até a pé.

Até mesmo na literatura, o exílio dos cidadãos em sua própria cidade mereceu destaque. Na obra *Anarquistas graças a Deus*, Zélia Gattai descreve a chegada à casa da família, que ficava na região de

Cerqueira César, próxima à avenida Paulista, de vários parentes que viviam no Brás, então sob ataque.

De acordo com Zélia, vários parentes se abrigaram na casa da família Gattai durante todo o período que durou o episódio. Conforme a autora, Remo, um dos seus irmãos, saiu do bairro da zona sul e foi até a zona leste, usando uma faixa branca nos braços, para ter notícias dos parentes e, posteriormente, resgatá-los. Segundo relata,

> Circunspecto, inflado de responsabilidade, Remo traçou um panorama da situação no Brás que, segundo ele, era realmente muito séria. Tia Margarida e tio Gino — o pobre do tio Gino, neurastênico por natureza, vivendo sempre agoniado — estavam na maior agonia. Havia uma trincheira quase em frente à casa deles. As fábricas fechadas, ninguém recebia o salário, nenhum armazém vendia mais pelo sistema de cadernetas, agora só na ficha e assim mesmo já estava difícil de encontrar o que comprar. Se a revolução se prolongasse por mais algum tempo, em breve estariam passando fome. Essa era a situação. Tio Gino fizera um apelo dramático: que fossem salvar sua família!

O parente da escritora, resgatado por seu pai, se saiu bem. Na região da avenida Paulista, onde ela vivia, não caíram bombas ou foram disparados tiros, com exceção de um pequeno trecho da rua Augusta. Foi uma das áreas da cidade que se livraram das consequências da guerra na região central, zonas leste e sul. Mas na ocasião era uma grande área descampada e dificilmente alguém poderia imaginar que se tornaria, no futuro, uma das mais importantes avenidas de São Paulo.

A também escritora Maria José Dupré, em sua obra *Éramos seis*, da mesma forma que Zélia Gattai, descreve, agora de forma ficcional, o pavor de um bombardeio, vivido por duas personagens, Clotilde e a empregada Benedita, colhidas em meio ao ataque ao bairro do Bom Retiro por forças rebeldes. Segundo ela, Clotilde e Benedita, que estavam com o cachorro Pirata e a cabrinha Esmeralda, tiveram que se refugiar em um porão para tentar ter alguma chance de escapar das granadas disparadas contra os prédios da legalidade:

— Olhe, Benedita; desta vez não sei se escaparemos. O negócio está preto. Vamos rezar juntas. E começaram a rezar alto:
— Ave Maria, cheia de graça, o Senhor é... (Benedita gritava: lá vem ela! Percebiam quando a bala saía de dentro do canhão e vinha zunindo zuim... Bum! caía com estrondo logo adiante. Clotilde suspirava: desta vez ainda não foi aqui. Vamos...) o Senhor é convosco, bendita sois vós entre as mulheres, bendito o fruto do vosso ventre, Jesus.
[...] Assim, rezaram uma porção de ave-marias entremeadas com balas de canhão; de vez em quando a vela ia sumindo e acendiam outra; a certa hora, Clotide resolveu escrever um bilhete despedindo-se de toda a família porque achou que não atravessaria a noite viva.
— Não adianta chorar, Benedita, vamos rezar mais que é melhor; olhe, vamos agora uma salve-rainha bem alto: Salve minha mãe de misericórdia, vida, doçura... (a Benedita cobriu a cabeça com o xalinho gritando: Nossa Senhora da boa morte, esta vem por cima de nós) vida, doçura... zuim... esperança nossa... zuim... Bum!
Salve!
As duas caíram no chão tal o fragor da bomba ao cair ali perto, a cabra levantou-se assustada e começou a balir baixinho, e o cachorro veio para perto delas gemendo e se encostando com um pavor louco. Resolveram, então, não rezar alto; Benedita chorava e dizia que a pior bomba fora no Salve. Apagaram a vela e ficaram os quatro juntinhos, esperando o dia amanhecer, sem muita esperança de verem o sol.

Ao bombardeio e ao êxodo se somaram os saques. Os moinhos Gamba e Puglisi, ambos na Mooca, foram atacados e saqueados. E não era só, ao que parece, a população que saqueava, numa demonstração de revolta e de protesto contra a situação. Também há registros, no *Jornal do Commercio* de 7 de julho de 1924, de que comerciantes faziam o mesmo:

Negociantes que saqueiam. Dentre os assaltantes aos diversos armazéns de víveres da capital, contam-se numerosos pequenos negociantes que, munidos de carroças, transportavam as mercadorias roubadas para o seu armazém. Esse fato é bastante grave, porquanto os negociantes saqueadores vão, naturalmente, se aproveitar da situação para explorar o público nos preços da mercadoria de que se apropriaram de forma tão indigna.

Os ataques militares, os tiroteios e as inúmeras dificuldades vividas pela população paulistana trouxeram um novo problema: a impossibilidade de abastecer a cidade, sitiada pelas tropas federais. Logo o desabastecimento e o desaparecimento dos gêneros alimentícios viriam se somar aos outros problemas enfrentados pelos moradores. Os jornais registraram mais esse problema vivido pelos paulistanos, além de outras dificuldades para sobreviver numa cidade em guerra. Em 8 de julho, portanto três dias depois da eclosão do movimento, o periódico *A Capital* já registrava o problema em suas páginas:

> A nossa situação é das piores possíveis. O povo já começou a sentir as torturas do momento. Os empórios, padarias e armazéns exploram cobrando os gêneros de primeira necessidade pelo duplo e triplo dos preços.

No dia seguinte, o mesmo jornal voltava ao assunto, lembrando que bastaram apenas dois dias do movimento revolucionário para que os paulistanos já começassem a sentir os efeitos do desabastecimento.

> É desolador o estado em que se encontra a população de São Paulo por falta de mantimentos. Os armazéns e empórios já esgotaram os seus sortimentos, o povo necessita de pão para matar a fome que já se faz sentir em diversos pontos da cidade. Chegou a tal ponto o desespero das famílias da Mooca, que durante o incêndio das Fábricas Gamba, aproveitaram-se de horríveis chamas como claridade e saquearam um armazém nas adjacências, donde apoderaram-se de feijão, arroz, farinha, vela, querosene e outros mantimentos.

Para enfrentar o problema da fome, os rebeldes haviam criado a Comissão de Abastecimento Público, que tinha como objetivo coordenar a distribuição de alimentos e evitar abusos no comércio. Entre suas vitórias iniciais, a Comissão havia conseguido reduzir o preço da banha de 4,5 mil-réis para 3,3 mil-réis, mas os estoques estavam esgotados e dificilmente conseguiriam ser repostos. Um representante da Comissão, que estivera em Santos para comprar comida, ouviu do comandante militar da cidade, o almirante José Maria Penido, que não venderia alimentos de forma alguma:

— Não deixarei subir um grão de arroz para São Paulo! — disse.

Durante o conflito, a população da Penha de França, bairro onde estavam alojados os legalistas, inclusive o presidente Carlos de Campos e os generais da legalidade, passou fome e sofreu com a falta de água. O pároco do bairro, padre Antão Jorge, foi forçado a, vencendo grandes dificuldades, ir a pé até o palácio episcopal São Luís, na avenida São Luís, centro, local de trabalho do arcebispo metropolitano, d. Duarte Leopoldo Silva, pedir ajuda para seus paroquianos.

Penalizado com a situação, d. Duarte pediu à Liga Nacionalista, que, se possível, socorresse a população do bairro. Para garantir a chegada dos gêneros alimentícios à localidade, d. Duarte mandou, em 17 de julho, uma carta ao general Isidoro Dias Lopes na qual pedia sua autorização para enviar os alimentos.

São Paulo, 17 de julho de 1924 — Exmo. sr. general Dias Lopes. Recorro à generosidade de V. Exma. para que me seja permitido enviar alguma provisão de gêneros alimentícios à população da Penha, que segundo informações do respectivo vigário, se encontra em sérias e graves dificuldades e, a mais, privada de água potável, cujos adutores foram cortados, ao que parece. Garanto a V. Exma. que esses recursos se destinam exclusivamente à população civil e especialmente aos pobres. Com permissão de V. Exma., esses gêneros seriam transportados até a última trincheira dos lados do Ipiranga, onde amanhã, ao meio-dia, os virá buscar o mesmo vigário, para quem solicito igualmente o salvo-conduto. Deus guarde V. Exma. Servo em J.C. (a) Duarte, arcebispo metropolitano.

Segundo Paulo Duarte, Isidoro acedeu ao pedido e solicitou somente uma carroça ou caminhão para transportar a comida, já que não poderia desviar os que estavam em ações militares. O presidente da Associação Comercial, José Carlos de Macedo Soares, cedeu um caminhão Ford, que foi carregado com os gêneros alimentícios. Com salvos-condutos e uma carta do arcebispo pedindo que o material fosse entregue ao vigário da Penha, o caminhão e seus condutores foram barrados no Ipiranga e, sem fazer caso da correspondência da autoridade religiosa, seus condutores foram maltratados e despojados por soldados governistas.

Não se sabe se os alimentos chegaram à paróquia da Penha, mas somente dias depois o motorista, que teve de voltar a pé para o Centro, obteve um recibo, assinado por um certo "J. S. Portella, primeiro-tenente", registrando a posse do caminhão, que ficou com as tropas governistas. Um novo pedido de comida da comunidade penhense foi feito depois, mas, diante do insucesso da primeira tentativa, os rebeldes mandaram a população solicitar ajuda às tropas federais que então ocupavam o bairro.

O relatório final da polícia sobre o movimento de 1924, de responsabilidade do delegado auxiliar Cantinho Filho, constatou que houve saques nos bairros do Brás, Belenzinho, Mooca e Ipiranga. As firmas mais atingidas, de acordo com o documento, foram a Sociedade Anônima Scarpa, Matarazzo & Cia., Ernesto de Castro, Nazaré e Teixeira, Motores Marelli, Maheifuz & Cia., Moinho Gamba, Moinho Santista, Reickmann & Cia., J.M. Melo e outras. Com relação aos comerciantes saqueadores, o chefe de polícia dos rebeldes, tenente-coronel Raul Dowsley Cabral Velho, distribuiu um comunicado à imprensa, publicado na edição de 8 de julho do *Jornal do Commercio*, alertando que os saqueadores deveriam devolver, em 48 horas, bens que estivessem em seu poder, sob o risco de enfrentar a corte marcial. Posteriormente, foram encontradas mercadorias na casa de moradores dos bairros do Brás e Mooca, e os produtos, devolvidos a seus donos.

O sofrimento dos paulistanos estimulou alguns cidadãos a promover um movimento popular contra os bombardeios e ataques, publicando manifestos nos jornais e organizando comícios, como o realizado no largo do Arouche, que tinha o propósito de protestar contra o momento pelo qual passava a população. Era uma tentativa de a população se fazer ouvir.

Em carta-manifesto publicada em *O Estado de S. Paulo* de 19 de julho, os cidadãos Mário Cardoso de Melo, João Guedes Tavares, José Rafael e Raul Renato Cardoso de Melo questionavam a atuação do ministro da Guerra e dos presidentes Arthur Bernardes e Carlos de Campos, protestando contra o bombardeio e a determinação de ambos em tratar os paulistas e sua capital como inimigos que deviam ser destruídos.

> Que legalidade é essa que, enquanto chama de irmãos os revoltosos do Rio Grande e com eles trata de potência a potência, qualifica de guerra a insurreição de São Paulo e nos trata como inimigos, pregando o desumano bombardeio de uma cidade aberta? Que legalidade é essa que, respondendo a um apelo de pessoas de responsabilidade em nome dos sentimentos de humanidade e dos princípios do Direito Público Internacional, se desmancha na sátira irresponsável de um tipo lombrosiano e ordena aos paulistas que ergam de novo a cidade destruída e enterrem os seus mortos, para que entre as espadas da guarda pretoriana, o Nero ridículo de Viçosa continue a apertar, cada vez mais, as gargalheiras da sua tirania de lama e sangue?

No caso, os cidadãos que assinaram o manifesto lembravam que, no ano anterior, na ocasião da Revolução de 1923 no Rio Grande do Sul, o governo havia enviado o próprio ministro da Guerra, Setembrino de Carvalho, também natural daquele estado, para negociar a paz com os rebeldes, liderados por Assis Brasil, que se contrapunham ao governo de Borges de Medeiros. Ainda naquele ano, havia sido assinado o Pacto de Pedras Altas, que paralisou a guerra. Em São Paulo, no entanto, o governo agia de forma bem diversa, afirmavam os signatários do movimento, tratando a população como inimiga, embora fossem naturais do mesmo país. A referência ao "Nero ridículo de Viçosa" se deu porque essa era a cidade natal do presidente Arthur Bernardes, em Minas Gerais.

Que cidade era aquela sob bombardeio?

São Paulo era, na época do movimento de 1924, uma capital com cerca de 700 mil habitantes distribuídos em um número relativamente pequeno de bairros, os mais centrais ocupados pelas classes alta e média alta, e os mais distantes, morada quase sempre indigna dos mais pobres. A capital paulista era a segunda cidade mais importante do Brasil, após o Rio de Janeiro, então capital federal, e dona do maior parque industrial do país. O mapa de São Paulo em 1924, que traz como subtítulo a frase "Mostrando todos os arrabaldes e terrenos arruados", apresenta uma cidade praticamente concentrada na região central, com os bairros vizinhos de Consolação, Higienópolis, Bela Vista, Liberdade e Luz.

No sentido norte, destacam-se o Canindé, Água Fria, Carandiru, Vila Maria e Vila Guilherme. Para o leste, aparece a Penha, como o arrabalde mais distante, o Alto da Mooca, o Hipódromo, Belenzinho e Tatuapé. Para o sul, Ipiranga, Vila Mariana, Vila Clementino, Vila Saúde, Jardim Paulista, Indianópolis e Jardim América. No sentido oeste temos Perdizes, Lapa, Vila Romana, Vila Pompeia, Bela Aliança e Vila Leopoldina. É notável a diferença desse mapa, de 1924, com as plantas anteriores, de 1898 e 1840, que mostram uma cidade ainda em formação, quase concentrada apenas nas imediações do rio Tamanduateí.

Tratava-se, como é possível observar, de uma capital cuja vida transcorria em limites muito mais estreitos do que hoje, em que a cidade se espraiou em todas as direções. O atual bairro de Santo Amaro, por exemplo, era uma cidade vizinha, que só passará a integrar a capital em 1935.

Naquele dia 5 de julho, um sábado, em pleno inverno paulistano, a cidade amanheceu em meio a informações desencontradas sobre um levante militar. De início, não se sabia de nada, nem mesmo o nome do principal líder do movimento, que se revelaria depois como general da reserva do Exército, Isidoro Dias Lopes. Só se ouvia falar dos combates na rua.

Militares do Exército haviam tomado quartéis da Força Pública, em aliança com oficiais dessa corporação estadual, e sitiavam o Palácio Campos Elíseos, residência oficial do presidente do estado, Carlos de Campos. A partir de pontos diferentes da cidade, os rebeldes bombardeavam o palácio, na avenida Rio Branco. Um desses tiros de canhão Krupp, de propriedade do sublevado Quartel do Exército em Quitaúna, atingiu uma residência vizinha ao local, matando a moradora Maria Clara Gomes. Na mesma rua, uma criança também foi morta ao ser atingida pelos petardos da artilharia.

Logo depois, outro tiro de artilharia, a partir da torre da Estação da Luz, já tomada pelos rebeldes, atingiu o Liceu Coração de Jesus, ferindo um aluno. O presidente Carlos de Campos, cercado no palácio com sua guarda pessoal, comandada pelo major Marcílio Franco, e alguns civis que o apoiavam, deslocou-se para a Secretaria de Justiça, no largo do Palácio, onde permaneceu mais um dia. Depois, outro tiro de canhão, disparado a partir do largo de São Bento pelo artilheiro Mário Barbosa de Oliveira, abriu um buraco na parede da Secretaria e forçou a retirada do presidente, ao lado do secretário Bento Bueno, no dia 9 de julho, para a vilazinha de Guaiaúna, na Penha de França, ponto final da Estrada de Ferro Central do Brasil (EFCB), que vinha do Rio de Janeiro.

Lá, começou a se formar um exército legalista para combater os rebeldes, com tropas federais vindas do Rio de Janeiro e soldados da

Força Pública paulista, entre outras. O general Eduardo Sócrates, então chefe da 1ª Região Militar no Rio de Janeiro, foi nomeado comandante das forças legais pelo presidente Arthur Bernardes. Duas colunas, comandadas pelos generais Tertuliano Potiguara, que agia na região leste da cidade, e Carlos Arlindo, que seguia pela zona sul, a partir de Santos, foram formadas para retomar a cidade daqueles que a imprensa governamental chamava de "mazorqueiros", o equivalente a arruaceiros.

Dois dias depois da retirada do presidente da região central da cidade, no dia 11 de julho, começou o bombardeio legalista contra São Paulo, que atingiu, inicialmente, os bairros operários do Brás, Mooca e Belenzinho, na zona leste. A seguir, foram atacados Luz, Aclimação, Cambuci, Ipiranga e Vila Mariana, nas zonas norte e sul, e Campos Elíseos, no centro.

No Brás, Mooca e Belenzinho vivia uma população formada por imigrantes italianos, espanhóis, portugueses e húngaros — muitos recém-chegados ao Brasil —, além de trabalhadores brasileiros pobres. Eram operários das várias indústrias instaladas na região e moravam, em geral, em vilas operárias próximas às fábricas. O Belenzinho era território das indústrias de vidrarias, como a Germânia, a Santa Marina, a Itália, a Paraíba e a Nadir Figueiredo, quase todas de propriedade de estrangeiros imigrados. O bairro, antes conhecido como Marco da Meia Légua, havia sido uma estância climática até por volta do fim do século XIX, procurado por quem tentava se curar da tuberculose, em razão do ar puro, mas em 1924 já estava bastante industrializado.

No Brás e Mooca, regiões pioneiras na industrialização de São Paulo, o forte eram as indústrias da área têxtil, como o Cotonifício Crespi, do conde Rodolpho Crespi, na Mooca, e a fábrica Mariângela, do conde Francisco Matarazzo, no Brás. Ambos eram de origem italiana como a maior parte dos seus operários. Também havia as fábricas de alimentação e de bebidas, como os Moinhos Gamba, Paulista, a Companhia Antarctica, outras grandes companhias, como a São Paulo Alpargatas, a distribuidora de combustíveis Mercansul e os armazéns da Estrada de Ferro Central do Brasil (EFCB) e da São Paulo Railway (SPR).

Somente no Crespi, trabalhavam 6 mil operários. O céu da Mooca e do Brás era pontilhado de chaminés. A razão de as primeiras indústrias se instalarem ali, a partir do final do século XIX, foi a presença da ferrovia, principalmente as estações da EFCB, o que permitia o rápido escoamento dos produtos, já que as linhas eram interligadas às fábricas. A estação do Brás, antes Estação do Norte, havia sido inaugurada em 1867, e a estação Mooca, em 1898. Tanto a ferrovia quanto a industrialização haviam surgido a partir dos capitais gerados pelo café.

O Brás e a Mooca se tornaram o lar dos trabalhadores imigrantes, em parte pelo fato de disporem de terrenos baratos, em áreas inundáveis pelo rio Tamanduateí, o que possibilitava que fossem ocupados por operários com poucos recursos que pretendiam morar perto do local de trabalho. A inauguração em 1887, ao lado da linha do trem, da Hospedaria dos Imigrantes, onde ficavam os imigrantes quando chegavam a São Paulo antes de seguir para a lavoura de café no interior, fez com que parte dos italianos, espanhóis e portugueses imigrados optasse por permanecer na capital em vez de seguir para o interior ou voltasse das fazendas, onde nem sempre se adaptavam ao perceber as difíceis condições de trabalho.

Na Mooca, predominavam os italianos de origem napolitana, enquanto no Brás, os bareses (naturais da Puglia) eram a maioria. Em outro bairro italiano, o Bixiga, então chamado pelo seu nome oficial de Bela Vista, o cenário era dominado pelos calabreses. Naturais, em parte, da cidade italiana de Polignano a Mare, na Puglia, os bareses promovem, desde 1919, a festa típica em homenagem ao santo padroeiro, São Vito Mártir. Os napolitanos, por sua vez, veneram San Gennaro (São Januário) e os calabreses, Nossa Senhora da Achiropita, também homenageados em celebrações típicas, com massas e pizzas.

Era tempo de certa rivalidade entre brasileiros e italianos, o que gerou chistes como o seguinte, registrado por Alcântara Machado em *Brás, Bixiga e Barra Funda*:

> *Carcamano pé de chumbo,*
> *Calcanhar de frigideira,*
> *Quem te deu a ousadia*
> *De casar com brasileira?*

"Carcamano" era o apelido depreciativo pelo qual eram conhecidos os italianos. Os brasileiros e portugueses diziam que eles, como comerciantes nos mercados e armazéns de bairro, orientavam os filhos a "carcar a mão" (meter a mão, ou seja, enganar os clientes no peso dos produtos, colocando sua mão, disfarçadamente, sobre a balança). A Mooca era a sede do primeiro Jockey Club de São Paulo, instalado em terras do milionário Rafael Aguiar Paes de Barros e inaugurado em 1875.

A região, com muitas várzeas, também começava a se consolidar como uma espécie de celeiro de jogadores de futebol, esporte que aos poucos desbancava o remo como o mais apreciado pela população. Considerada a primeira partida de futebol do Brasil — reunindo os times da São Paulo Railway (SPR), no qual jogava Charles Miller, morador do Brás e funcionário da ferrovia, e da Companhia de Gás, ambas empresas de capital inglês — havia sido disputada em 14 de abril de 1895 na Várzea do Carmo, no Brás, onde hoje fica o Parque Dom Pedro II, e vencida pela SPR por 4 a 2. Miller havia estudado na London Bannister School e de lá trouxera bolas de futebol e uniformes.

SÃO PAULO DEVE SER DESTRUÍDA

Poucos anos antes da revolta militar, o Brás e a Mooca haviam sediado uma das maiores greves da história do Brasil, em 1917. Os trabalhadores promoveram uma paralisação no Cotonifício Crespi, na Mooca, em protesto contra os baixos salários, pedindo de 10% a 15% de aumento e a extinção do desconto de um imposto de guerra de 2% cobrado de todos os trabalhadores em benefício da Itália, a despeito da nacionalidade do trabalhador. Havia também grande insatisfação dos operários por causa da utilização da mão de obra de menores de idade nas fábricas, que ganhavam em média 10% do salário dos adultos.

Cerca de 100 mil trabalhadores das principais empresas da região, entre elas o próprio Cotonifício Crespi — empresa em que o jornal *O Combate* registra muitos casos de agressões de menores operários por feitores da fábrica —, a Tecelagem Mariângela, de propriedade de Matarazzo, a Antarctica, a Companhia de Tecidos de Juta, de Jorge Street, e outras entraram em greve quando, no dia 8 de julho daquele ano, cavalarianos da Força Pública mataram a tiros o sapateiro anarquista José Ineguez Martinez, que participava de um piquete em frente à fábrica Mariângela.

Com os ânimos acirrados, a morte do operário, cujo caixão foi levado por cerca de 10 mil pessoas ao Cemitério do Araçá, foi o estopim para a paralisação geral, que teve ainda confrontos de trabalhadores com a polícia e depredação de bondes e casas comerciais. A greve vai se estender até o dia 16 de julho e o trabalho só será retomado após a intervenção de um grupo de jornalistas, reunidos no Comitê de Imprensa, que negociou com o governo e os patrões a volta ao trabalho. Estes prometem o aumento solicitado e a garantia de não punição aos grevistas. Logo, começam a se negar a cumprir o compromisso assumido na mesa de negociações com os trabalhadores, representados pelo Comitê de Defesa Proletária (CDP), liderado pelo anarquista Edgar Leuenroth. Como explica Yara Aon Khoury no seu livro *As greves de 1917,*

Desencadeia-se uma série de denúncias em agosto e setembro. O CDP volta a declarar a situação geral do proletariado de São Paulo: diversos industriais, depois de terem aceito o acordo sob a base do aumento de 20%, começam a furtar-se ao cumprimento dessas condições. Os trabalhadores em geral protestam contra o modo despótico com que se enfocam as manifestações operárias, nessa segunda metade do ano. Protestam porque estão despedidos, quer sob alegação da falta de trabalho, quer como perturbadores da ordem. A luta das Ligas contra as demissões é quase totalmente improfícua. As empresas recorrem à polícia e o Governo à justiça. [...] em meados de setembro, os principais líderes do movimento são presos e estrategicamente embarcados no navio *Curvello* para deportação.

Não era somente por questões econômicas a prevenção dos industriais paulistas contra os líderes operários, vários dos quais conseguiram deportar para a Europa. Havia também uma questão ideológica. Matarazzo, de acordo com Warren Dean, autor de *A industrialização de São Paulo*, havia se convertido ao fascismo em 1923, quando visitou a Itália e conheceu Benito Mussolini, que o recebeu por duas vezes. Voltou da viagem com o entusiasmo renovado pelo contato com o *Duce*:

> Sou um grande admirador de Mussolini. Além disso, estou convencido de que o animam um ardente patriotismo e uma robusta sinceridade. E eles se queixam de sua violência, mas, *mio Dio*, não é possível transformar a mentalidade de toda uma multidão sem marcar com férrea disciplina a direção da nova estrada. Um idealista convicto não pode fazer concessões às massas nem àqueles que desejam explorá--las. E Mussolini, além de ser um idealista convicto, é também um extraordinário homem de ação.

Crespi, que havia, como Matarazzo, recebido o título de conde das mãos do rei Vítor Emanuel II, também era, como o colega industrial, adepto do fascismo. Ainda de acordo com Dean:

Crespi foi publicamente identificado com a causa do fascismo com maior vigor ainda que Matarazzo. O governo de Mussolini agraciou-o com a Ordem do Trabalho, fê-lo Comendador da Coroa da Itália e Crespi tornou-se membro do Partido. Em seu testamento, deixou 200 contos (18 mil dólares) a obras de caridade italianas e 500 contos (o equivalente a 45 mil dólares) pessoalmente a Mussolini. Especificara também que deveria ser sepultado em seu uniforme.

No fim do primeiro dia de bombardeio, 11 de julho, o jornal *O Estado de S. Paulo* de 12 de julho registrou que o Brás "já apresentava um aspecto de verdadeira desolação, com a debandada de seus moradores", o que também ocorria nas ruas próximas ao Quartel da Luz, "completamente despovoadas de elementos civis".

A população procurava parentes desaparecidos por meio de anúncios nos jornais. *O Estado de S. Paulo*, na mesma edição, registra a busca por pessoas próximas das quais não se tinham notícias desde o início dos bombardeios:

> D. Maria Isabel de Almeida, residente à rua Bela Cintra, 142, deseja saber notícias e o paradeiro dos seus filhos Mário e Luiz Paiva, alunos do Asilo Colônia. Resposta para aquele endereço ou para a seção de informações do *Estado*.
>
> A família de Marcos de Mattos Filho deseja saber notícias suas e do seu estado de saúde e pede respostas para a rua Marquês de Itu, 17.
>
> Carlos Engber, residente à rua Luís Coelho, 8, pede a seu sogro Accio Webber, que reside na Penha, informar em que parte se encontra.

Uma cidade e uma época em ebulição

A cidade já era, então, uma praça de guerra, mas as insatisfações de vários grupos já vinham de longe, em um conflito surdo. Relativamente bem organizados e influentes nos sindicatos, os anarquistas pressionavam os industriais com greves e manifestações. A maior, em 1917, havia assustado a elite agroindustrial, que fez aprovar na Câmara Federal leis de repressão ao anarquismo, o que levou à expulsão, entre outros, dos líderes anarquistas Gigi Damiani e Everardo Dias. O primeiro, jornalista e editor do jornal anarquista *O amigo do povo*, escreveu um opúsculo na Itália intitulado *Brasil, país para o qual não se deve emigrar*, condenando a imigração italiana para o país, documento que obteve forte repercussão na Europa.

Com o impacto da Revolução Russa sobre os movimentos sociais ao redor do mundo, uma certa confusão entre os grupos de esquerda sobre a natureza do regime bolchevique levou à fundação do Partido Comunista do Brasil (PCB), por ex-anarquistas. Logo os comunistas se tornariam outra força na arena política, que começava a disputar espaço com os anarquistas nos sindicatos e associações operárias. E, claro, também estavam presentes naquele conflito em 1924.

Nas artes, o momento era, também, de contestação a antigos modelos. Jovens artistas que se autointitulavam modernistas, entre os quais Oswald de Andrade (autor do livro *Serafim Ponte Grande*, que retrata de forma cômica um personagem da cidade, funcionário público de classe média, na época da revolta), Mário de Andrade, Guilherme de Almeida, Menotti del Picchia entre outros, demonstravam insatisfação com a cultura vigente, quase sempre importada, propondo substituir os modelos culturais com a emergência do chamado modernismo brasileiro. Ocorrida entre os dias 13 e 17 de 1922, no Theatro Municipal, o movimento cultural, não por acaso, se deu no mesmo ano da primeira rebelião tenentista no Rio de Janeiro e da fundação do PCB.

Tensão no Clube Militar

No que diz respeito à política institucional, também havia tensões. A eleição do presidente Arthur Bernardes fora contestada por um grupo de militares, reunidos no Clube Militar. Durante a campanha eleitoral, como já mencionamos, duas cartas com ofensas aos militares e ao Exército foram divulgadas no jornal carioca *Correio da Manhã* como se fossem de sua autoria, o que levantou a categoria contra ele e em apoio ao candidato da oposição, Nilo Peçanha. O então presidente Epitácio Pessoa, antecessor de Bernardes, havia enfrentado o episódio dos Dezoito do Forte, a primeira rebelião tenentista.

Parte dos líderes do levante, ocorrido no Forte de Copacabana, estava presa e os outros haviam desertado do Exército. A conspiração para a revolta em São Paulo havia se iniciado pouco tempo após a detenção, em 1922, dos líderes tenentistas. No ano seguinte, já circulavam na capital paulista, clandestinos e sob nomes falsos, vários militares rebeldes, que preparavam a revolta, enfim ocorrida no mesmo dia do outro 5 de julho no Rio de Janeiro. Procurados por parlamentares de oposição e líderes tenentistas, chefes anarquistas e comunistas se preparavam para agir contra o governo, formando milícias de operários, o que acabou não ocorrendo.

Um tenso debate entre militares no Clube Militar, no qual se opuseram tenentes, futuros rebeldes, e oficiais superiores, ligados à legalidade, demonstra o acirramento de ânimos no período. Em uma sessão do Clube, em 24 de junho de 1922, transcrita a seguir, o tenente Gwaier de Azevedo questionou fortemente seus superiores, em um clima de intensa disputa política, na qual sobraram farpas para os principais apoiadores de Epitácio Pessoa e Arthur Bernardes no meio militar:

TEN. GWAIER — Em defesa do Exército, desse Exército enxovalhado pelo presidente da República, desse Exército que V. Exa., general Setembrino, de modo algum representa (trocam-se apartes).
MARECHAL-PRESIDENTE — Atenção. Quem está com a palavra é o senhor tenente Gwaier.

Ten. Gwaier — O sr. major Boanerges já havia declarado, antes de abrir a sessão, que viria me apartear com violência.

Maj. Boanerges — Não é verdade.

Ten. Gwaier — Quem me disse foi o tenente Siqueira Campos.

Ten. Siqueira Campos — Verdade; não querer sustentar é outra coisa.

Maj. Boanerges — Eu não disse assim.

Ten. Gwaier — V. Exa. disse, mas não tem importância, seus apartes não me interrompem.

Cap. Duarte do Carmo — O sr. major Boanerges é um oficial digno, mais digno que V. Exa.

Ten. Gwaier — Mais digno que V. Exa.

Cap. Duarte do Carmo — V. Exa. é incompetente e malcriado e não sabe português.

Ten. Gwaier — V. Exa. tem razão; eu fui aluno do senhor seu pai.

Cap. Duarte do Carmo — Protesto, meu pai era um homem competente e sabia comandar.

Ten. Gwaier — Tinha tanta competência que se permitiu transferir *sine die* um eclipse total do Sol. Isto está escrito nos boletins do Exército; eu apelo para o sr. tenente Siqueira de Brito que, na ocasião, servia no 1º Batalhão de Engenharia.

Cap. Duarte do Carmo — O tenente Brito é um oficial digno e não pode afirmar isso.

Ten. S. Brito — Sou amigo do capitão Duarte do Carmo e peço a S. Exa. que me perdoe, porém a afirmação do tenente Gwaier é verdadeira.

Cap. Duarte do Carmo — Muito obrigado a V. Exa.

Ten. S. Brito — Não tem o que agradecer.

Ten. Gwaier — Está direito, V. Exa. submeterá o requerimento à votação, sr. presidente. Os jornais noticiam que o sr. presidente da República, para enxovalhar o Exército, vai mandar amanhã os seus agentes fecharem o Clube Militar, baseado numa lei que fecha as sociedades de anarquistas, de cáftens e de exploradores do lenocínio. Maior injúria não se pode fazer. Suprema afronta jogada às faces do Exército nacional!

Maj. E. Figueiredo — O sr. presidente da República tem toda a razão.

Ten. Gwaier — V. Exa. concorda que o presidente da República feche o Clube Militar baseado naquela lei?
Maj. E. Figueiredo — Concordo.
Ten. Gwaier — Então V. Exa. é cáften? É explorador do lenocínio? É anarquista? Queira desculpar porque, francamente, eu não sabia.
Maj. E. Figueiredo — Eu respondo a V. Exa. como homem. Respondo sua audácia.
Ten. Gwaier — À vontade. Escolha lugar e marque hora. Sob minha honra de militar lhe juro, lá estarei.
Marechal-presidente — O sr. tenente Gwaier vai modificar essa linguagem. V. Exa. está convidando seus superiores para brigar.
Ten. Gwaier — Sr. presidente, se eu soubesse que os defensores do governo epitacista aparteariam o tenente Brito com tanta rudeza de linguagem e grosseria, não teria tocado na prisão daquele oficial, para não assanhar os gaviões e os abutres que rasgam a dignidade alheia.
Ten. Pacheco — Gavião é V. Exa.
Ten. Gwaier — Eu sou gavião e V. Exa. é a rolinha.
Gen. Potiguara — Está se dirigindo a mim?
Ten. Gwaier — Então permita que lhe diga: V. Exa. também é um corvo faminto que procura rasgar a honra alheia.
Gen. Potiguara — Protesto! Isso revolta, srs. oficiais!
Ten. Gwaier — O que revolta é V. Exa. emprestar seus galões e a força que comanda a um bandido como o sr. Epitácio Pessoa, deixando ele livremente cavalgar o Exército, fechando o Clube Militar baseado numa lei infame, injuriosa e opressora!
Gen. Potiguara — V. Exa. se atreve a chamar o sr. presidente da República de bandido?
Gen. Hastinfilo — Eu o repilo, tenente.
Ten. Gwaier — Ele não é somente bandido, é ladrão também, está provado.
Gen. Potiguara — V. Exa. se arrependerá disso.
Ten. Gwaier — Registre-se a ameaça.
Gen. Potiguara — V. Exa. não está ameaçado, eu lhe aparteei calmo e rindo!

Ten. Gwaier — Há homens, sr. presidente, cujo riso parece uma operação de descontos a juros de usurários. Assim é o riso do general Potiguara.

Cap. Teopomo de Vasconcelos — V. Exa. é indigno de vestir a farda do Exército. Não agrida os seus superiores.

Ten. Gwaier — Eu falei com o general Potiguara e não com seu ordenança.

Cap. T. de Vasconcelos — Ordenança é V. Exa.

Ten. Gwaier — É V. Exa. que, como capitão, se prestou aos papéis mais infames, como sejam os de perseguidor e algoz de seus colegas.

Cap. T. de Vasconcelos — V. Exa. está se alterando e o sangue lhe chegando às faces.

Ten. Gwaier — Sim, porque onde não tem sangue é na fisionomia dos cadáveres. Onde não tem sangue é na fisionomia de V. Exa. que é um cadáver moral (seguem-se violentos apartes).

Marechal-presidente — Se os oficiais continuarem nessa linguagem, eu sou obrigado a suspender a sessão. Todos nós somos do Exército, e o que está se passando aqui é uma vergonha que depõe contra a nossa cultura e educação. Continua com a palavra o sr. Gwaier de Azevedo.

Ten. Gwaier — Os meus agressores ponham a carapuça. A observação do sr. presidente atinge aqueles que me obrigam a responder com violência apartes violentos e indelicados.

Cel. Gomes de Castro — Indelicado é V. Exa., que não tem educação.

Marechal Fontoura — Negativo! V. Exa. é um infame.

Ten. Gwaier — Até quando sofreremos tão grandes ignomínias? Unamo-nos e teremos os aplausos da nação inteira, toda ela mais ou menos ferida pela perfídia, pela inépcia... (protestos — "muito bem!") pela prepotência de um presidente cretino, infame e déspota.

Gen. Potiguara — Cretino é V. Exa.

Ten. Gwaier — Cretino é V. Exa. Não estamos no Contestado, onde V. Exa. mandava fuzilar a torto e a direito. Isto é um costume seu... e muito antigo.

Cel. Santa Cruz — Eu estou revoltado com a linguagem desse oficial.

Ten. Gwaier — V. Exa. está revoltado porque não pode me pegar no 1º Regimento de Cavalaria, para me raspar a cabeça, como faz com os seus soldados.

Cel. Santa Cruz — Isso é uma infâmia.

Ten. Gwaier — V. Exa. pode me informar por que todo mundo o conhece por *Rapa-coco*?

Cel. H. de Moura — V. Exa. está preso!

Ten. Gwaier — Perdeu boa ocasião de ficar calado. Se eu, dizendo tudo isso, não soubesse que seria preso, seria idiota.

Cel. José de Lima — V. Exa. é um indisciplinado!

Ten. Gwaier — É verdade.

Cel. José de Lima — V. Exa., olhe para a minha cara e veja quem sou, atrevido!

Ten. Gwaier — Eu não conheço V. Exa. direito, mas, pela cara, parece um coveiro de cemitério, em tempos de epidemia.

Cel. José de Lima — Protesto! Protesto!

Outros oficiais — Muito bem! Muito bem!

Cap. Jovino Marques — O sr. Arthur Bernardes é um homem digno, e eu lhe repilo como superior.

Ten. Gwaier — V. Exa. não tem idoneidade para fazê-lo.

Cap. Jovino Marques — Tenho. Não sou como V. Exa. Sou um oficial de critério. Sou limpo.

Ten. Gwaier — Se fundo de panela, quando sai do fogo, é limpo, eu concordo que V. Exa. também o seja. Limpo como fundo de panela! Ora bolas!

Cap. Jovino Marques — Repita!

Ten. Gwaier — V. Exa. quer que repita de novo? V. Exa. precisa ver onde está. Eu estou armado e não temo ameaças de quem quer que seja. Estou no meu direito.

Gen. Setembrino — Devia ser cassada a palavra desse oficial.

Ten. Gwaier — Pois venha V. Exa. cassar (A maioria: "muito bem!")

Gen. Setembrino — Eu o repilo como homem!

Ten. Gwaier — V. Exa. já teve ocasião de repelir alguém a não ser como homem? Eu não tive, graças a Deus (gargalhadas).

Gen. Tasso Fragoso — V. Exa. veio aqui para dizer desaforos, porque não conhece o regulamento do Clube.

Ten. Gwaier — Em matéria de regulamentos, eu sou como V. Exa.: não entendo coisa alguma (gargalhadas).

Gen. Setembrino — Fosse eu presidente do Clube, esse oficial não continuaria a falar.

Ten. Gwaier — V. Exa. podia ser, mas não com o meu voto. Poderia ser presidente do Clube Militar um oficial que, na campanha do Contestado, de parceria com os peculatários, roubou a nação em 2.600 contos, assinando recibos fantásticos de víveres e deixando os soldados morrerem de fome?

Gen. Setembrino — V. Exa. provará isso?

Ten. Gwaier — Pois não! Os documentos existem.

Almirante Sousa e Silva — Se dessem uma comissão a V. Exa. não há dúvida que se calaria imediatamente.

Ten. Gwaier — Não julgue o meu critério pelo de V. Exa. V. Exa. é um concessionário que dorme regaladamente nas gavetas dos fornecedores de carvão para a esquadra e teve o despudor de engolir 1.600 contos, a pretexto de abastecer de combustível o depósito de Ponta do Galeão, onde o almirante V. de Matos, militar digno e respeitado por todos os títulos, indo lá, nada encontrou, nem mesmo sombra de combustível.

Almirante Sousa e Silva — Isso é uma balela.

Ten. Gwaier — O sr. almirante V. de Matos declarou ou não tudo isso que eu acabei de afirmar? Faça o favor de responder, pois eu apelo para a sua dignidade de militar e o seu passado.

Almirante V. de Matos — O que V. Exa. disse é verdade e ele não me desmentirá.

Ten. Gwaier — Veja, sr. presidente, eu não estou caluniando.

Gen. Potiguara — Caluniador, V. Exa. o é.

Ten. Gwaier — Foi também V. Exa. quem mandou encher de palha 15 vagões, que deviam levar roupas para os nossos soldados no Contestado, e, em vez de trinta volumes de granadas, remeteu trinta

volumes de pedras. Foi, finalmente, V. Exa. que, com o general Setembrino, fluidificou 20 mil pares de botas de montaria do Exército, que nunca foram vistos em ponto algum do planeta, a não ser nas algibeiras de V. Exa., vastas como o oceano (protestos e "muito bem!").
(O presidente chama a atenção dos oficiais.)
Gen. Lima — Ladrão pode ser V. Exa.
Ten. Gwaier — V. Exa. manifestou-se sem ser chamado. Também terá que ouvir sua fé de ofício. Ei-la: V. Exa. construiu uma estrada de ferro na fábrica de pólvora com o célebre túnel pelo qual as locomotivas só puderam passar depois de arrancadas as suas chaminés, porque não fora prevista altura suficiente, sendo que a via férrea era tão bem-feita que os trens gastavam 74 horas para percorrer 120 quilômetros. Desminta-me, se é capaz!
Gen. Aché — Torna-se necessária uma reação de nossa parte porque esse oficial está nos enxovalhando.
Ten. Gwaier — V. Exa. também tem rabo comprido.
Gen. Aché — V. Exa. que aponte uma irregularidade minha.
Ten. Gwaier — Vou satisfazer a V. Exa. com todo o prazer. V. Exa., na França, requisitou dinheiro do Tesouro para pagar dívidas contraídas na França e na Alemanha, consequência de jogo e de libertinagem, aliás, libertinagem senil, em que V. Exa. se contentava com os elogios das proxenetas à artificial eternidade do vigor brasileiro. Isso está no relatório do embaixador do Brasil, enviado ao Ministério do Exterior.
Gen. Aché — O embaixador é um infame.
Ten. Gwaier — Não sou culpado, entenda-se com ele.
Gen. Aché — V. Exa. é um oficial degenerado... provocador destas cenas vergonhosas.
Ten. Gwaier — Dignas, entretanto, de vossa presença.
Gen. Andrade Neves — O sr. general Aché está muito acima das injúrias desse oficial energúmeno.
Ten. Gwaier — Antes ser um energúmeno do que ser um devasso como V. Exa. que já desviou fundos de subscrições públicas em proveito de suas numerosas concubinas (protestos, "muito bem").
Ten. Gwaier — Sr. presidente, estamos às portas da Revolução.

Na sociedade em geral, a luta era contra os chamados "açambarcadores", os atravessadores de alimentos, que ganhavam dinheiro vendendo produtos agrícolas à população a altos preços, enquanto pagavam valores ínfimos aos produtores. Os açambarcadores, que apareciam com frequência em publicações da imprensa operária, eram acusados de adulterar os produtos, entre os quais farinha de mandioca, farinha de trigo e feijão, com serragem para vender mais caro o quilo das mercadorias. Esses personagens, representados nas caricaturas das publicações como uma espécie de polvos, sempre estavam presentes nas páginas dos jornais operários, assim como nas críticas à carestia, um grande problema naquele período.

Na imprensa, também se verificava uma cisão. Em São Paulo, o jornal *O Estado de S. Paulo*, muito ligado às classes alta e média urbanas, se alinhava com a oposição a Bernardes e a Carlos de Campos, ambos integrantes da mesma agremiação, embora com fortes características regionais, o Partido Republicano Paulista (PRP) e o Partido Republicano Mineiro (PRM). Seu principal rival, o *Correio Paulistano*, por sua vez, era o órgão oficial do PRP e dos fazendeiros de café, embora já enfrentando discreta decadência. No Rio de Janeiro, algo semelhante ocorria entre os concorrentes *Correio da Manhã* e *Jornal do Brasil*, com o primeiro mais próximo da oposição e o segundo, legalista.

O atendimento à população

A Santa Casa de Misericórdia de São Paulo, maior hospital paulistano da época, constituiu, durante a Revolta de 1924, o anteparo da população diante dos combates. Costa e Góes destacam, em um capítulo inteiro de *Sob a metralha*, o trabalho desenvolvido pela instituição nos dias difíceis do conflito. No estabelecimento foram atendidos pacientes das duas partes em confronto e paulistanos de todas as nacionalidades que o procuraram no período. Os feridos também foram socorridos nos hospitais Samaritano, Humberto Primo e Hospital Alemão.

O diretor clínico da Santa Casa, o médico Diogo de Faria, com apoio do mordomo (dirigente administrativo) da entidade, Alberto de Silva e Sousa, transformou o Hospital Central em Hospital de Sangue unicamente para atender as vítimas do confronto. Em outros espaços, oferecidos pelas congregações religiosas, ele instalou pequenas clínicas de atendimento médico especializado, de forma a liberar o espaço e a estrutura para as vítimas civis e militares da Revolução. No Santuário da Congregação do Coração de Maria, na rua Jaguaribe, foi instalado um hospital de clínica médica para homens, dirigido pelo médico Ovídio Pires de Campos. No Colégio de Sion, na avenida Higienópolis, instalou-se outro, exclusivo para mulheres, sob a direção do professor da Faculdade de Saúde Pública, o médico Pinheiro Cintra.

Dedicado às crianças acometidas de moléstias médicas e às vítimas de doenças nos olhos do sexo feminino, Faria determinou a instalação de outro hospital no Externato Santa Cecília, na rua Martinico Prado, com duas grandes enfermarias, uma para doentes de afecções hospitalares, outro para os doentes da seção de pediatria. Para esse hospital, atestam os autores da obra, Cyro Costa e Eurico de Góes, foram transferidas 14 crianças e 54 doentes dos olhos. Um quarto e último hospital de emergência foi instalado, com ajuda da Liga Nacionalista, no Colégio de São Luiz, na avenida Paulista. Os hospitais provisórios chegaram a abrigar, de acordo com os autores, em conjunto, mais de quatrocentos doentes, o que liberou o Hospital Central para o atendimento emergencial às vítimas do conflito.

Segundo Costa e Góes, passaram pela portaria da Santa Casa de Misericórdia, durante os 23 dias da Revolução, um total de 1.222 feridos e 153 cadáveres, que foram encaminhados ao necrotério. Dos 1.222 feridos, 802 ficaram internados no hospital. Destes, como a confirmar o grande número de estrangeiros que viviam em São Paulo na época, quando se vivia ainda o período de grande imigração, eram 548 brasileiros, noventa italianos, 75 portugueses, 42 espanhóis, doze alemães, oito sírios, seis franceses, seis húngaros, três suíços, dois russos e os demais de outras nacionalidades.

Dos 802 feridos, 641 eram homens e 161, mulheres. Dos homens, 441 eram civis e duzentos, militares, numa proporção de dois para um em desfavor dos não fardados. Os ferimentos foram determinados por balas em 345 casos, granadas em 267, e arma branca em cinco. Depois de atendidos, morreram no hospital 110 feridos, assim distribuídos: 78 brasileiros, onze italianos, nove portugueses, oito espanhóis, dois alemães, um sírio e um argentino. Desses, eram 87 homens e 23 mulheres.

Das 153 vítimas que já chegaram mortas ao hospital, os autores relatam que eram 133 brasileiros, dez italianos, três espanhóis, dois portugueses, dois alemães, um inglês, um húngaro e um japonês. Eram 114 homens e 39 mulheres. Dos homens, a proporção entre civis e militares se mantinha no caso dos feridos. Eram 78 civis e 36 militares.

No gabinete de raios X foram realizados 467 exames radiológicos, sendo 427 radiografias, trinta radioscopias e dez radiografias estereoscópicas para a localização de projéteis alojados no corpo dos pacientes e a extensão de lesões produzidas. Os exames, anotam os autores, foram feitos em 238 dos casos nos membros inferiores, em 107 nos superiores, 48 no crânio, 29 no tórax, 27 na coluna vertebral, doze na região cervical e seis no abdômen.

Para enterrar as vítimas, a população recorria, sempre que possível, aos cemitérios mais próximos, como Araçá, Vila Mariana e Quarta Parada. No entanto, diante das condições enfrentadas, nem sempre era possível enterrar os parentes. Costa e Góes, na página 305 de sua obra *Sob a metralha*, documentaram:

Não raro, deixava de haver tempo e meio de transporte para o enterramento nos cemitérios. Recorriam, então, os combatentes aos descampados de terrenos vizinhos às refregas e trincheiras, e as famílias socorriam-se das hortas e dos quintais. Quantos cadáveres não foram desenterrados, putrefatos e irreconhecíveis, nos arredores da capital? No Cemitério Municipal, vimos um quadro com 64 cadáveres, na maioria não identificados, dos quais reproduzimos alguns, mais interessantes, de fotografias, gentilmente fornecidas pelo dr. José Maria do Valle, diretor da Higiene da Municipalidade.

Numa baixada do Araçá, quedam sepulturas dispersas e as valas numeradas onde, promiscuamente, se empilham mais de duas centenas de mortos anônimos da revolução. Apenas os comoros plebeus de terra assinalam estas vidas, ora tornadas inúteis, e uma ou outra cruz, de madeira tosca, sem pintura, ensaia perpetuar um nome ou a existência de uma alma.

A empresa Rodovalho Júnior, funerária que tinha contrato com a prefeitura da capital, enfrentava dificuldades para conseguir enterrar os mortos, porque não havia carros e carroças à disposição para o serviço, além das dificuldades para conseguir atravessar uma cidade em conflagração e das faltas dos funcionários encarregados do serviço. Assim, os próprios diretores tiveram que "desempenhar as tarefas mais simples, como dirigir automóveis, transportando os cadáveres", conforme atesta o diário *Jornal do Commercio*. Aliás, a própria prefeitura pediu que os paulistanos informassem onde estavam enterrados os corpos que não foram levados aos cemitérios durante os dias de combate. A ideia era desenterrá-los e levá-los aos espaços oficiais, o que só foi feito em parte dos casos.

Cadáveres insepultos. A Diretoria de Higiene Municipal pede, por nosso intermédio, às pessoas que souberem onde se encontram cadáveres não sepultados ou sepultados fora dos cemitérios, avisar à mesma Diretoria na Prefeitura Municipal.

Para tentar oferecer algum tipo de apoio à população, principalmente nos primeiros dias do bombardeio, a Associação Comercial distribuiu e publicou nos jornais um aviso solicitando à população que colaborasse com os moradores que perderam casas, o que foi uma ocorrência comum na cidade, principalmente nos bairros mais atingidos pelo bombardeio, como Brás, Mooca, Belenzinho, Aclimação, Ipiranga e Luz. O aviso era um pedido para que a população que ainda tinha um mínimo de condições para sobreviver acolhesse outros moradores, diante da situação vivida pela capital. A seguir, o teor do documento, publicado em *O Estado de S. Paulo*:

> O canhoneio de ontem, tendo alarmado a população desta capital, determinou o êxodo dos moradores dos bairros mais próximos aos setores em atividade, fazendo com que dezenas de milhares de pessoas abandonassem os seus lares. Se algumas famílias encontraram tetos amigos, a grande maioria se acha ao relento, sem meios de prover à sua alimentação. A ASSOCIAÇÃO COMMERCIAL DE SÃO PAULO pede aos habitantes desta generosa cidade que recebam em suas casas, na medida de suas forças, as mulheres, velhos e crianças desamparados. A ASSOCIAÇÃO COMERCIAL DE SÃO PAULO faz um apelo aos compatriotas da Liga Nacionalista, às beneméritas Conferências de S. Vicente de Paulo, e aos homens bons da cidade, para que se encarreguem da colocação dessa pobre gente.
> São Paulo, 11 de julho de 1924
> (a) José Carlos de MACEDO SOARES
> Presidente da Associação Comercial de São Paulo

Logo na sequência, o arcebispo metropolitano de São Paulo, d. Duarte Leopoldo e Silva, mandou publicar um pedido, com teor semelhante, em que solicitava aos "católicos em geral" que, da mesma forma, acolhessem, na medida de suas possibilidades, as famílias atingidas pela guerra. Macedo Soares afirma que, assim como a Cúria Metropolitana, a Liga Nacionalista, entidade da sociedade civil voltada à promoção do nacionalismo, também se integrou à luta para garantir algum socorro à população vitimada no conflito. A seguir, a íntegra do documento, assim como o da Associação Comercial (na página anterior), publicado nos jornais.

AOS CATÓLICOS EM GERAL

Na situação angustiosa em que se encontra a população da capital, forçada a contínuos e imprevistos deslocamentos, são inúmeras as pessoas, sobretudo velhos, mulheres e crianças, que se acham desprovidas de abrigo. Nessa dura emergência, aconselhamos ao Revmo. Clero, às instituições religiosas e aos nossos caríssimos diocesanos em geral, a prática da caridade para com os necessitados sem distinção de espécie alguma, consoante o exigirem e permitirem as circunstâncias. [...] Como quer que seja, parece conveniente que, desde já, se abram aos desabrigados os edifícios mais vastos qualquer que sejam, inclusive as igrejas se tanto for necessário. [...] Confiados na misericórdia de Deus, intercedamos todos pelo breve e completo restabelecimento da paz entre irmãos, multiplicando as nossas preces e fervorosas orações.
São Paulo, 12 de julho de 1924
(a) DUARTE
Arcebispo metropolitano

E, realmente, depois do pedido do arcebispo, a Igreja se mobilizou. Vários templos e escolas católicas na região central da capital se tornaram postos de atendimento da população que sofria com o bombardeio, a fome e a miséria. Muitos locais se converteram em portos seguros aos desabrigados que não puderam retirar-se da cidade. No Mosteiro de São Bento — que havia sido atingido por uma granada rebelde ainda no início do conflito — se instalou um hospital dirigido pelos padres d. Amaro von Emelen e d. Macário, a partir de ordens do abade d. Miguel Kruse.

Na Igreja da Consolação, fundada na antiga estrada para Sorocaba, no sentido avenida Paulista, o vigário Francisco Bastos transformou a casa paroquial em abrigo, onde recebeu muitos desabrigados. O mesmo ocorreu na paróquia de Perdizes, na qual o padre Péricles Barbosa — hoje nome do largo em que se situa a igreja, no fim do Elevado Costa e Silva, mais conhecido como Minhocão — recebeu os desabrigados que procuravam o local, o bairro da zona oeste, que foi um dos poucos da cidade a ficar a salvo dos petardos disparados pelos canhões governistas e rebeldes.

O Liceu Coração de Jesus, dirigido pelo padre Luís Marcigaglia, tradicional colégio católico no bairro de Campos Elíseos, ao lado da residência oficial do governador Carlos de Campos, também se converteu em posto de atendimento da população depois que os alunos — alarmados com a possibilidade de novo bombardeio — se transferiram para a Hospedaria dos Imigrantes (atual Memorial do Imigrante) no bairro da Mooca. De acordo com Marcigaglia, mais de uma centena de pessoas foram atendidas na escola enquanto durou a Revolta. Como visto anteriormente, a exemplo do Mosteiro de São Bento, o Liceu foi um dos primeiros locais bombardeados no episódio da Revolta de 1924. No caso, os tiros partiram dos rebeldes, que atacavam o Palácio dos Campos Elíseos.

2
Os que bombardearam e suas razões
(Arthur Bernardes, Carlos de Campos, Potiguara, Sócrates e Bento Bueno)

> *Não podemos fazer a guerra tolhidos do dever de não nos servirmos da artilharia contra o inimigo, que se aproveitaria desta circunstância para prolongar sua resistência, causando-nos danos incomparavelmente mais graves do que os danos do bombardeio. Os danos materiais de um bombardeio podem ser facilmente reparados, maiormente quando se trata de uma cidade servida pela fecunda atividade de um povo laborioso, mas os prejuízos morais, esses não são susceptíveis de reparação.**

A palavra de Arthur Bernardes

O presidente da República, Arthur Bernardes, fez algumas (poucas) referências, de forma oficial, a seus inimigos militares e civis que participaram de duas rebeliões, em 1922 e 1924, contra sua administração. Nesses momentos, ele se posicionou frontalmente contra à anistia reivindicada pelos líderes dos levantes — embora tenha mandado o ministro da Guerra, Setembrino de Carvalho, negociar com os revolucionários gaúchos de 1923, com os quais seu mandato firmou a Paz de Pedras Altas — e acusou os movimentos revolucionários de "falta de patriotismo". Assim, Bernardes usava politicamente

---

* Resposta do ministro da Guerra, marechal Setembrino de Carvalho, a líderes da sociedade civil paulistana que lhe pediram para cessar o bombardeio sobre a cidade, uma vez que os revolucionários haviam se comprometido a não usar seus canhões sobre São Paulo.

o mito do "agitador estrangeiro pago para matar brasileiros", numa tentativa, por várias vezes bem-sucedida, de desqualificar os tenentes, que se valeram de estrangeiros incorporados às suas forças durante a Rebelião de 1924.

Na sua mensagem ao Congresso Nacional na abertura do ano legislativo de 1925,[1] nas páginas 6 e 7, Bernardes pede a reforma da Constituição, que não teria condições, em sua visão, de enfrentar as novas ameaças, consubstanciadas nos levantes militares e em greves promovidas por anarquistas. Era a Constituição de 1891, a primeira republicana. Para ele, as leis foram elaboradas "em uma fase de idealismo entusiástico e generoso, por homens que não tinham a experiência e o conhecimento prático da nova forma de governo e que haviam pregado o regime republicano como um sistema de excepcionais liberdades, com o exagero próprio dos apóstolos de ideias novas".

> Foi exatamente o que, na prática, se verificou: a nova organização desarmou o governo para defender convenientemente a ordem, que é o supremo bem, para fazer respeitada a lei e obedecida a autoridade, compelindo-a a empregar, como tem acontecido em oito dos nove períodos presidenciais, a medida excepcional do estado de sítio [...] concedeu aos estrangeiros todos os direitos do cidadão brasileiro, sem nenhum dos seus deveres, permitindo-se, como ainda agora se viu, que, generosamente acolhidos para fins de trabalho honesto, se organizassem em bandos armados para atacar impunemente a ordem constitucional do país, a vida, a honra e a propriedade dos nacionais; enfeixou em normas rígidas a competência dos tribunais, impedindo reformas aconselhadas para desafogar e permitir a rápida distribuição da justiça.
>
> Ainda agora, alguns militares sediciosos traem a Pátria; roubam-lhe as armas; rebelam-se contra a autoridade, levam o pânico a uma das maiores, mais cultas e populosas cidades do Brasil; assassinam, depredam, roubam, incendeiam, assalariam mercenários estrangeiros para matar os próprios irmãos; atentam contra a honra e o pudor das

famílias; dinamitam valorosos cabos de guerra, crianças, mulheres e inocentes funcionários públicos, sem que a nossa legislação idealista permita medidas bastante severas e eficazes para castigar tais monstruosidades e impedir que se reproduzam.

Constituímos nisso, entre os povos civilizados, que sabem defender-se, uma exceção, que pode ser generosa, mas também pode conduzir à dissolução da República. A Constituição reservou a pena de morte para os tempos de guerra e os autorizados intérpretes entendem que tal disposição não se aplica à guerra civil ou interna, mas somente à guerra internacional. Assim, ao passo que as forças legais se mantêm dentro da órbita estritamente legal, sem meios muitas vezes indispensáveis para a sua coesão, as sediciosas empregam todos os meios, inclusive os fuzilamentos sumários, para manter a sua própria disciplina e infundir terror aos que as combatem e às populações inermes.

A saída para essa situação, na visão do presidente, seria a "educação moral das novas gerações". O exemplo, segundo o descrito no documento, era a Alemanha que, "apesar de sua disciplina moral, não descurou o grave problema". A citação ao "valoroso cabo de guerra dinamitado" remete a Tertuliano Potiguara, general responsável pelo ataque em São Paulo, que sofreu atentado que lhe custou um braço em 25 de agosto de 1924. Uma carta lhe foi enviada e, quando foi abri-la, ela explodiu, pois estava recheada com dinamite. A citação aos estrangeiros, naturalmente, diz respeito aos batalhões estrangeiros instituídos pelos rebeldes em São Paulo que o governo alegava serem "mercenários pagos para matar brasileiros", além da presença de muitos estrangeiros entre os anarquistas e socialistas. Isso tinha a ver com o mito do "agitador estrangeiro", sobre o qual discorreremos mais adiante, no capítulo 7, em que discutiremos a repressão aos inimigos do presidente.

Arthur Bernardes defende, também, páginas à frente, a obtenção de mais poderes para enfrentar os rebeldes. Será atendido pelos parlamentares. Nesse ponto, faz mais referências aos rivais, que tenta desqualificar:

> Desde o ano passado, tivestes conhecimento dos tristes e degradantes sucessos que tiveram por cenário a rica e bela cidade de São Paulo e se estenderam a outros pontos do país. Alguns militares, esquecidos dos seus deveres, sem causa que legitimasse o negregado atentado, sublevaram parte das forças federais daquela cidade e da polícia militar do estado e com elas tentam subverter a ordem constitucional.
> [...] Encurralados os cabeças da rebelião na cidade de São Paulo; desamparados da grande maioria das forças armadas; repelidos pelos governos estaduais, pelas municipalidades e pelo povo das demais unidades da federação, que prestigiaram nobilitarmente o Governo da União, fracassado o auxílio com que esperavam dificultar a ação do poder constituído, a braços com o movimento sedicioso em os outros referidos estados; atacados pelas forças do Exército e da Marinha, pelas polícias de Minas, Bahia, Espírito Santo, Rio de Janeiro e Rio Grande do Sul, pela parte fiel da polícia paulista e por batalhões patrióticos, embora manietada a ação das forças legais pela necessidade e pelo dever de poupar as propriedades e as vidas da população de uma grande cidade, retiraram-se os rebeldes em direção a Mato Grosso, na esperança de ali se manterem.
> [...] Por todos estes fatos, o Congresso Nacional decretou o estado de sítio e o governo o tem prorrogado, por julgá-lo ainda indispensável à manutenção da ordem e à defesa da autoridade constitucional, seu precípuo dever, que cumprirá sem desfalecimentos e com a necessária energia.

No texto, percebe-se, claramente, que o presidente tenta sensibilizar os parlamentares para a aprovação de uma reforma constitucional que amplie seus poderes para pressionar e reprimir os rebeldes, com toda a força do Estado brasileiro, que se encaminha, cada vez mais, para se tornar um Estado de repressão. O ápice desse movimento se dará pouco à frente daquele momento histórico: a imposição, pela ditadura do Estado Novo, da Constituição de 1937, conhecida como A Polaca. O Brasil viverá, então, de fato, um regime de exceção.

A Emenda à primeira Constituição Republicana de 1891,[2] solicitada pelo presidente Arthur Bernardes, foi aprovada em sessão solene de 3 de setembro de 1926. No documento, assinado pelo presidente do Senado, Estácio de Albuquerque Coimbra, regula-se o direito de o governo federal intervir nos estados, limita-se o *habeas corpus*, fortalece-se o poder da polícia, prevê-se o veto do presidente da República a decretos do Legislativo, vetam-se recursos na Justiça contra o estado de sítio e atitudes do governo federal em sua vigência e autoriza-se a expulsão do país de "súdito estrangeiro prejudicial à ordem pública ou nocivo aos interesses da República". É uma clara alusão aos militantes políticos de origem anarquista ou comunista e aos rebeldes de 1924, que poderiam ser expulsos de forma quase imediata e sem defesa do território nacional.

O mito do "agitador estrangeiro hostil" já povoava os sonhos e as preocupações da elite oligárquica brasileira desde o início do século. Havia, como lembraremos no capítulo 3, várias leis que regulavam a expulsão dos chamados "indesejáveis", como a Lei Adolfo Gordo, de 1907, e a Lei de Repressão ao Anarquismo, de 1921, que estavam em pleno vigor — e foram muito usadas na administração do presidente e de seu sucessor, Washington Luís, que se tornou famoso com a expressão "A questão social é uma questão de polícia". Elas visavam a reprimir, igualmente, inimigos como anarquistas que pretenderiam "sublevar pacíficos trabalhadores" e revolucionários civis ou militares que ousassem se levantar contra os próceres da República Velha, sepultada somente na Revolução de 1930, liderada por Getúlio Vargas.

E o presidente teria com que se preocupar. Logo após e quase ao mesmo tempo que a revolução paulista de 1924, somente cinco dias após a eclosão do levante na capital de São Paulo, levantou-se o 10º Regimento de Cavalaria Independente, em Bela Vista, Mato Grosso, e, em 13 de julho, o 28º Batalhão de Caçadores de Sergipe, mantendo por cerca de um mês a revolta em Aracaju. Também houve levantes no 26º B.C., em Belém, e no 27º B.C., em Manaus, além do 4º Grupo de Artilharia, em Óbidos, também no Pará. Navios da Marinha, como o encouraçado *São Paulo* e a *Flotilha do Amazonas* também se rebelaram. Houve ainda uma tentativa de levante do encouraçado *Minas Gerais* e da contratorpedeira *Goiás*.

Assim, para enfrentar os inimigos reais e imaginários, o governo federal e o governo estadual paulista, além de outros estados da federação, construiriam aos poucos um poderoso aparato de repressão que se encarregaria de manter "sob rédeas fortes" a questão social. É razoável supor que os governantes tenham chegado à conclusão de que, uma vez resolvida a questão legal, com a reforma da Constituição, restava a outra questão, a da força, a ser usada contra os que ousassem perturbar a "paz social" dos governos da República Velha.

Nesse contexto, foi criada a 4ª Delegacia Auxiliar, uma repartição da polícia voltada à proteção do estado contra a subversão, cuja simples menção causava medo. A delegacia se originou do Corpo de Investigações e Segurança Pública, fundado a partir do Decreto 6.440, de 30 de março de 1907, e substituído, em 1920, pela Inspetoria de Investigação e Segurança Pública. Em 20 de novembro de 1922, apenas alguns dias após a posse do presidente Arthur Bernardes na Presidência da República, foi criada a 4ª Delegacia. Surgia assim no Brasil o primeiro órgão responsável, especificamente, pela repressão aos movimentos sociais, com uma seção especializada, a Seção de Ordem Política Social que deveria "zelar pela segurança interna da República, empregar os meios preventivos à manutenção da ordem, assegurar o livre exercício dos direitos individuais, desenvolver a máxima vigilância contra as manifestações anárquicas e agir prontamente com relação à expulsão de estrangeiros perigosos". Trata-se de um rol enorme de "crimes" a reprimir.

Seu titular era o marechal Manoel Lopes Carneiro da Fontoura, o "General Escuridão". A esse personagem assim se referiu o político de oposição Maurício Lacerda: "O Fontoura, entre os criminosos legalistas, era decerto um dos repugnantemente notáveis." Os inimigos do governo foram encarcerados na Polícia Central (a 4ª Auxiliar) e nas Casas de Detenção e de Correção. Em São Paulo, a Hospedaria dos Imigrantes, no Brás, se tornou um presídio político. Ainda, muitos navios, requisitados do Loyd Brasileiro, como *Alfenas, Benevente, Belmonte, Cuyabá, Jaceguay, Campos, Jahu, Manaus* e *Baependi*, se transformaram em prisões flutuantes. Os rebocadores *Audaz, Mário Alves, Tonelero, Laurindo Pita* e *Tenente Cláudio* também tiveram seus porões ocupados por presos.

Entre outros locais, se destacaram as ilhas que foram usadas como prisões oceânicas: ilha Grande, ilha Rasa, ilha de Bom Jesus, ilha das Flores e ilha das Cobras. Conforme a historiadora Isabel Aragão no artigo "Revoltas na caserna e a criação da polícia política no Brasil", na capital federal ainda seriam usados como campos de detenção, principalmente de militares, os quartéis do Corpo de Bombeiros, a Escola de Estado-maior, o Batalhão Naval, o 1º e 2º Regimentos de Infantaria, o 1º Regimento de Cavalaria Divisionária, o Hospital Central da Marinha, o Hospital Central do Exército, a Fortaleza de Santa Cruz e a Fortaleza de Lages. O 4º Batalhão de Caçadores de Santana, um dos primeiros quartéis a se rebelar na capital paulista, também recebeu presos. No Espírito Santo, a ilha de Trindade, a mais de mil quilômetros do litoral do Espírito Santo, da mesma forma, converteu-se em presídio político. O mais distante de todos era mesmo o de Clevelândia, no extremo norte do Brasil, para onde foram mandados milhares de rebeldes, metade dos quais não sobreviveu aos maus-tratos e às doenças tropicais.

Na verdade, o que é possível perceber é que a lembrança da Revolução Bolchevique na União Soviética ainda estava muito fresca em 1924 — apenas nove anos após esse acontecimento que mudou o mundo — e ninguém, nem mesmo os rebeldes tenentistas, queria correr riscos de que algo semelhante ocorresse no Brasil. Em São

Paulo, cidade que fora palco de uma greve geral de operários em 1917, no mesmo ano da revolução, e no Rio, onde se deu um movimento semelhante um ano depois, as lembranças das tentativas de emancipação dos trabalhadores ainda estavam muito vivas na memória das elites econômicas nacionais. Além disso, para aumentar ainda mais o grau das preocupações das classes dominantes, o Partido Comunista do Brasil (PCB), fundado por um grupo de ex-anarquistas, entre eles Astrogildo Pereira, era uma realidade concreta desde 1922, o que trazia às elites o medo da organização popular.

O presidente do estado, Carlos de Campos, e a repressão

Presidente (governador) do estado de São Paulo, Carlos de Campos foi um dos defensores, entre as autoridades, do bombardeio a São Paulo, capital do estado que presidia. Foi alvo de muitas críticas, na época, um telegrama seu para a Presidência da República no qual ele dizia, a pretexto de se solidarizar com a decretação do estado de sítio solicitado pelo governo federal, que "estou certo de que São Paulo prefere ver destruída sua bela capital antes do que destruída a legalidade no Brasil". Músico, jornalista, com passagens pelo *Correio Paulistano*, e advogado, filho de outro presidente do estado, Bernardino de Campos, o presidente estava havia apenas dois meses à frente de São Paulo quando estourou a Revolta de 1924. Era o 12º presidente do estado. Curiosamente, Arthur Bernardes era, também, o 12º presidente do Brasil.

Campos, que havia sido intendente (prefeito) de Amparo, deputado estadual e secretário de Justiça no governo estadual de Manoel Ferraz de Campos Sales, tinha uma relação antiga com Arthur Bernardes. Como deputado e representante de São Paulo no Legislativo federal, chegou a dirigir-se, em 1921, ao presidente da República, Epitácio Pessoa, para pedir seu apoio nas eleições ao então presidente de Minas

Gerais, Arthur Bernardes. Era parte do chamado Pacto do Café com Leite, no qual se revezavam presidentes paulistas e mineiros. Ambos integravam a mesma agremiação partidária, o Partido Republicano Paulista (PRP) e o Partido Republicano Mineiro (PRM). Segundo o biógrafo de Arthur Bernardes, Bruno de Almeida Magalhães, Epitácio Pessoa, então presidente da República, contou assim o seu contato com o parlamentar paulista quando este o procurou para solicitar adesão à candidatura presidencial de Bernardes:

> Em março de 1921, recebi em Petrópolis a visita do deputado Carlos de Campos, líder da bancada paulista. Vinha da parte do dr. Washington Luís. Mandara dizer-me este: "que o dr. Raul Soares o procurara e solicitara os seus esforços em favor da candidatura do dr. Arthur Bernardes à Presidência da República." Respondi ao emissário do presidente de São Paulo que de acordo com os propósitos reiteradamente manifestados desde o início do governo, eu de modo algum me envolveria na escolha do meu sucessor: era tarefa que competia às correntes políticas da nação, formava elevado conceito do dr. Arthur Bernardes pelo que ouvia dizer de sua administração em Minas, mas estava resolvido a não ter candidato e conservar-me dentro do que me parecia ser o meu papel constitucional, isto é, manter a ordem e assegurar, quanto a mim coubesse, a liberdade da eleição a todos que a disputassem; a mim se afigurava sempre um desvirtuamento do sistema o intervir o presidente da República, com todo o peso de sua imensa autoridade, na indicação ou na escolha de um candidato à sua sucessão.

Diante da negativa do presidente em exercício, segundo Magalhães, iniciou-se uma "cabala silenciosa" junto às forças políticas dos estados para a escolha do futuro presidente da República. Carlos de Campos havia sido uma escolha pessoal do então presidente do estado, Washington Luís — que depois, como presidente da República, substituiu Bernardes —, para substituí-lo em oposição a outro grupo do PRP, liderado por Antônio de Lacerda Franco, fundador do partido em Araras, que defendia o nome do senador Álvaro Carvalho como representante do partido no governo do estado.

Durante o período da revolta, Campos refugiou-se em Guaiaúna e manteve-se sempre alinhado às ideias e propostas de Arthur Bernardes, do ministro da Guerra, Setembrino de Carvalho, e de seus generais, que defendiam o "bombardeio terrificante" com o objetivo de derrotar os "revoltosos". Mais de uma vez, como já vimos, negou-se a defender, junto ao presidente, o fim do bombardeio sobre São Paulo. Em resposta a uma carta de José Carlos de Macedo Soares, presidente da Associação Comercial, pedindo a cessação do castigo à capital paulista, levada a Guaiaúna por Paulo Duarte — jornalista muito ligado a este e autor de *Agora nós!*, obra crítica ao governo federal e seus aliados —, disse que "a granada será a resposta" à reivindicação do líder empresarial e de várias outras personalidades, entre elas o prefeito Firmiano Pinto, que pediam o fim do ataque com bombas à cidade.

Depois de reassumir o governo, em agosto de 1924, Campos promoveu intensa perseguição a seus inimigos, embora depois tenha se mostrado mais moderado. Preocupou-se em reequipar a Força Pública paulista, parte da qual havia se rebelado contra sua administração, e conseguiu instalar uma escola de aviação para a corporação estadual, sediada no Campo de Marte e extinta após a Revolução de 1930. Carlos de Campos morreu antes de terminar seu mandato, em 27 de abril de 1927, de uma embolia cerebral. Foi sucedido pelo presidente do Senado estadual, Antônio Dino da Costa Bueno.

Ainda como presidente, no entanto, Campos criou, por meio da Lei 2.141, de 22 de outubro de 1926, a Guarda Civil, corporação formada por policiais civis e dirigida por um delegado, Roberto Moreira, ao contrário da paramilitar Força Pública, comandada por coronéis, cujo objetivo, seria, segundo a legislação que a criou, funcionar como uma corporação auxiliar da Força Pública, mas sem caráter militar. Ao que parece, o governador não confiava tanto quanto antes na sua organização militar, parte da qual, principalmente o Regimento de Cavalaria, lutou ao lado dos rebeldes contra o seu governo. O general Abílio de Noronha — comandante do Exército em São Paulo — contou que por várias vezes alertou o presidente do estado para possíveis defecções dos milicianos da Força Pública, mas este não lhe deu ouvidos, demonstrando excessiva confiança na corporação estadual.

A Guarda Civil, em vários momentos da história, se comportou como rival da Força Pública, em uma dualidade que se reproduz nos dias de hoje entre a Polícia Militar e a Polícia Civil. As duas corporações, a Guarda Civil e a Força Pública, foram extintas, no entanto, com base no Decreto 217, de 1970, durante a ditadura militar, quando foi criada a Polícia Militar do Estado de São Paulo, com base nos efetivos da Força Pública, mas aproveitando parte dos da Guarda Civil. O presidente Carlos de Campos, ainda em 31 de dezembro de 1924, por meio da Lei número 2.053, estabeleceu em 14.079 homens, divididos em dez batalhões de infantaria, dois de cavalaria e um de destacamentos de bombeiros, esquadrilha de aviação, escola, corpo de saúde e banda de música, o efetivo da Força Pública para o exercício de 1925. Era a maior corporação militar estadual do Brasil. Um dia antes, pela Lei número 2.034, ele havia reorganizado a Polícia de São Paulo, criando, como já vimos, uma Delegacia de Ordem Política e Social, voltada a investigar e reprimir os chamados "crimes de subversão da ordem". A delegacia se tornou tristemente famosa como o Deops, órgão voltado à repressão de movimentos populares.

A pujança e o poder da Força Pública paulista eram inegáveis naquele momento: em 1924, seu efetivo era de 14.200 homens, o equivalente a quase metade dos efetivos do Exército nacional, de 30 mil soldados. São Paulo era chamado de "a Prússia brasileira" por alguns observadores, em razão do seu poderio militar. A Força Pública era, então, uma espécie de "pequeno exército paulista". Corporações congêneres de estados poderosos, como Minas Gerais e Rio Grande do Sul, também dispunham de estrutura semelhante.

Em 1913, o embaixador britânico, Sir W. Haggard havia comentado, de forma incisiva e até ousada para um diplomata estrangeiro, referindo-se ao Exército nacional que "como força combatente contra um exército realmente disciplinado podemos considerá-lo *quantité négligeable* (quantidade insignificante, o equivalente a fraco e indisciplinado), porém é útil ao governo no jogo da política, no qual de fato tem o papel principal como meio para assegurar o controle do clique dirigente". O diplomata comparou o Exército brasileiro desfavoravelmente com o argentino, após o que deu uma declaração de forte teor racista:

> Sequer me passa pela cabeça que o Exército brasileiro, indisciplinado, despreparado, de degenerado sangue negro, comandado por oficiais tão presunçosos quanto ignorantes, tenha a mais ínfima chance contra qualquer força combatente comum. Seria incapaz até, prosseguiu o embaixador, de sair-se bem contra os 7 mil policiais militares de São Paulo, que vinham sendo treinados por uma missão militar francesa desde 1906.

Setembrino de Carvalho, Sócrates e Potiguara

Durante a sedição de 1924, com seus canhões Saint Chamond e Schneider-Canet, de fabricação francesa, postados no outeiro da Igreja da Penha, nas colinas da Vila Matilde e, posteriormente no Cambuci, o Exército legalista, sob ordens do ministro da Guerra, Setembrino de Carvalho, coadjuvado pelos generais Eduardo Sócrates e Tertuliano Potiguara, atirou contra a região, matando civis, atingindo fábricas e casas particulares. Os rebeldes estavam na região central, protegidos pelas muralhas do prédio do 1º Batalhão da Força Pública (atual quartel da Rota) que se tornou o quartel-general das Forças Revolucionárias, mas os tiros foram disparados contra a população civil. O ataque — indiscriminado e covarde — se estendeu durante 19 dias, provocando, conforme já afirmamos, 503 mortos e 4.846 feridos, a fome e a miséria, a destruição de 1.800 imóveis e a criação de um verdadeiro exército de exilados, que se dispersou por várias cidades próximas à capital e bairros mais distantes.

Somente Campinas recebeu 50 mil paulistanos em fuga. Os números de mortos e feridos certamente não conferem com a realidade. Diante do caos, muitos mortos foram sepultados nos quintais e terrenos baldios. O general legalista Eduardo Sócrates explicou em relatório a concepção do seu plano de combate aos rebeldes. Anna Martinez Côrrea reproduz o trecho:

> Nossa tropa sentiu os efeitos dessa resistência, que não podíamos vencer ao simples emprego da artilharia e consequente avanço da infantaria. Era um reduto de ruas com edifícios de ampla amplitude que mesmo destruídos ofereceriam margem à defesa, organizada nos escombros. [...] Possuindo a artilharia de três tipos: montanha, campanha e obuseiros 105 milímetros, era indispensável pudesse minha divisão opor-lhes recursos de maior eficiência e, assim, além desses tipos de calibre, solicitei o concurso do 155, destinado pelo seu grande alcance a destruir organizações e depósitos do inimigo.

Não foi o que se observou. As tropas do general Sócrates não destruíram "organizações ou depósitos do inimigo", conforme declara no documento. A estratégia do governo, que transparece na definição dos alvos atingidos, permitiu incluir toda a capital no conceito de "praça de guerra". Assim, em vez de atacar locais estritamente de uso militar — afinal ali se concentravam os inimigos —, a população civil e as indústrias nas quais trabalhava é que sofreram os maiores impactos da luta. Somente o Quartel do 1º Batalhão, este realmente um alvo militar, foi atingido por canhões da Marinha, cujas tropas chegaram à cidade, procedentes de Santos, no dia 12 de julho. Segundo Paulo Duarte:

O bombardeio de São Paulo foi uma verdade e uma verdade cruel. E não é cabível a asserção de se acharem os revoltosos na cidade [...], porque os pontos militarizados foram os menos atingidos. Quais eram os pontos militarizados?

Em primeiro lugar, o Quartel da Luz: uma só vez recebeu granadas; depois o quartel de Sant'Ana: não foi alvejado; a Estação da Luz: idem; o Corpo-Escola: a mesma coisa; e assim por diante os outros quartéis do 5º Batalhão, do 4º Batalhão etc., poucos danos as granadas lhes motivaram.

E, no entanto, lugares afastadíssimos de qualquer desses, como as ruas São Luís, Augusta, Caio Prado, Boa Vista, Santa Efigênia, avenida São João, largo do Paissandu, largo São Bento, da Sé, bairro da Bela Vista, em todos eles prédios ruíram e inúmeros civis perderam a vida, atingidos por estilhaços.

Um rápido olhar sobre as estatísticas necrológicas da revolução demonstra a contento essa afirmativa na porcentagem quase nula de militares mortos durante o bombardeio. Os civis inocentes é que tributaram com a vida a crueza mórbida do governo e de seus generais.

Os ataques dos canhões legalistas atingiram, na continuação do confronto, o Cotonifício Crespi, os Moinhos Gamba, a fábrica Antarctica, a Biscoitos Duchen e até o Theatro Olympia, no largo da Concórdia, ocupado por refugiados do bombardeio ao Brás, que consideraram o local seguro. Somente ali, morreram trinta pessoas e oitenta ficaram feridas, de acordo com o jornal *O Estado de S. Paulo* de 18 de julho. O que poderia ter motivado os legalistas a atacar alvos civis e, principalmente, fábricas? É possível inferir várias razões: em primeiro lugar, castigar essas localidades, nas quais viviam operários que formaram três batalhões estrangeiros — o alemão, o húngaro e o italiano —, combatentes do lado rebelde. Estes eram, em boa parte, socialistas.

Embora tenha sido, segundo Laura Christina de Mello Aquino em sua obra *Os "tenentes" estrangeiros*, o contingente menos expressivo numericamente dos batalhões compostos por estrangeiros, os italianos eram a maior comunidade de imigrantes em São Paulo. De acordo com a autora, foram cerca de 750 os estrangeiros que lutaram ao lado dos rebeldes; destes, somente cerca de cinquenta eram italianos, e mesmo assim havia brasileiros entre os imigrantes europeus.

A população também tinha a percepção de que o bombardeio à Mooca e ao Brás, locais de concentração de peninsulares, tinha a ver com a origem destes. Nesse sentido, o testemunho do sr. Ariosto, na obra de Ecléa Bosi, é revelador:

> Os aviadores tiveram ordem de jogar bombas no Brás; diziam que a italianada estava a favor da revolução. Ficamos na rua da Mooca, 82. Durante a noite, ouvia o tiroteio, os soldados correndo, as ordens do tenente Cabanas, o barulho era infernal.

Ele não foi o único a pensar assim, o que nos leva a crer que essa era uma impressão disseminada naquele momento histórico. Também morador antigo da Mooca, Alfredo Lasagna declarou:

> Os moradores da Mooca escondiam-se nos abrigos existentes embaixo das arquibancadas do Jockey Club, na rua Bresser. Presenciei as barbaridades cometidas pelas tropas "de fora". Mataram muita gente. Nem um vendedor de bilhetes — o Perigoso — escapou. Morto, foi enterrado com a cabeça de fora e um cachimbo na boca. Vi amigos, famílias e colegas serem mortos pelos soldados, que pensavam que todo italiano era espião. Fugimos para São Caetano e meu pai ficou tomando conta da casa, apesar das ameaças de morte.

Essa história é contada com mais detalhes pela dona de casa italiana Carmela Caprava, então com 57 anos e moradora da rua Marcial, 23, cujo marido, João Caprava, era guarda-noturno do Hipódromo — o primeiro Jóquei Clube de São Paulo, que ficava no bairro — e, depois do ataque das forças legalistas à região, refugiou-se, com mais duas famílias, sob as arquibancadas do Hipódromo, para escapar do bombardeio. Encontrados por soldados da Polícia Militar de Minas Gerais que ocuparam a área, foram confundidos com espiões. Caprava, o filho Péricles e um homem identificado como "Affonso de Tal, o Perigoso" foram fuzilados pelos militares legalistas e enterrados no próprio local. Relatada à Comissão de Socorro às Vítimas pobres da Revolta de Julho, a história foi confirmada pela 7ª Delegacia de Polícia da Mooca.

> No dia 26 de julho, às 15h30, as forças legalistas invadiram o Hipódromo e ao darem com as ditas famílias refugiadas embaixo das arquibancadas, tomaram-nos por espiões (segundo disseram) e de nada valeram as lágrimas, as súplicas e o desespero da infeliz mulher e de sua nora que além do mais neste mesmo dia dera à luz ao relento e sobre o solo cimentado. Que os soldados tentaram então fuzilar o pobre guarda (João Caprava), que se mantinha no seu posto, cumprindo o seu dever e que correndo seu filho Péricles em socorro do pobre pai foram ambos barbaramente fuzilados na presença da infeliz família.

Em ofício encaminhado em resposta a um pedido de informações do delegado-geral de Polícia, o delegado da Mooca diz que os fatos relatados do assassinato de João Caprava e seu filho Péricles são "verdadeiros". Acrescenta ainda que junto com pai e filho foi morto Affonso de Tal, o Perigoso, empregado do Posto Zootécnico que havia no Hipódromo. Os corpos, de acordo com o relato, foram enterrados em um "valo que existe junto à raia mais próximo do poste do vencedor". O policial, que se identificou somente com a assinatura no documento, assegura que o Hipódromo foi tomado por soldados da Polícia de Minas. Carmela Caprava diz que ficou viúva com três filhos pequenos após a morte do marido.

SÃO PAULO DEVE SER DESTRUÍDA

O batalhão italiano que esteve ao lado dos rebeldes contra o governo foi formado por Lamberti Sorrentino, jornalista do *Il Picolo*, publicado em língua pátria, e um dos principais líderes da comunidade. O presidente do estado, Carlos de Campos havia sido secretário de Justiça do governo de Campos Sales (1896-1897) e nessa condição enfrentara, em agosto de 1896, o episódio conhecido como Protocolos Italianos, durante o qual italianos residentes em São Paulo se bateram com brasileiros durante uma semana, deixando um saldo de quatro mortes (somente uma de italianos), 48 feridos e mais de cem presos. A Força Pública teve que entrar em ação para conter os conflitos iniciados quando o Congresso, sob pressão da opinião pública, negou indenizações a cidadãos italianos que pediam ressarcimento ao governo brasileiro por eventuais prejuízos causados pela Revolução Federalista e Revolta da Armada. Os estudantes da Faculdade do Largo de São Francisco se insurgiram contra a proposta e queimaram panos com as cores da Itália, em protesto.

O cônsul italiano, Edoardo Campos de Brichenteau, o conde de Brichenteau, de uma forma surpreendente para um diplomata, saiu pelas ruas do Centro gritando "vivas" à Itália e "morras" ao Brasil, e deu início a esse conflito, no qual italianos armados de revólveres e punhais mataram e feriram brasileiros, sendo contidos pela Força Pública. Campos ordenou, na ocasião, que o chefe de polícia, coronel Xavier de Toledo, tratasse o caso como prioridade. Meses depois, os dois países assinaram um acordo que pôs fim às divergências, enquanto Brichenteau tinha suas credenciais diplomáticas cassadas e era forçado a retornar a seu país. Surgiu um boato, no entanto, de que a Itália mandaria navios de guerra para atacar o Rio de Janeiro, o que nunca ocorreu, embora uma esquadra chegasse a ser preparada.

Certamente, essa não era a única razão para tais bairros terem sido escolhidos para sofrer o castigo. O governo também pretendia atemorizar os anarquistas e comunistas — tidos em princípio como suspeitos de sublevação pelos líderes da República Velha, entre eles o presidente Arthur Bernardes —, que haviam observado o poder de organização desses nas greves de 1917 e 1918 em São Paulo e no Rio de Janeiro.

Na região que foi atacada, se localizavam algumas das principais organizações anarquistas da cidade, como as ligas operárias do Brás, Mooca e Belenzinho. Havia, sem dúvida, o temor governamental de que os anarquistas, ou até mesmo os comunistas, se aproveitassem da revolta para promover uma revolução social. Não por acaso, a região atacada pelos canhões tinha sido a mais ativa durante a greve de 1917. A confirmar a estratégia de agir preventivamente contra os inimigos, no mesmo dia da eclosão da revolta em São Paulo. Foram presos no Rio de Janeiro os líderes anarquistas José Oiticica e Benjamim Mota. Não há notícia de que eles tenham participado da sedição paulista.

Em carta datada de 22 de agosto de 1925 ao amigo Jackson Figueiredo, Oiticica, preso no Colégio Pedro II, no Rio de Janeiro, onde era professor, conta um pouco dos seus padecimentos na prisão:

> Fui preso há quase catorze meses [...] não me deram a menor satisfação da violência sofrida, pois não havia mais estado de sítio e eu ignorava completamente os sucessos de São Paulo [...] meteram-me entre réus de crimes comuns. O governo não me interrogou, não me ouviu, não apurou sequer se minha opinião era pró ou contra a sedição e, somente por eu ser anarquista, me equiparou a assassinos e ladrões [...] atiraram-me à ilha Rasa, onde fui quase fuzilado [...] passei por humilhações amargas [...]. Na ilha das Flores, novas humilhações. Fui metido num porão [...] e tudo isso por quê? Houve um ato meu, indício sequer confirmativo da mais leve suspeita? O governo é o primeiro a confessar que não [...] logo, nada justifica minha detenção nem tantas humilhações [...].

O operariado paulista vivia em condições bem difíceis, como destaca Warren Dean:

> As condições de trabalho em São Paulo dificilmente se justificariam. Em 1920, o industriário paulista médio percebia cerca de 4 mil-réis (60 centavos de dólar) por dia e, para ganhá-los, trabalhava dez horas ou mais, durante seis dias por semana. As mulheres representavam cerca de um terço da força de trabalho e havia muitas crianças; é possível que a metade de todos os operários fosse menor de dezoito anos e quase 8% eram menores de catorze. Como 4 mil-réis mal dava para comprar meio quilo de arroz, de macarrão, de banha, de açúcar e de café, não admira que famílias inteiras fossem trabalhar, muito embora às mulheres e às crianças se pagasse menos por tarefas equivalentes.

Ao mesmo tempo, o bombardeio àqueles bairros aterrorizava a população em geral, atingindo fábricas, residências e ocasionando baixas de civis, e fazendo o restante da população pressionar os rebeldes a abandonar a cidade. A prática era considerada crime de guerra pela Convenção de Haia de 1917, da qual o Brasil era signatário. Outra hipótese para a destruição das indústrias foi eliminar a possibilidade de os rebeldes — virtuais donos da cidade com a retirada das autoridades estaduais — utilizarem em seu benefício os equipamentos fabris, permitindo prolongar sua resistência ao cerco legal. Os rebeldes, por sua vez, haviam atacado prédios públicos, como o Palácio dos Campos Elíseos e a Secretaria de Justiça, onde efetivamente estavam as autoridades, em uma estratégia de derrotar os verdadeiros inimigos e não a população civil.

Paulo Duarte registra, em *Agora nós!*, a reação de um empresário, que identificou como um "importante industrial da cidade" ao ataque governista às fábricas: "chega-se a pensar que eles fazem questão de queimar todas as fábricas de São Paulo!"

Os homens do presidente

Certamente, com a estratégia de atacar de longe, em vez de ir ao combate direto com seus inimigos, o governo pretendia poupar o Exército legalista, por considerar que expulsar os rebeldes — militares treinados, que possuíam armamento moderno, inclusive artilharia — da cidade ocupada poderia ser, guardadas as proporções, mais difícil do que a luta no arraial de Canudos e no Contestado, conflitos civis recentes, em que o Exército estivera envolvido. Ambos eram estudados nas academias militares desde o início do século e, por certo, povoavam as preocupações dos estrategistas militares. E quem eram esses homens que atacavam impiedosamente a cidade? Alguns, como o ministro da Guerra, Setembrino de Carvalho, e os generais Eduardo Sócrates e Tertuliano Potiguara, haviam participado de algumas das guerras civis mais cruentas da história do Brasil.

Nos eventos de Canudos e Contestado — ocorridos respectivamente entre 1896 e 1898, na Bahia, e entre 1912 e 1916 na fronteira entre Paraná e Santa Catarina —, o Exército nacional havia combatido sertanejos com armas rudimentares, reforçadas depois pelas que tomaram dos soldados, e enfrentou enorme dificuldade para vencê-los, o que no caso de Canudos só se deu na quarta expedição, quando outras três haviam sido derrotadas. Houve verdadeiros massacres de combatentes civis nos dois conflitos. Possivelmente os estrategistas do governo analisaram a viabilidade de um cerco prolongado e sangrento contra os rebeldes para escolher outra via de luta, que lhes proporcionasse uma vitória mais rápida. A memória de Canudos e Contestado ainda estava muito viva nas mentes dos oficiais. Vejamos como Aureliano Leite, escritor e jornalista adepto da legalidade e autor de *Dias de pavor*, examina tal estratégia:

SÃO PAULO DEVE SER DESTRUÍDA

Convençamo-nos de que só pelo arrasamento inicial de grande parte da cidade, com a ação conjunta de aviões e artilharia, seguido do ataque às trincheiras pelos carros de assalto, completada pela baioneta, na luta corpo a corpo, tomando-se-lhes casa por casa, cômodo por cômodo, palmo por palmo, poderíamos, afinal, dominar os rebeldes na hipótese, felizmente falha, de que atrás do seu preparo guerreiro subsistisse a coragem tão comum nos da nossa raça.

Canudos, a cidade jagunça de palhoças, com mil combatentes válidos, se tanto, ofereceu sob o fanatismo de que não temos precedente senão em Palmares, resistência tal que, transportada para São Paulo, na hora amarga, que vimos de atravessar, e igualadas às condições guerreiras da rebeldia, exigiria da legalidade 30 mil homens para a dominar.

Fossem os revoltosos embora animados de algumas centelhas do fervor patriótico que fanatiza, e na proporção do seu número e do seu poder bélico, teríamos, dentro dos nossos muros, protegidos pelas nossas edificações e pela esplêndida topografia da cidade, resistência para meses a fio, consumindo dezenas de milhares de vidas [...].

O general Abílio de Noronha, comandante do Exército em São Paulo, havia atuado como capitão no Estado-Maior do general Artur Oscar de Andrade Guimarães, comandante da Quarta Expedição, que arrasou Canudos definitivamente. Ele foi, inclusive, conforme relata em *O resto da verdade*, colega de barraca do escritor e jornalista Euclides da Cunha, autor de *Os sertões*, obra seminal que narra a história do arraial destruído pelo Exército. Era, entre os líderes militares de então, presentes na rebelião de 1924, o único que havia vivenciado aquele conflito, travado no sertão da Bahia entre os sertanejos de Antônio Conselheiro e tropas federais e estaduais. Outros militares do Exército haviam participado de ambas as guerras civis. O tenente-coronel Duarte de Aleluia Pires e o general Carlos Frederico de Mesquita estiveram em Canudos e no Contestado. Mesquita também era veterano da Guerra do Paraguai (1864-1870). O próprio presidente Arthur Bernardes havia tido, em seu tempo de estudante de Direito em Ouro Preto, então capital do estado de Minas Gerais, alguma participação na história, conforme relata seu biógrafo, Bruno de Almeida Magalhães:

> Os acontecimentos baianos [referência a Canudos] produziram grande emoção em Ouro Preto. As figuras mais categorizadas da antiga capital reuniram-se no edifício da Câmara dos Deputados, para se solidarizarem com as autoridades federais e estaduais, em face do perigo que bailava. O governo do estado enviou para a Bahia dois batalhões da Polícia, para cooperarem com as forças federais. Organizou-se o Batalhão Patriótico Bias Fortes, ao qual se incorporaram as figuras mais prestigiosas da sociedade ouro-pretana, e Arthur Bernardes, junto com outros estudantes, também nele ingressou.

Com relação ao Contestado, no entanto, conflagração denominada, na imprensa, de "Canudos do Sul", havia três militares com cargos de responsabilidade envolvidos na repressão à Revolta de 1924 que atuaram naquela guerra civil: o marechal Setembrino de Carvalho e os generais Eduardo Sócrates e Tertuliano Potiguara. Carvalho, que também comandou tropas federais na Sedição de Juazeiro em 1914 — movimento em que o padre Cícero se rebelou contra o governador Franco Rabelo, conseguindo derrubá-lo, com seu apoio —, havia sido, como general, o comandante-geral da campanha no Contestado, tendo sob sua liderança os então capitães Sócrates e Potiguara. Este último foi citado de forma elogiosa em relatório de campanha, assinado por Setembrino de Carvalho. No final do texto, o futuro ministro da Guerra parece prenunciar que precisará dos serviços do então capitão Potiguara em outras ocasiões:

Potiguara foi alma dos raides que varreram o inimigo de Santo Antônio, Timbozinho, Thomazino, Vaca Branca etc. tendo feito marchas tão rápidas, tão extraordinárias e tão penosas que ficarão na história dessa campanha como expressivo exemplo de esforço, de coragem, de arrojo e de audácia.

O reduto de Santa Maria era então, nos últimos tempos, a derradeira posição dos jagunços posta em xeque-mate. Ao intrépido capitão Potiguara coube a glória de ganhar a partida, com o seu pequeno, mas valoroso, destacamento. A campanha, pelos sacrifícios que estava custando aos cofres públicos, pelo cansaço da tropa que não resistiria ao inverno, senão com inúmeras baixas, deveria terminar o quanto antes.

Essa terminação, este extraordinário serviço à Pátria e ao Exército, deve-se à bravura, à ousadia, à calma, à atividade, à inteligência, à máscula energia e à capacidade de comando do capitão Tertulino de Albuquerque Potiguara, a quem me desvaneço em louvor; louvor que eu espero seja o fogo sagrado alentador de suas energias para novos e maiores feitos gloriosos.

Sobre Potiguara, que em São Paulo atuou na zona leste, principalmente no Brás e na Mooca, para desalojar os rebeldes comandados pelo capitão Newton Estillac Leal, testemunhou ainda Demerval Peixoto. Peixoto era um oficial do Exército, que participou do conflito e escreveu os livros *A campanha do Contestado: Episódios e impressões* e *Campanha do Contestado III: A grande ofensiva*. Em uma ironia da história, Potiguara havia combatido no Contestado ao lado do coronel Francisco Estillac Leal, pai do capitão rebelde Newton Estillac Leal, a quem enfrentou em São Paulo. No conflito de julho de 1924, as tropas de Potiguara avançaram pela Mooca, defendida por Estillac Leal, que conseguiu rechaçá-las. Outro filho do coronel Francisco, o também capitão Zeno, permaneceu fiel à legalidade. Segundo Peixoto, Potiguara não se preocupava em prender seus inimigos: "Ele [Potiguara] não poupava o adversário. Poucos prisioneiros foram feitos por seu destacamento."

Em pelo menos um caso documentado, os comandados do então capitão Tertuliano Potiguara mataram inocentes e mutilaram um prisioneiro, integrante dos grupos armados que combateram os militares no Contestado. O homem estava sendo conduzido preso por eles, em direção a Porto União, no Paraná. A referência é de Herculano Teixeira D'Assumpção, no livro *A campanha do Contestado*. O autor era um militar que combateu ao lado do então coronel Francisco Estillac Leal, na campanha do Contestado, e estava ao seu lado no momento em que foi encontrado um cadáver de "jagunço" que era prisioneiro das tropas do capitão, confiado a ele para ser levado à cadeia no Paraná. A crueldade da morte surpreendeu Assumpção, duro militar:

> Bem desgraçada foi a sorte deste bandido... O destacamento do Norte, não sei por que motivo superior, não quis levar o prisioneiro até Porto União. Ele estava todo mutilado: faltavam-lhe as orelhas, estava quase inteiramente degolado.

Pelo local do ataque, as tropas que atacaram o Theatro Olympia, no Brás, estavam sob o comando de Potiguara. É claro que não havia interesse militar no ataque com bombas a lugares como o Theatro Olympia, convertido em refúgio para moradores do Brás desalojados pelo bombardeio, a casas simples e praças. O general Abílio de Noronha tece críticas a essa medida levada a efeito pelos governistas, já que o teatro, no largo da Concórdia, região central do bairro do Brás, não representava, de forma alguma, uma ameaça às forças legais.

> Este edifício não tinha nas suas proximidades nenhuma das denominadas trincheiras; a mais próxima era aquela que existia na Estação do Norte, distante mais ou menos 500 metros da citada casa de diversões. No entanto, foi atingido por granadas da artilharia legalista, as quais ocasionaram inúmeras mortes e ferimentos nas pessoas ali abrigadas.

Não atinamos, por maior esforço que façamos, qual era o ponto visado com esses disparos que caíram no Theatro Olympia. Acaso eram dirigidos para o Quartel da Luz que ficava a mais de 1 quilômetro além, visavam a Estação do Norte que ficava a 500 metros aquém, ou finalmente tinham como objetivo abater o moral dos rebeldes?

É provável que o ataque ao Theatro Olympia tenha sido um erro de cálculo, fruto de uma observação imprecisa e de uma informação errada. Não foi a primeira nem a última vez em que as tropas federais cometeram equívocos dessa natureza. Noronha ainda conta que, no dia 12 de julho, o comandante de uma bateria (canhão) de tiro longo 75, Saint Chamond, postada na encosta de Guaiaúna, recebeu ordens de atirar sobre a praça da República, situada a 9,5 quilômetros do local, por informações de um civil que havia avistado canhões rebeldes na praça, ao lado da Escola Normal (hoje a sede da Secretaria Estadual de Educação de São Paulo, antigo colégio Caetano de Campos). A praça acabou sendo alvejada, sob protestos de civis que estavam em Guaiaúna, mas as quatro granadas acabaram atingindo o viaduto Santa Efigênia, o largo São Bento e o Hotel D'Oeste, no largo do Paissandu, todos no centro. Segundo ele:

> Qual poderia ser o objetivo militar que obrigasse uma bateria em posição com alça de 9.500 metros a abrir fogo sobre uma das mais belas praças de São Paulo, fogo este que absolutamente não poderia ser controlado por um posto de observação e, por conseguinte, não poderia ser corrigido? O capitão da bateria dizia que, por informações de civil, tinham sido vistos canhões de rebeldes parados perto da Escola Normal. Apesar das ponderações de alguns paulistas ali presentes, e que descreveram a praça da República, procurando provar a impossibilidade de servir como colocação de bateria, o fogo foi criminosamente aberto, e a bela praça, alvejada. Alvejada sim, mas... atingida felizmente não.

Juarez Távora também questionou o bombardeio legalista sobre a cidade que, segundo ele, não afetou em praticamente nada os combatentes revoltosos, só a população civil. Távora foi, ao lado do irmão Joaquim, um dos principais líderes dos sediciosos.

> O bombardeio prosseguiu brutal, intenso — mortífero para a população civil, mas inócuo para as tropas revolucionárias, que pouquíssimas vezes sentiram os seus efeitos, no abrigo precário de suas barricadas. Era um bombardeio despejado a esmo, sobre o centro da cidade, sem a diretriz precisa de um objetivo militar prefixado, sem observações criteriosas que lhe corrigissem os erros, sem escassez de munição que o limitasse —, tão dispersivo e inútil quanto feroz e inumano.

De acordo com Aureliano Leite, um observador muito bem-informado dos planos governamentais com relação ao ataque à cidade, a legalidade só conseguiria juntar 18 mil homens para combater os rebeldes, cujo número orçava em torno de 7 mil, com os reforços obtidos no interior. A estratégia de combate, lembra o escritor que se tornaria figura proeminente da Revolução Constitucionalista de 1932, previa a convergência sobre o inimigo em colunas que alcançariam bairros das zonas leste e sul:

> De Guaiaúna, arvorada em quartel-general, partiu o plano geral da reconquista da cidade: convergir em semicírculo sobre o inimigo, desdobrando-se em colunas que, de nordeste para sueste, abraçassem a capital, atacando-a ao mesmo tempo por Vila Maria, Tatuapé, Belenzinho, Mooca, Bertioga, Cambuci, Deodoro e Vila Mariana.
> Os diferentes setores por tal forma demarcados deveriam ser entregues, respectivamente, a comandos, pela ordem acima, do coronel Pantaleão Teles, general Florindo Ramos, general Potiguara, tenente-coronel Pedro Dias Campos e general Carlos Arlindo.
> Ao todo, 18 mil homens foi o número máximo atingido pelos defensores da legalidade, até que os louros da vitória lhes viessem ornar as frontes augustas. Distribuídos pelas três armas; infantaria,

cavalaria e artilharia, sob o comando do general Lima, associavam-se ainda a elas, como complemento indispensável à guerra moderna, vários aviões e 11 carros de assalto.

As unidades de que se compunha o conjunto imponente desses 18 mil abençoados brasileiros eram tiradas das Forças Públicas de São Paulo, Minas, Rio Grande do Sul, estado do Rio e Espírito Santo, dos marinheiros militares, artilheiros navais e Exército.

Apesar de todo o poderio bélico da legalidade, ainda de acordo com Leite, somente parte entrou de fato em ação contra a rebeldia:

> Com todo o poderio guerreiro de que esta pobre crônica vos dá conta, esperava a própria legalidade fosse terrível a luta, se os revoltosos tivessem ateada à alma simples centelha de heroísmo. Mas, mercê de Deus, assim não aconteceu. A covardia dos inimigos minorou a extensão de nossa desgraça.
>
> As portentosas armas guerreiras de que estávamos senhores nem sequer, por assim dizer, tiveram tempo de entrar em ação. Aviões, carros de assalto, grossos canhões saíram semivirgens das batalhas. Duas ou três incursões dos aviões sobre a cidade, visando com suas bombas o Quartel da Luz, onde levaram o pânico e semearam a morte, com apenas uma mostra de sua boa pontaria; dois ou três assaltos de dois tanques no Belenzinho e Mooca, fazendo a rebeldia debandar, tomada de medo dos covardes; poucos tiros dos nossos mais potentes canhões, emitindo granadas sobre os principais focos revoltosos; nada mais, enfim, senão o início de uma ação enérgica, bastará para meter os caudilhos a caminho de fuga precipitada [...].
>
> Não se diga, porém, sem errar grosseiramente, fosse demasiado o preparo bélico da legalidade. Para assaltar decisivamente a capital, caso os revoltosos opusessem a resistência material de que seriam capazes, por seu número e por seu armamento e munições, aquele formidando preparo seria a justa e necessária medida.

Secretário Bento Bueno

O secretário de Justiça e Segurança Pública de Carlos de Campos, Bento Bueno, que com este se refugiou em Guaiaúna, deixou um registro de sua história disponível em um relatório arquivado no Museu de Polícia Militar sob o nome de "Diário da Revolução de 1924". Durante o episódio, Bueno foi uma espécie de "ministro da Guerra", do governador paulista. No relatório, que se inicia em 29 de julho, quando os rebeldes já haviam deixado a cidade, o autor descreve a vida na vilazinha da zona leste, suas impressões de quando começou o movimento e a fuga para Guaiaúna. No texto, dividido em três partes, com datas de 29 de julho, 5 de setembro e 30 de setembro, Bueno demonstra certo desconforto com a ideia de "punir exemplarmente" os que apoiaram o movimento, defendida pelo presidente Carlos de Campos.

> Julho, 29
> [...] Desde os começos do nosso Governo, ouvi rumores vagos de uma provável revolta de militares federais em São Paulo. Mas eram desconfianças tão vagas, tão impessoais, que pouca atenção mereciam. Além disso, o general Abílio de Noronha, comandante da Região, negava tão formalmente, que quase me tirava o jeito de lhe falar a respeito. Segundo me dizia ele, os seus oficiais estavam direitos, conhecia-os bem, confiava neles....
>
> No entanto, na madrugada de 5 do corrente, fui despertado por um aviso telefônico do comandante da guarda da Polícia Central que me participava ter aparecido ali, naquele momento, um pequeno grupo de soldados do Exército que o intimaram a render-se "por ter rompido a revolução!"
>
> [...] Quando ao terceiro dia de combate, me aparece improvisadamente no gabinete o presidente do estado, Carlos de Campos, acompanhado de três oficiais do Exército Federal: Sócrates (comandante da Região), Pamplona e Arlindo. Vinham me buscar com meus elementos porque, diziam os generais, eu seria esmagado dentro em

pouco, com a poderosa artilharia que ia funcionar sobre a minha Secretaria. Era preciso sairmos imediatamente para Guaiaúna, onde estavam se concentrando as forças federais! Saímos quase de roldão, pelos fundos da Secretaria, ao estalar das granadas e metralhas. Momentos antes, fora meu gabinete destruído por uma granada — razão por que minha morte foi divulgada por boletins da revolta; mas do incidente só me restou a tampa do projétil, encontrada depois pelos pedreiros da reparação da sala, e hoje em meu poder.

E lá fiquei em Guaiaúna, com Carlos de Campos e uma força de mais de 5 mil homens, sob o comando do general Sócrates, durante vinte dias, tiroteando com os rebeldes e contemplando indignado o fumo dos incêndios que atearam na capital![3]

A seguir, Bueno contou que os oficiais da Missão Francesa o procuraram, logo após a eclosão da revolução, para se integrarem à defesa do governo, ajuda que ele teria dispensado. No trecho final, ele calcula o prejuízo deixado pela Revolução nos cofres públicos e particulares.

[...] Neril (general francês) e seus oficiais apresentaram-se logo nas primeiras horas da revolta, na minha Secretaria, oferecendo-me seus serviços. Agradeci, recusei. Fiz muito bem e o Carlos aplaudiu-me. A briga era nossa e não seria bonito metermos estrangeiros no meio. Diabo! É preciso ter vergonha, mesmo quando se está sob granadas!

Setembro, 30

[...] Ainda não pude apurar justo o número de vidas que a revolta ceifou aqui e no interior do estado. Não é fácil isso. E valerá a pena? Assim também quanto aos prejuízos materiais. Mas estes, calculados por alto, chegam talvez a 1 milhão de contos! Um milhão! E outras, mais graves, virão ainda se a nossa educação política não mudar inteiramente.

Os rebeldes também bombardearam a cidade

Se as forças governistas demonstraram pouco caso com a presença de civis ao bombardear bairros operários e fábricas, o que provocou a morte indiscriminada de muitos, os rebeldes, vale lembrar, também não ficaram atrás. Para citar apenas um exemplo, no dia 24 de julho, com o presidente Carlos de Campos instalado em um vagão especial da Estrada de Ferro Central do Brasil (EFCB) em Guaiaúna, líderes sediciosos enviaram, a partir da Estação da Luz, na região central, um outro trem carregado de dinamite que estava preparado para explodir no local, o que provocaria a morte de muitos moradores da Penha. Eram os mesmos "paulistanos inermes" que os rebeldes acusavam seus adversários de atacar sem piedade.

O plano foi executado e o trem saiu da Estação da Luz carregado e pronto para explodir em Guaiaúna, mas não atingiu seu objetivo, segundo Glauco Cordeiro em *História das revoluções brasileiras*, porque um simples funcionário da EFCB, o mestre de linha Aquilino Vidal, se ofereceu, ao ficar sabendo do risco que corria a população e até mesmo sua família, que morava no bairro, para resolver o problema. Ao lado de alguns companheiros e sob tiros dos confrontos entre rebeldes e legalistas, ele percorreu um trecho da linha em um trole de serviço e, na altura da Quarta Parada, desembarcou. A menos de 2 quilômetros das linhas do coronel rebelde João Francisco, em meio à noite, rastejando para não serem atingidos, os homens removeram os parafusos que prendiam os trilhos aos dormentes, impedindo que o trem prosseguisse viagem.

O bólido acabou tombando ao lado da linha, onde explodiu, sem deixar vítimas. Mais uma locomotiva enviada pelos rebeldes teve o mesmo destino. O local, alcunhado de "terra de ninguém" pelas forças combatentes, por estar no meio das forças em confronto, era praticamente deserto, o que evitou a morte de civis e militares. Hoje, o local abriga o Cemitério da Quarta Parada. Em 1955, a via, ao lado da estação Penha de metrô e da extinta estação Carlos de Campos, foi batizada de rua Mestre Vidal em sua lembrança.

Os ataques iniciados no dia 11 de julho daquele ano, somente dois dias após a retirada do governador Carlos de Campos da Secretaria de Justiça, foram todos promovidos por forças legalistas, postadas na Penha e no Ipiranga, saídas da cidade respectivamente nas zonas leste e sul. Costa e Góes, entretanto, autores de *Sob a metralha*, argumentam que parte dos disparos de artilharia sobre a cidade, na verdade, partiram também de canhões rebeldes que seriam usados durante a noite e escondidos durante o dia para dar à população a impressão de que só o governo atirava contra a cidade de São Paulo. Não há, entretanto, nenhuma prova da afirmação dos autores, que se posicionam claramente entre os defensores da legalidade e inimigos viscerais da revolução.

No entanto, é importante reconhecer que durante todo o período que durou a conflagração, apropriadamente batizado pelo cronista Duarte Pereira como "os 23 dias que abalaram São Paulo", os rebeldes, a exemplo dos rivais governistas, também dispararam contra a população, matando e ferindo civis. Isso se deu nos primeiros dias da revolta, quando a artilharia de Quitaúna, sublevada pelos líderes revolucionários, disparou tiros de canhão sobre lugares como o Liceu Coração de Jesus — vizinho ao Palácio dos Campos Elíseos —, as casas próximas a esse palácio, a residência oficial do governador, a Secretaria da Justiça, a Igreja e Colégio de São Bento, o 4º Batalhão da Força Pública, no bairro da Luz, entre outros prédios atacados pelas tropas amotinadas do Exército e da Força Pública.

Naturalmente, os danos causados à população pelos rebeldes foram muito inferiores aos provocados pelos governistas. Apesar do reduzido poder de fogo dos rebeldes diante das tropas governistas, ainda assim seus canhões e obuseiros não deixaram de fazer vítimas entre a chamada "população inerme". Até mesmo quando eclodiu a rebelião, na madrugada de 5 de julho, houve mortes acarretadas pelo uso indevido da artilharia rebelde, então postada no Campo de Marte. Depois, quando os canhões foram levados para o Alto do Araçá, nas proximidades do cemitério do mesmo nome, também foram registrados danos materiais às casas e ferimentos em civis.

Em um exemplo, às 10 horas do dia em que se iniciou o episódio, os rebeldes atiraram várias *schrapnels* (granadas) sobre a cidade. Algumas causaram estragos e confusão no Mosteiro de São Bento, onde, numa ironia histórica, se celebrava uma missa em homenagem aos mortos da batalha dos Dezoito do Forte, a primeira rebelião tenentista. Outras caíram no Liceu Coração de Jesus e deixaram ferido o aluno Arnaldo Petersen Barreto, prontamente atendido pelos padres e professores. Uma outra, segundo Duarte Pereira em *1924: O diário da revolução*, atingiu a casa número 10 da alameda Nothmann, ao lado do Palácio dos Campos Elíseos, matando a moradora Maria Clara Gomes e deixando ferida Adelaide Clara Gomes. Ainda outra caiu sobre a casa número 12 da mesma alameda, matando uma criança e ferindo outra. Era uma tentativa de quebrar a resistência dos defensores do palácio do governo que, entrincheirados, se preparavam para resistir durante muito tempo às investidas rebeldes.

Paulo Duarte, autor de *Agora nós!*, foi testemunha do ataque dos rebeldes à Secretaria da Justiça no largo do Palácio — atual Pátio do Colégio —, bem no centro de São Paulo. Foi esse bombardeio à Secretaria, promovido pelo tenente Mário Barbosa de Oliveira — que manejou os canhões, segundo Nelson Tabajara de Oliveira, autor de *1924: A revolução de Isidoro* —, que levou o governador Carlos de Campos e o secretário Bento Bueno a abandonar a região central, refugiando-se em Guaiaúna. Alguns autores atribuem os disparos de canhão sobre as secretarias da Justiça e do Interior ao tenente rebelde Eduardo Gomes, formado em artilharia pela Escola Militar do Realengo. O texto de Duarte, crítico da legalidade, tem um forte tom de ironia e questionamento às autoridades:

[...] Narrava ao Hormisdas o caso extraordinário do soldado com o pulmão varado 48 horas antes e já quase bom, quando tive as palavras cortadas por um longínquo tiro de canhão, um forte silvo que já nos era familiar e, poucos segundos depois, um medonho estampido. As vidraças do Palácio e das secretarias arrebentaram com estardalhaço. Uma enorme nuvem de pó levantou da parte traseira da Secretaria do Interior. Sem tempo ainda de refletir a menos de meio minuto de intervalo, outro troar ao longe, novo sibilar e um estrondo fragoroso. E quase no mesmo lugar do primeiro, nova nuvem de poeira negra, mais vítimas que tombavam. Percebendo a insegurança do esconderijo, na porta da Central, ia deixá-lo, tomando a direção da Policlínica, quando vi, rápidos, escorregarem as escadas do primeiro andar da Central dois assoleados vultos, nos quais identifiquei o dr. Carlos de Campos e o seu pálido secretário.

S. Exas, às pressas, tomaram os fundos, em disparada, rumando para os lados do necrotério da rua 25 de Março. S. Exas. talvez se julgassem já defuntos... Nesse instante, com alguns oficiais da Força, Hormisdas e eu deixávamos também a Central, quando por trás de nós, outra certeira granada reboou surdamente. Alguns soldados na nossa frente tombaram, ensanguentados. Arrisquei um golpe de vista para trás e ainda vi o ruimento de um canto da Secretaria da Justiça. Mal chegávamos à porta da Policlínica, outro estampido ecoava no largo do Palácio.

— A Secretaria da Agricultura foi-se embora! — gritou um oficial que passou correndo.

Antônio Bueno Salgado, conhecido como Cabo 377, morador de Itapira e integrante da famosa Coluna da Morte, do tenente Cabanas, também deixou seu relato de um momento importante do movimento rebelde.[4] Salgado estava alojado no Quartel do 1º Batalhão quando legalistas tentaram cercar os revoltosos aquartelados lá. Ele então ajudou, involuntariamente, a produzir uma das fotografias mais marcantes da Revolução de 1924: a que mostra a imagem da caixa-d'água da avenida atingida por um tiro de canhão. O ataque visava a desalojar soldados legalistas que subiam na torre da caixa-d'água para atingir o quartel tomado pelos rebeldes. O militar também bate na tecla de que os revoltosos não temiam o fogo dos canhões legais, já que nunca eram atacados por eles, que matavam mesmo os civis:

> Dia 6, às 5 horas, começamos a bombardear diversos pontos, principalmente o 4º B. da Força Pública, e paramos por poucos instantes, sendo que às 8h10 tivemos um grande ataque, pois os inimigos chegaram nas muralhas do 2º R.C. Foi uma horrível fuzilaria a qual com muito custo vencemos, sendo preciso usar artilharia, onde avistei inimigos em cima de uma caixa-d'água sita na avenida Tiradentes e avisei ao sargento Sousa o qual, fazendo pontaria, manobrou contra a peça. Feito isso, mandou-me que detonasse, o que fiz, e sendo o objeto atingido por uma granada, sendo os inimigos desalojados e a caixa com um formidável buraco.
> [...] Dia 13, passei mais calmo, mas ao anoitecer começaram os bombardeios pelas forças legalistas. Atiravam sem saber, pois nunca fomos desalojados pela artilharia inimiga, pois só atingiam casas, matando gente estranha ao movimento.

A resistência do 4º Batalhão da Força Pública

Até mesmo o 4º Batalhão da Força Pública, cujos integrantes não aderiram ao levante e ainda lutaram durante dez dias contra os rebeldes até se render, chegou a ser atingido por granadas rebeldes que só pararam de cair quando os revoltosos foram avisados de que estavam presos no prédio aliados seus, que poderiam ser mortos. Eram o capitão Índio do Brasil, o capitão Joaquim Távora, seu irmão, o tenente Juarez Távora, e o tenente Castro Afilhado.

O tenente legalista Benito Serpa servia na unidade militar, cuja história contou. O 4º Batalhão ficava ao lado de outras unidades militares, como o Corpo Escola e o Quartel do 1º Batalhão da Força

Pública, todos no bairro da Luz, cujos soldados e oficiais aderiram, ao menos em parte, ao levante, mas se manteve legalista.

Serpa presenciou a morte do sargento Advíncola Rosa, a primeira vítima fardada da revolta, atingido por ocupantes de um carro, entre eles oficiais do Exército, que se dirigiam a Santana, na zona norte, onde o quartel do então 4º Batalhão de Caçadores, atual Centro de Preparação de Oficiais da Reserva (CPOR), estava em mãos dos rebeldes. Também viu um civil não identificado que foi morto e cujo corpo permaneceu alguns dias se decompondo em frente à unidade militar, sendo retirado durante uma trégua, em um acordo de cavalheiros entre os dois lados em disputa.

Na sua obra, que se intitula de *A Verdun paulista: Episódios da defesa do 4º Batalhão da Força Pública durante a Revolução de Julho de 1924*,[5] Serpa faz uma revelação: o tenente-coronel da Força Pública Eduardo Lejeune determinou a execução do tenente revolucionário Índio do Brasil, que estava detido pelos legalistas na unidade, mas o tenente Antônio Piescher, seu colega do 4º Batalhão, se recusou a acatar a ordem, que classificou de "flagrantemente ilegal". "Aqui não se fuzila ninguém. Essa ordem é ilegal e ordem ilegal não se cumpre", gritou o oficial legalista, segundo o relato do autor, conquistando o apoio dos demais colegas de batalhão.

Índio do Brasil era oficial do próprio 4º Batalhão, que passou para o lado dos rebeldes. Segundo o relato de Serpa, Lejeune afirmou que o pedido da execução era "ordem do Pedro", referindo-se ao então comandante da Força Pública Pedro Dias de Campos, mas ele desconfia que era uma determinação do próprio, que temia assumir sozinho a ordem. "Estive várias vezes com o coronel Pedro Dias de Campos, naqueles dias atribulados, e dele nenhuma ordem do gênero recebi", atesta.

O batalhão, que se manteve legalista, foi bombardeado pelos rebeldes a partir de Ponte Pequena, também na zona norte de São Paulo, onde estava postada parte da artilharia rebelde. O quartel do

Comando-Geral, ao lado do 4º Batalhão, foi atingido por disparos efetuados pelo tenente rebelde Eduardo Gomes. Para fazer cessar o bombardeio contra o quartel, o tenente Piescher mandou o capitão Índio do Brasil e os demais prisioneiros ficarem em um prédio na parte superior da unidade militar, que seria fatalmente atingido pela artilharia adversária. Apavorado, segundo Benito Serpa, o oficial sedicioso escreveu um bilhete dirigido a Miguel Costa, líder rebelde da Força Pública, no qual pedia que cessasse o ataque à unidade militar. "Miguel, amigo! Mande parar esse bombardeio, porque senão morreremos aqui miseravelmente." Em respostas, o chefe rebelde retrucou com uma intimação para que o quartel se rendesse, o que não foi acatado. Mas as bombas, apelidadas de "cartão de visita do Isidoro" (em uma referência ao chefe dos rebeldes), pararam de cair sobre a unidade militar, embora esta permanecesse cercada pelos inimigos.

Os revoltosos presos, além de Índio do Brasil, eram o capitão Joaquim Távora, seu irmão, o tenente Juarez Távora, e o tenente Luís Cordeiro de Castro Afilhado. O quarteto foi detido quando chegou ao quartel, achando que este ainda estava em poder dos sediciosos que, liderados pelo primeiro, o havia tomado em um ardil, no dia 5 de julho. Na ocasião, Índio do Brasil, que servia naquele quartel, pediu a munição das sentinelas, alegando que iria trocá-la e, na sequência, o tenente do Exército Castro Afilhado, que estava ao lado da unidade, oculto, com um pelotão de trinta soldados do Exército, entrou na unidade, tomando-a sem resistência. O 4º Batalhão foi retomado pelos legalistas na sequência. O general Abílio de Noronha, acompanhado pelo capitão Martins Cruz, seu ordenança, o recuperou para a legalidade, no grito, mandando os soldados do Exército de volta para seus quartéis. Os rebeldes, sem desconfiar de nada, foram detidos, sem esboçar reação, ao entrar na unidade por uma patrulha comandada pelo tenente Piescher.

As armas de guerra usadas no confronto

Para combater os rebeldes, de posse de parte do armamento da Força Pública e do Exército em São Paulo, as tropas do governo fizeram uso de um equipamento bélico de alta tecnologia para a época.[6] Até mesmo tanques de guerra, arma ainda desconhecida no Brasil, foram usados para atacar os inimigos. Eram fabricados pela francesa Renault e tinham sido comprados em 1921. Aviões Spad, também franceses, com motores hispano-suíços, por sua vez bombardearam a cidade, no primeiro ataque aéreo de sua história. Canhões de calibres 100, 105 e 155 milímetros, também fabricados na França, das marcas Saint Chamond e Schneider-Canet atacaram os inimigos e a população civil. Ainda foram usados aviões-bombardeiros Breguet. O fato de praticamente todo o material bélico da legalidade ser de origem francesa se explica pelo fato de o Exército nacional ter recebido, em 1919, uma missão militar francesa, chefiada pelo general Maurice Gamelin, que tinha a intenção de modernizá-lo e transformá-lo em força efetiva de combate. O capitão francês Alphonse de La Horie havia pronunciado, em 1917, uma frase que se tornou famosa: "O Brasil, na verdade tem somente uma aparência de Exército. Há tudo por fazer."[7]

A Força Pública paulista, parte da qual estava do lado dos revolucionários, tinha recebido, entre 1906 e 1914, a visita de outra missão francesa com o mesmo objetivo, liderada pelos generais Paul Balagny e Antoine Nerel. A segunda missão, sob o comando de Nerel, se estendeu entre 1919 e 1924, portanto às vésperas da eclosão da Revolta de 1924. Naquela época, a Força Pública paulista tinha equipamentos dignos de um verdadeiro exército, inclusive artilharia e uma pequena força aérea sediada no Campo de Marte, zona norte da capital paulista.

Sob domínio parcial dos rebeldes, o equipamento da milícia paulista incluía canhões Krupp, de origem alemã, de 75 e 105 milímetros, metralhadoras Hotchkiss, fabricadas na Bélgica, e fuzis Hotchkiss, além de armas automáticas leves. As Hotchkiss, de acordo com o oficial legalista Benito Serpa, foram muito usadas na Primeira Guerra Mundial (1914-1918), mas eram praticamente desconhecidas no Brasil. No relatório do tenente-coronel Joviniano Brandão, comandante do 1º Batalhão da Força Pública, ao comandante-geral coronel Pedro Dias de Campos, ele destaca o armamento de que dispunha a Força estadual: dez metralhadoras pesadas Hotchkiss, duas metralhadoras portáteis Hotchkiss, quatro metralhadoras Nortentlefedt e fuzis Máuser.[8]

Andrade e Câmara, autores de *A Força Pública de São Paulo: Esboço histórico*, afiançam, por sua vez, que os rebeldes tinham acesso a um armamento mais robusto: 7 mil fuzis, cerca de duzentas metralhadoras e fuzis-metralhadoras, seis canhões Krupp 105, de tiro rápido, de Quitaúna, quatro canhões Krupp 75, de tiro rápido, de Jundiaí, e 16 canhões Krupp 75, de tiro rápido, de Itu, além de cinco aparelhos de aviação. Os canhões eram de propriedade de unidades sublevadas do Exército no estado de São Paulo, que aderiram à sedição.

Segundo o general legalista Abílio de Noronha, as forças federais estavam equipadas com morteiros Stoke, canhões de 37 milímetros, aviões Spad, com motores de 180 HP e velocidade de 200 quilômetros por hora, canhões Armstrong, de 75 milímetros, baterias de tiro longo de 105 e 155 milímetros. Em termos de "aviação", os rebeldes contavam com alguns poucos aviões, requisitados de particulares, das marcas Oriole, Caudron e Nieuport. Os aviões legalistas, por sua vez, bem mais numerosos, dispunham de um campo de pouso em Santo Ângelo, localidade próxima a Mogi das Cruzes e não muito distante de Guaiaúna, o que lhes permitia chegar à capital em 30 minutos de voo.

Tão grande era a distância entre o equipamento legalista e revoltoso que Costa e Góes atribuem a vitória da legalidade à grande superioridade dos equipamentos bélicos destes ante o dos rebeldes. Além de mais numerosas, as armas dos legalistas, segundo os autores, tinham maior calibre e alcance, sobrepujando facilmente o armamento dos inimigos.

Sem falar na superioridade numérica dos efetivos, a vitória legal foi devida, principalmente, à desproporção entre as duas artilharias, quer na quantidade, quer na qualidade dos canhões. As forças governistas dispunham de mais de uma centena de bocas de fogo, ao passo que os revoltosos disporiam de umas vinte. A artilharia divisionária, escalonada em Guaiaúna e para os lados do Ipiranga, ao norte e ao sul da E. F. Central do Brasil, possuía peças de maior calibre, de mais longo alcance de tiros e dos modelos mais recentes. Enquanto os canhões Krupp e os obuseiros 105 milímetros da artilharia pesada de Quitaúna, com que atiravam os revolucionários, não atingiam além de 5 a 6 quilômetros, os Saint Chamond e os Schneider-Canet, de igual e superior calibre, até 155 milímetros, manejados pelos apontadores e serventes das guarnições legais, alcançavam, no disparo, cerca de 11 quilômetros [...].

Tanques de guerra

Os legalistas dispunham, ainda, de tanques Renault F-17, com canhão de 105 milímetros e metralhadora, que provinham da Companhia de Carros de Assalto da Vila Militar, no Rio de Janeiro, e "estreavam" em conflitos bélicos no Brasil. Oito desses, segundo Expedito Carlos Stephani Bastos, pesquisador de assuntos militares da Universidade Federal de Juiz de Fora, ocuparam a cidade de São Paulo, sob o comando do capitão Newton Cavalcanti, e fizeram calar dois canhões rebeldes, apreendidos pelos legalistas. O oficial era o comandante da Companhia de Carros de Assalto, sediada no Rio de Janeiro. O Exército havia adquirido uma dúzia desses tanques.[9]

Para se contrapor a esse inimigo, os revolucionários projetaram, nas oficinas da Ferrovia Paulista, sob o seu controle, tanques improvisados com paredes externas de madeira cheias de areia que usavam como plataforma chassis de caminhões ingleses. Um deles, de acordo com Bastos, o Thoncocorf, era inteiramente construído em chapas de aço e tinha cinco seteiras a partir das quais soldados poderiam atirar com armas automáticas ou metralhadoras Hotchkiss e fuzis Máuser ou Winchester 44, armas muito usadas nas Forças Armadas da época. Na parte externa da carroceria, estava escrito F. R. (Forças Revolucionárias) ou Quartel-General. Como eram muito pesados, os tanques não conseguiam se movimentar e acabaram ficando estacionados no pátio do Quartel-General rebelde, onde foram apreendidos pelas forças legalistas.

O "batismo de fogo" dos tanques na revolução foi, segundo Domingos Meirelles, na Mooca, onde forças legalistas atacavam rebeldes, que ocupavam a fábrica Antarctica. Num primeiro momento, de acordo com o autor, os tanques tiveram grandes vitórias, passando sobre as trincheiras como se estas fossem feitas de papel. No momento seguinte, entretanto, no Belenzinho, encontraram pela frente inimigos temíveis e tiveram que recuar. Eram alemães, com experiência na Primeira Guerra Mundial, que haviam, da mesma forma, enfrentado tanques na Europa.

> No Belenzinho, os revolucionários, depois de obstinada resistência, percebem que alguma coisa de anormal acontece do lado do inimigo. [...] Não sabem que estão diante de uma arma extremamente poderosa: os modernos tanques Renault FT-17, de fabricação francesa, com motor refrigerado a água, equipados com canhão e metralhadora, que se deslocam a 6 quilômetros por hora, com a ajuda de lagartas de ferro. Chegados há pouco mais de dois anos da França, os veículos têm blindagem extraordinária, com cerca de 22 milímetros de espessura, o que os torna imunes ao fogo de fuzis e metralhadoras. A tripulação é formada por dois homens: o motorista e o atirador. Os revolucionários só tomam consciência do poder das máquinas barulhentas quando um dos canhões atira contra as barricadas. A performance do tanque mostra o abismo que separa o armamento rebelde do poderio militar do Exército. Apesar de lentos, eles avançam com eficiência, atropelam as barricadas como se fossem de papelão.

SÃO PAULO DEVE SER DESTRUÍDA

Dias depois, no entanto, os rebeldes descobriram um meio de lidar com o novo inimigo: os alemães que lutaram na grande guerra europeia e, portanto, tinham experiência em enfrentar esse tipo de máquina bélica. Prepararam uma surpresa para os tanques: fizeram valas para conter sua progressão e promoveram um ataque direto aos inimigos, subindo nos carros de assalto, para matar pilotos e atiradores. Eles eram integrantes do Batalhão Alemão que, ao lado do Batalhão Húngaro e do Italiano, se perfilou ao lado dos rebeldes para enfrentar as tropas legalistas.

Além de cavarem fossos de 2 metros de profundidade para conter o avanço dos tanques, quase conseguem capturar dois blindados que se desgarraram do resto da tropa e se atreveram a penetrar sozinhos em território inimigo. O Exército tinha repetido no Belenzinho o mesmo erro que os ingleses haviam cometido em 1916, durante a batalha do Somme, na França, ao lançarem os tanques sobre os alemães sem o apoio maciço da infantaria. Os batalhões estrangeiros, que haviam aprendido a enfrentá-los na Europa, cercaram rapidamente os blindados a fim de atacá-los por trás. Alguns alemães chegaram a escalar para tentar abrir as escotilhas e matar os ocupantes, como aconteceu na Primeira Grande Guerra, quando também centenas de blindados ingleses foram lançados de surpresa na frente de batalha.

Além de não poderem disparar para os lados, porque a torre do canhão é fixa e só pode atirar em uma única direção, os tanques franceses adquiridos pelo Exército são também extremamente lentos, desenvolvendo pouco mais de 10 quilômetros por hora. Para evitar que se transformem em presa fácil no Belenzinho, os oficiais legalistas acharam melhor recuá-los para impedir que fossem destruídos ou aprisionados pelo batalhão alemão.

Aviões

Os aviões legalistas, assim como os canhões, superiores ao equipamento dos rebeldes, também participaram da campanha. Os bólidos Spad fizeram o seu batismo de fogo na capital paulista, onde despejaram bombas de 60 quilos em várias regiões da cidade.[10] Costa e Góes, que se referem aos aviadores como "os nossos pilotos", demonstrando a sua parcialidade em prol da legalidade, oferecem mais alguns dados sobre essas máquinas, cujo centro de aviação ficava em Santo Ângelo, à beira da linha da Estrada de Ferro Central do Brasil, entre as estações de Mogi das Cruzes e Poá.

> Como se sabe, a aviação militar e naval teve uma influência muito grande na dominação da revolta. Os nossos pilotos, além de desmascararem as posições ocupadas pelo inimigo, indicando à artilharia legal os lugares que deviam ser alvejados, lançavam bombas, algumas com mais de 60 quilos, pondo em debandada os sediciosos. Em Santo Ângelo, lugar pouco distante de Guaiaúna, foi estabelecido um centro de aviação, de onde os pilotos partiam para os reconhecimentos e, ao voltarem, podiam aterrar com segurança. No Centro de Aviação de Santo Ângelo, serviram os capitães Alzir Rodrigues de Lima e Amilcar Pederneiras, além dos primeiros-tenentes Bento Ribeiro Carneiro Monteiro Filho e Henrique Doydt Fontenelle.

Segundo os mesmos autores, os aviões chegaram ao campo de aviação no dia 19 de julho. Já no dia seguinte, começaram os voos sobre São Paulo. De 21 a 27, foram relativamente frequentes. Costa e Góes asseguram no livro *Sob a metralha*:

> Mais de cem granadas pequenas foram lançadas por aviões. No dia 27 foram arremessadas, na Luz, três das grandes bombas de 75 quilos, verdadeiros torpedos aéreos. Na esquadrilha de aviões, convém ressaltar a ação do capitão Alzir.

Outra testemunha ocular dos acontecimentos, o presidente da Associação Comercial de São Paulo, José Carlos de Macedo Soares, descreveu os bombardeios aéreos que presenciou, no dia 22, como um castigo adicional à população de São Paulo, para além dos tiros de canhão e explosões de granadas.

> Por volta das 3h30 da tarde, a cidade começava a sentir, transida de espanto, o bombardeio aéreo. Aeroplanos legalistas, voando a mais de mil metros, quase sumidos no céu, deram de despejar do seu bojo pesadas cargas de explosivos, que estouravam nas ruas, esburacando-as e matando e esfacelando os habitantes inermes. A larga experiência adquirida pela população em 12 dias, a respeito da precisão dos tiros legalistas, logo lhe revelou a extensão de mais esse perigo somado ao acervo dos que já a vinham ameaçando. E levada por essa intuição, que é a forma mais apreciável da inteligência popular, sentia ela a monstruosidade dessa medida de combate que mais parecia inspirada pelo ódio a São Paulo, que pelas necessidades militares. Aquilo se assemelhava a um castigo e não a uma manobra legítima de guerra.

Segundo Meirelles, o primeiro dos ataques de aviões no bairro da Luz durou cerca de cinco minutos e produziu uma grande correria e fuga de populares, mas somente danos materiais. Foram lançadas pelas aeronaves do Exército as tais bombas de 60 quilos, apelidadas por Costa e Góes, de "torpedos aéreos".

> Os rebeldes assistem, perplexos, ao bombardeio aéreo. A população, que já se habituara a se proteger da artilharia refugiando-se nos porões, abandona as casas, enlouquecida com o impacto das explosões. Famílias inteiras, dominadas pela histeria, correm aos gritos pelas ruas, sem destino. As pessoas atropelam-se nas calçadas sem saber para onde ir. Os soldados se movimentam nervosamente de um lado para outro, tentando atingir os aviões com seus fuzis.

[...] O ataque dura pouco mais de cinco minutos. Os prejuízos são rapidamente contabilizados e chega-se logo à conclusão de que são bem menores do que as desgraças causadas diariamente pelo fogo da artilharia. Não houve mortos nem feridos, apenas perdas materiais, como a destruição de dez casas abandonadas, de um prédio de dois pavimentos já parcialmente destruído pela artilharia e de uma fábrica de laticínios em ruínas.

Os rebeldes haviam montado uma pequena esquadrilha de aviões franceses Nieuport, que começara a voar ainda no dia 13, enquanto a cidade era bombardeada pelos canhões legalistas. Não existia ainda aviação militar, a Força Aérea Brasileira (FAB) só seria criada em 1941, durante a Segunda Guerra Mundial. Tanto a Marinha quanto o Exército, no entanto, já dispunham de aviões e aviadores. O tenente rebelde Eduardo Gomes foi encarregado de organizar uma pequena força aérea, capaz de observar os movimentos dos inimigos e, se fosse possível, atacá-los. O também tenente da Força Pública Antônio Reinaldo Gonçalves e a aviadora Anésia Pinheiro Machado, de 22 anos, seriam os responsáveis por auxiliá-lo nessa tarefa.

> Conhecedores dos campos e aviões existentes em São Paulo, Reinaldo e Anésia, munidos de requisições revolucionárias, assumiram o controle dos aparelhos do estado encontrados no Campo de Marte, dos pertencentes aos aviadores civis Edu Chaves e Tereza de Marzo, no campo de Guapira e das peças de reposição dos irmãos Robba. Havia, porém, uma dificuldade: Reinaldo sofrera um acidente e estava impedido de voar; Anésia foi considerada muito jovem; e Eduardo Gomes, oficial de artilharia, tinha curso apenas de observador aéreo e não de pilotagem. Foram, então, contratados pilotos estrangeiros; os italianos Lucio Gordines e Alberto Comelli e os alemães Fritz Roesler e Carlos Herdler.

Já perto de sua retirada de São Paulo, os rebeldes, segundo Duarte Pereira, resolveram fazer um ato de grande repercussão, que poderia mudar o curso da guerra: mandar um avião Nieuport Oriole, de propriedade de Tereza de Marzo, com um tanque sobressalente de combustível, ao Rio de Janeiro jogar uma bomba de dinamite sobre o Palácio do Catete, residência oficial do presidente Arthur Bernardes. Pilotado por Herdler, sob o comando de Eduardo Gomes, o aeroplano voou durante uma hora e meia, mas com problemas teve que pousar no município de Cunha, na serra do Mar, já bem perto da fronteira com o estado do Rio. O plano acabaria abortado depois que o avião caiu e atolou na lama.

A aeronave, carregada com uma bomba de dinamite de 3 quilos, levava 50 mil boletins da revolução e exemplares de jornal e era de fabricação Curtiss, tipo 169, modelo 519. O motivo de sua queda foi a falta d'água no carburador, pois no tanque de inflamáveis eram registradas cerca de oito latas de gasolina. Herdler acabou preso dias depois e Eduardo Gomes no início de 1925, quando foi reconhecido em Santa Catarina. Em um primeiro momento, eles conseguiram enganar as autoridades, passando-se por legalistas. Gomes chegou a obter um cavalo emprestado para chegar à cidade mais próxima. O relatório do delegado de Cunha, Walfrido Maranhão, diz o seguinte:

> Findo pela manhã, meu ordenança, às 8 horas, informou-me que um aeroplano caíra no bairro da Catioca, que dista desta cidade cerca de 4 léguas [...] infelizmente não me foi possível efetuar a prisão dos aviadores, os quais se haviam evadido na véspera do dia em que me foi cientificado [...].

3
É lícito atacar uma cidade aberta?
A discussão acerca da legalidade e da legitimidade do bombardeio a São Paulo

> *Bombardear uma cidade inteira, de vasta extensão e de uma população importante, sob o pretexto de que alguns milhares de rebeldes ali se estabeleceram, pode ter unicamente um fim: aterrar a população, no intuito de obter que ela obrigue os rebeldes a atenuarem a resistência. É um bombardeio de terrorismo.**

Após o bombardeio à cidade, com a retirada dos rebeldes no dia 28 de julho, iniciou-se um debate sobre a legalidade ou não da decisão do governo federal, secundado pelo estadual, de tomar essa medida extrema contra a cidade, mesmo tendo ciência de que as vítimas seriam, em sua maior parte, civis, como de fato ocorreu. Na condição de uma cidade aberta, ou seja, sem grandes instalações militares ou muralhas que a defendessem, São Paulo estava, ao menos em tese, sob proteção desse tipo de ataque. No entanto, mesmo sob o amparo de várias convenções internacionais erigidas pela Liga das Nações que previam a proteção da população civil em caso de confrontos, a cidade foi bombardeada.

Na obra de Macedo Soares, *Justiça*, o jurista Jules Badesvant, professor da Universidade de Paris, se posiciona frontalmente contra o bombardeio de cidades indefesas, como era o caso da capital paulista. Badesvant lembra que a Convenção IV, de Haia, de 1909, relativa às

---
* Jules Badesvant, jurista e professor da Universidade de Paris.

leis e aos costumes da guerra terrena, ratificada pelo Brasil, Alemanha, Estados Unidos, Grã-Bretanha e outros 18 países, estabelece que

> A cidade de que se trata era defendida pelos rebeldes; mas o bombardeio não foi praticado, ao que parece, no intuito de apoiar um ataque destinado à tomada da cidade; foi, antes, dirigido contra o conjunto da cidade do que contra as forças rebeldes; teve mais o caráter de uma intimidação aos habitantes do que uma operação militar contra um adversário armado. Na sua execução, foi, aparentemente, esquecido o dever geral de não dirigir as hostilidades contra toda a população civil, tendo assim operadas destruições que não eram imperiosamente exigidas pelas necessidades da luta, contrariamente ao que prescreve o artigo 23 do mesmo regulamento.
>
> Por outro lado, as consequências desse bombardeio parecem revelar que não foram adotadas, por parte daqueles que o efetuavam, todas as medidas suscetíveis de salvaguardar, tanto quanto possível, os edifícios consagrados ao culto, às artes, às ciências, à beneficência, aos monumentos históricos, os hospitais e os locais em que se acumulavam enfermos e feridos. Assim, a regra de humanidade formulada no artigo 27 do Regulamento supracitado não foi observada.

O jurista analisa também a intenção manifestada pelo governo federal — embora não assumida — com o bombardeio, que era aterrorizar a população, para que ela não tomasse o partido dos rebeldes, fazendo críticas a essa estratégia.

> Bombardear uma cidade inteira, de vasta extensão e de uma população importante, sob o pretexto de que alguns milhares de rebeldes ali se estabeleceram, pode ter unicamente um fim: aterrar a população, no intuito de obter que ela obrigue os rebeldes a atenuarem a resistência. É um bombardeio de terrorismo. Ora, quando uma comissão de juristas, acompanhados de peritos navais e militares designados pelos Estados Unidos, Império Britânico, França, Itália, Japão e Países Baixos, executando uma resolução da Conferência de Washington,

formulou, em 1923, um projeto de Regras da Guerra Aérea, nele inscreveu esse princípio: "O bombardeio aéreo, no intuito de aterrar a população civil, de destruir ou arruinar a propriedade particular, sem caráter militar, ou de ferir os não combatentes, é interdito (art. 22). E ela acrescenta: "O bombardeio aéreo só é legítimo quando dirigido exclusivamente contra um objetivo militar, isto é, um objetivo cuja destruição total ou parcial constitui para o beligerante uma nítida vantagem militar" [...].

É preciso levar em consideração que o parecer do jurista foi publicado no livro de Macedo Soares, crítico da determinação de bombardeio do governo que, ao final da revolta, foi acusado pelo governo de cumplicidade com os rebeldes e ficou três meses preso no Rio de Janeiro. Trata-se, naturalmente, de um inimigo do governo, homem rico e bem posicionado que, exilado em Paris, se dedicou a atacar os inimigos, que o forçaram a deixar o país. A argumentação do jurista, no entanto, segue uma lógica: o chamado "bombardeio terrificante", ou "bombardeio à alemã", como já vimos, no qual os mais atingidos são civis não combatentes, não se coaduna com os princípios de uma guerra entre dois contendores, ambos militares e armados, portanto belicamente preparados, que têm a consciência da vida ou da morte em combate franco.

Desde meados do século XIX, as nações tentavam minimamente "regulamentar" a guerra moderna, na tentativa de evitar que seus danos ultrapassassem limites considerados aceitáveis. Assim, os Acordos de Haia de 1899 e 1907, além da Convenção de Genebra de 1840, proibiam ataques militares a bens de caráter social e a zonas especialmente protegidas, como reservatórios, represas e áreas vizinhas a igrejas e monumentos históricos. A norma se aplicava, também, a localidades sem valor estratégico e tampouco dotadas de instalações militares, como São Paulo. Nada disso, no entanto, foi observado pelos homens que determinaram o bombardeio à cidade. Como se pôde observar, em pouquíssimos momentos o ataque com bombas e granadas atingiu, de fato, objetivos militares, como quartéis, que deveriam ser seu principal objetivo, de modo a restringir a resistência por parte dos rebeldes. Pelo contrário, foram destruídas casas particulares e fábricas.

O ministro do Supremo Tribunal Federal (STF) à época, Manoel da Costa Manso (1876-1957), se mostrou, assim como Badesvant, um crítico da atuação do governo federal no caso, ao classificar o ataque militar como "um bombardeio desumano e criminoso, despejando os canhões sobre a cidade aberta, sem respeito à população civil". Em outro trecho de sua argumentação sobre o episódio — registrada na publicação *Responsabilidade civil do poder público pelos atos danosos dos seus agentes: A sedição de 1924* —, o jurista, ex-presidente do Tribunal de Justiça paulista, criticou o "bombardeio terrificante", a estratégia do governo para combater a revolução: "Esse bárbaro processo de combater rebeliões militares." Nesse sentido, o ministro brasileiro concordava com seu colega francês. O texto foi publicado em um memorial descritivo no qual a Companhia Antarctica Paulista pedia ressarcimento ao governo por danos causados à sua fábrica, na Mooca, durante a sedição.

Tendo a consciência de que seria acuado pelos inimigos por causa da determinação do bombardeio à cidade, o governo e seus aliados decidiram trabalhar com as mesmas armas para tentar neutralizar as críticas. O livro de Macedo Soares saiu em 1925. No entanto, ainda em 1924, outra obra, esta de autoria dos legalistas Cyro Costa e Eurico de Góes, *Sob a metralha*, esforçou-se para tentar comprovar uma tese contrária à do crime de guerra cometido por Bernardes e Campos ao mandar atacar a capital com armas de destruição em massa. Assim como Macedo Soares, os autores da obra se ancoraram em pareceres de juristas para defender uma tese temerária: se o governo tivesse optado pelo cerco, a população sofreria mais do que com um ataque direto às forças rebeldes. Nessa concepção, o bombardeio teria sido um "mal menor".

Durante a Revolução, a caixa-d'água do bairro da Luz foi ocupada por soldados legalistas, que tentavam desalojar os revoltosos no quartel-general da Luz. Os legais foram afastados após disparos de granadas que danificaram a construção.

As chamas e a fumaça dos pavorosos incêndios provocados pelos bombardeios podiam ser vistas por toda a cidade. Na imagem, a destruição causada por bombas legalistas nos armazéns Nazareth e Teixeira, na Mooca.

Logo após a deflagração da revolta, líderes rebeldes postaram sentinelas nos telhados do quartel-general no bairro da Luz, onde hoje fica o Quartel da Rota. Estes trocaram tiros com soldados da legalidade.

A população, que abandonara seus bairros em consequência dos bombardeios, foi amparada pela Igreja Católica, pela Associação Comercial, pela Prefeitura e pela Cruz Vermelha, em postos de atendimento aos desabrigados. Na foto, crianças refugiadas no Grupo Escolar da Lapa.

O êxodo, para fugir dos tiros e bombas, foi uma realidade dramática naqueles dias de conflito na cidade. A Prefeitura calcula em 250 mil o número de paulistanos que abandonaram suas casas para se refugiar no interior e até em outros estados.

Veterano do Contestado, o general Tertuliano Potiguara (ao centro) era um dos principais chefes militares da legalidade. Pouco tempo após a revolta, recebeu uma correspondência contendo uma bomba, que explodiu, dilacerando seu braço.

Usado pela primeira vez durante o conflito bélico na Revolução de 1924, o tanque de guerra francês fabricado pela Renault, um dos mais modernos da época, causou sensação entre os rebeldes ao ser utilizado. Dias depois, os revoltosos descobriram um meio de neutralizar o bólido.

Residência na rua 21 de Abril, no Belenzinho, bombardeada por soldados legais postados na Penha. Pelo impacto da granada no prédio, é possível perceber que a bomba caiu no teto, destruindo a coluna de sustentação. Ao lado, moradores observam o fotógrafo.

Famintos e desesperados, os moradores da capital saquearam muitos centros de distribuição de alimentos durante o episódio. Na foto, os armazéns da Companhia Puglisi, do industrial italiano Nicola Puglisi Carbone, são atacados pela população.

Líder das tropas revoltosas, o tenente João Cabanas (à esquerda), da Coluna da Morte, condecora soldados, ao lado do tenente Olympio. Temido pelos legalistas, que lhe atribuíam poderes sobrenaturais, Cabanas teve a cabeça posta a prêmio por 500 mil-réis após a conflagração.

O Externato Mattoso, na Mooca, com a fachada perfurada por tiros de metralhadoras, foi ocupado por soldados legais, que pretendiam vigiar os rebeldes, instalados no Cotonifício Crespi. O prédio, de propriedade de Anna Mattoso, ficou destruído. Ela recebeu indenização para reconstruir a escola.

Nos dias de hoje, o mesmo prédio abriga uma pizzaria, tradicional no bairro, onde se instalou uma grande comunidade italiana, boa parte calabreses e devotos de San Gennaro (São Januário). No passado, alguns integraram o Batalhão Italiano, que lutou ao lado dos rebeldes.

Na imagem, a tradicional Igreja do Rosário, no Cambuci, que fica em um ponto alto e foi disputada por rebeldes e legalistas. O templo, ocupado por soldados dos batalhões estrangeiros rebeldes, foi atingido por granadas, o que danificou sua estrutura. Até hoje, a estátua de um santo na entrada ostenta um dedo a menos.

Nos dias de hoje, o templo, erguido por uma das fundadoras do bairro, Eulália Assumpção, permanece no local, com sua arquitetura semelhante à de um castelo. A igreja era um ponto estratégico da cidade em 1924, quando ainda não havia prédios.

Uma das maiores indústrias têxteis do Brasil, o Cotonifício Crespi foi disputado entre os rebeldes, comandados pelo tenente Cabanas, e os legalistas do general Potiguara. Na imagem, o teto da fábrica, que tinha 6 mil operários, aparece destruído por granadas e bombas incendiárias atiradas pelos legais.

Nos dias de hoje, o prédio do Cotonifício Crespi, com sua característica arquitetura no estilo inglês, abriga um hipermercado. No prédio, iniciou-se, em 1917, a primeira greve geral da história de São Paulo. Seu proprietário era o conde italiano Rodolpho Crespi.

Costa e Góes usam como base o artigo "A rebelião de São Paulo e o Direito Internacional", de autoria do jurista Lemos Britto, publicada no jornal *A Notícia*, do Rio de Janeiro, em 22 de agosto de 1924, para defender a tese de que o governo agiu de forma legal ao bombardear São Paulo. No estudo, Lemos Britto faz questão de distinguir uma guerra civil, como a travada em São Paulo, de uma guerra convencional, de país contra país. Em sua interpretação, as normas de um conflito convencional não se aplicam à conflagração travada dentro do próprio país, que teria regras próprias:

> Mas a expressão — poupar cidades abertas — sempre deu lugar a discussões inúteis e contraproducentes. Que se deve entender por cidade aberta? A que não é cercada por fortificações? Era essa a concepção antiga, mas toda gente compreende que é uma concepção falsa. Por isso, Gefeken, com a sua imensa autoridade, discreteando a propósito da guerra civil do Chile em face do Direito Internacional, escreveu isto: "O sítio das praças fortes e defendidas é uma medida de guerra, legítima e necessária. A legitimidade da agressão não depende de fato da fortificação, senão da defesa da praça à mão armada. É ilegítimo bombardear uma fortaleza que abre as suas portas, é necessário atacar uma cidade aberta que é defendida militarmente."

Para Costa e Góes, o fato de os rebeldes estarem armados, inclusive com artilharia e armamento pesados, poderia justificar o ataque com bombas e granadas à cidade. Segundo os autores, o governo atendeu aos flagelados na medida de suas possibilidades e avisou, dias antes, que iria promover um ataque decisivo à capital paulista. Trata-se de um argumento falacioso. Na verdade, o governo avisou, dia 26 de julho, por meio de boletins lançados por aviões, que faria um ataque decisivo. A população já era atacada havia 15 dias. Além disso, lembra Macedo Soares, os paulistanos não tinham a menor condição de se retirar, já que não havia trens ou estradas capazes de evacuar cerca de 400 mil pessoas que ainda se encontravam na capital, fora as que já haviam deixado a cidade. O ataque final só não ocorreu porque os rebeldes resolveram retirar-se de São Paulo na madrugada daquele mesmo dia. Para os autores:

> Imperdoável seria ele se o governo, tendo de empregá-lo [o bombardeio] para desalojar os sediciosos, esquecesse as prescrições humanas e elevadas que o direito estabelece para o bombardeio na guerra internacional. A sua falta, digamos melhor, o seu crime, seria sem perdão. Que prescrições são essas? A da notificação prévia, a da permissão aos civis de se retirarem da cidade, a de não alvejar senão os redutos de concentração dos inimigos. Violou o governo com estas regras imprescritíveis? [...] não violou. Ele não só permitiu a saída da população civil como a convidou, dois dias antes, a precatar-se contra os possíveis desvios dos tiros de seus canhões. Ele a ajudou a retirar-se e lhe forneceu abrigo e sustento, na medida do possível. Ele determinou que a artilharia poupasse a cidade, e raros foram os tiros desviados dos seus objetivos. Com tantas horas de tiros ininterruptos sobre as posições dos rebeldes, São Paulo estaria fora do mapa das cidades do Brasil se essa ordem não fosse cumprida, ou o fosse com descaso. O mais que aconteceu, levamos à conta da fatalidade desse momento impatriótico.

Costa e Góes citavam "raros tiros" que se desviaram dos seus objetivos, ao tentar justificar a ação governamental e alegar que a cidade estaria "fora do mapa" se as ordens para evitar tiros contra a população não tivessem sido cumpridas. Atribuem ainda à "fatalidade desse momento impatriótico" o que aconteceu a mais. A julgar pelo que afirmavam os escritores, a história do bombardeio a São Paulo nesse episódio está repleta de "fatalidades impatrióticas", já que nada menos que 1.800 prédios, segundo o insuspeito relatório do prefeito Firmiano Pinto, foram destruídos pela ação da artilharia governista. Pouco à frente, ambos explicitam o que o bombardeio evitou, ao menos em sua visão, fazendo coro com as preocupações de outro escritor legalista, Aureliano Leite: o extermínio do exército legal.

> Havia outro meio mais humano e mais pronto, quando os revoltosos dispunham de artilharia e a empregavam contra as forças atacantes?... os meios de ação, ali, a não ser este, só poderia ser o da tentativa de rendição pela fome e a tomada de assalto da cidade. Tomar de assalto uma cidade defendida por trincheiras, por aeroplanos, por cavalaria, por metralhadoras e sobretudo por artilharia, tudo isso combatendo de dentro da massa do casario urbano, seria levar ao extermínio o exército legal e expor ainda mais a população inocente ao sacrifício de um combate leonino, pelejado dentro de suas ruas e de suas casas.

Aos dois autores de *Sob a metralha*, assim como a Leite, autor de *Dias de pavor*, ambos livros francamente governistas, respondeu o jornalista de *O Estado de S. Paulo*, Antônio dos Santos Figueiredo, que também viveu o período e conta no livro *1924: Episódios da revolução em São Paulo* as suas memórias do conflito:

> Já saíram vários livros sobre esses sucessos sangrentos. Ainda estava em São Paulo e ouvi apregoar *Dias de pavor*, de Aureliano Leite, e *Sob a metralha*, de Cyro Costa. Não os quis ler: imaginei tratar-se de apologias às "autoridades constituídas" e nada pior que ler trabalhos dessa natureza: ingurgitam-nos, sufocam-nos com adjetivos e misérias. E não me enganei; alguns trechos de tais obras, transcritas pelos jornais, revelam a subalternidade dos escritores mencionados. Essas obras não eram depoimentos para a História, mas arranjos para o presente [...].

Difícil ser mais cristalino que Figueiredo, jornalista de esquerda com algumas ligações com o movimento anarquista, na avaliação dos colegas escritores. Em seu artigo "O Direito Internacional e a Revolução de 1924 em São Paulo", o advogado Rui Décio Martins, vice-diretor da Faculdade de Direito de São Bernardo e especialista em Direito Internacional, demonstra o que prescrevia o Direito Internacional da época no que dizia respeito a ataques com bombas a cidades abertas — não protegidas por fortificações e muros —, como era São Paulo na ocasião. O autor do livro *Le Droit International codifié et sa sanction juridique* (Paris, 1890), Pasquale Fiore, citado pelo articulista, diz que:

> O bombardeio só poderá ser empregado em tempo de guerra, como meio direto de obter a rendição de uma fortaleza ou uma praça fortificada qualquer, ou como meio auxiliar de bloqueio e operações de sítio.

De forma semelhante se posiciona o jurista brasileiro Clóvis Bevilacqua, na obra *Direito Internacional público*, também citado por Martins: "Artigo 260 — É proibido atacar ou bombardear cidades, aldeias, habitações ou construções não defendidas."

Ambos, como se pode observar, concordam, em linhas gerais, com as premissas adotada por Jules Badesvant e Costa Manso. Há, no entanto, conforme revela o próprio artigo de Martins, uma segunda leitura para a questão. A lei, como se sabe, sempre permite algum grau de interpretação. Em resposta a uma consulta da legação italiana de 11 de maio de 1895 — publicada em Bevilacqua, e citada por Rui Décio Martins —, o ministro do Supremo Tribunal Federal, Carlos de Carvalho, lembra que operações de guerra eram "atos de necessidade pública, que legitimavam o estado a bombardear uma cidade". Assim, como atos de guerra, excluíam a hipótese de responsabilidade, por serem de força maior, não cabendo aos indivíduos, salvo raras exceções, o pedido de indenização pelos danos sofridos. A legação da Itália pedia a indenização a nacionais moradores em São Paulo por força de danos materiais sofridos em conflitos internos.

Assim como o ministro, outros especialistas na legislação que tratava do ataque a cidades abertas deixaram claro que havia algumas hipóteses que poderiam legitimar, pelo próprio Direito Internacional, esse ato dos governos. Lafayette Rodrigues Pereira, na obra de sua autoria *Princípios de Direito Internacional*, tomo II, afirmava:

> Não há razão para bombardear as cidades abertas, isto é, quando não são protegidas por fortificações e obras de defesa. Mas se a cidade aberta abriga em seu seio o inimigo, se resiste levantando barricadas e convertendo em trincheiras e redutos as casas e edifícios, os muros e os acidentes do solo, desaparece a imunidade e ela entra na condição das fortificadas e pode ser legalmente bombardeada.

Mais uma vez citado por Martins, Bevilacqua esclarece:

> O bombardeio deve ser dirigido contra as fortificações da cidade e suas dependências e não, intencionalmente, contra a parte habitada pela população civil, a fim de movê-la a influir sobre a guarnição, para que não persista na resistência.

O bombardeio em São Paulo, como se pôde observar, não se destinou às fortificações — salvo em raríssimos casos — ou às suas dependências, mas sim, em maior intensidade, à "parte habitada pela população civil", como destacava o texto do jurista Clóvis Bevilacqua. Esta é que, efetivamente, sentiu os efeitos do bombardeio. É fácil, então, concluir que o governo de Arthur Bernardes, secundado por Carlos de Campos, cometeu um hediondo crime de guerra ao bombardear indiscriminadamente São Paulo, destruindo civis em vez de soldados, prontos para o combate e para matar ou morrer em um confronto franco.

É o que se depreende da opinião dos juristas que debateram o tema: eventualmente, em uma situação especial, a cidade poderia ser bombardeada, mas apenas nos pontos de concentração dos militares e em seus depósitos. Não foi o que ocorreu. O ataque militar se deu em áreas densamente ocupadas por civis, alheios ao conflito e desarmados. E tinha a intenção de fazer o que o jurista destaca: "influir sobre a guarnição, para que não persista na resistência". Esse é o efeito do "bombardeio terrificante". Naturalmente, a população civil foi a mais penalizada, muito mais que os próprios rebeldes, deliberadamente "poupados" por seus inimigos.

Na documentação disponível, em nenhum momento o presidente Arthur Bernardes ofereceu sua versão para as razões do bombardeio a São Paulo. Em pronunciamentos posteriores, ele não se referiu a esse tema especificamente. Prefeito de São Paulo entre 1956 e 1967 e deputado federal pelo PTB, Vladimir de Toledo Piza contou em sua obra *O dinheiro do Brasil* que em 1946, em sua casa — na rua Valparaíso, na Tijuca, Rio de Janeiro —, Bernardes lhe confidenciou a razão de ter determinado o bombardeio contra a capital paulista. De acordo com ele, isso ocorreu porque o presidente havia recebido informações confidenciais do Itamaraty segundo as quais os Estados Unidos estariam aprestando uma frota para invadir e tomar o Amazonas, em face da "fraqueza do governo central brasileiro", demonstradas nas revoltas de 1922 e 1924. A abertura do rio Amazonas à navegação era uma obsessão do governo americano desde o século XIX, e o governo brasileiro não parecia disposto a fazer essa concessão.

Para evitar tal risco, Bernardes determinou às tropas federais que bombardeassem a cidade noite e dia. O general Tertuliano Potiguara teria, de acordo com o relato, se negado a fazê-lo: "A ordem é ilegal. As leis da guerra proíbem o bombardeio de cidades abertas. Aqui, a luta é entre irmãos, mais uma razão para não ser executado o bombardeio", disse. Chamado ao Palácio do Catete, o oficial teria tido acesso ao relatório do Itamaraty e se convencido da necessidade de "consolidar o prestígio do governo", optando pela ação bélica, o que demonstraria ao mundo que o Brasil poderia defender seu território de agressões externas.

A história parece pouco verossímil: o presidente dos Estados Unidos na ocasião era Calvin Coolidge, um republicano visto como tímido e pouco dado a ações militares no exterior, que na primeira mensagem ao Congresso, em 1923, defendeu o isolacionismo americano, bem diferente de Theodore Rooselvelt (1901-1909), pai da teoria do *big stick* (o grande porrete), que levou a intervenções americanas em Cuba, no Panamá e na República Dominicana durante seu mandato.

Aliás, naquele ano de 1924, os americanos interviram na Nicarágua, em Honduras e na República Dominicana, com tropas de *marines*, eventualmente combatendo militares nacionais. Era o evento conhecido como "Guerra das Bananas", em que tropas daquele país protegeram interesses econômicos de seus empresários, especialmente da área frutífera, na América Central. No entanto, é importante lembrar que Bernardes se esforçou para deixar à posteridade uma imagem de nacionalista inflexível e protetor das riquezas naturais brasileiras, o que se coaduna com a versão que apresentou ao escritor para o seu gesto, embora muito pouco provável.

Na biografia autorizada do presidente intitulada *Arthur Bernardes: Estadista da República*, de autoria do advogado Bruno de Almeida Magalhães, o tema movimento militar de 1924 é praticamente esquecido. Na verdade, entra apenas com uma breve citação no capítulo 22, intitulado "Ciclo revolucionário", no qual se descrevem também outros levantes que Bernardes enfrentou à frente da Presidência da República. O episódio é citado, mas apenas de passagem. Não se comentam os bombardeios, a repressão posterior ao levante ou outros assuntos com potencial de prejudicar a imagem pública do então já ex-presidente.

Magalhães reproduz o documento intitulado "Manifesto à Nação", publicado em novembro de 1924, no qual Bernardes faz a defesa de suas atitudes na repressão aos movimentos de 1922 e 1924. No texto, distribuído em folhetos nas escolas de Minas Gerais, em especial na sua Viçosa natal, e publicado em alguns jornais, o presidente oferece suas razões para a repressão — acusando os inimigos militares e civis de ladrões do Tesouro Público — e procura explicar por que não pretendia anistiar os rivais, como era o desejo de parte da opinião pública nacional no período. Também aproveita para criticar o uso dos estrangeiros, que chama de "mercenários", pelos rebeldes de 1924:

> O momento exige que eu fale com franqueza sobre as causas aparentes e alegadas dos movimentos subversivos, já que as causas reais, não confessadas, são a ambição desregrada do poder e a posse do Tesouro Público, como resulta dos processos de saque e roubo que, de par com o emprego de mercenários estrangeiros, adestrados pela Grande Guerra, foram pela primeira vez usados para vergonha nossa na história de nossas revoluções! As paixões mal extintas da campanha presidencial, cujos indignos processos não podiam deixar de gerar frutos indignos, foram o fermento cultivado pela desvairada ambição do momento em que, eleito pela vontade do povo, me dedicava, com serenidade de ânimo, ao desempenho das funções de presidente da República.

Em outro trecho, o presidente ataca a proposta de anistia defendida por vários parlamentares de oposição, em benefício dos rebeldes, cujo propósito, de acordo com senadores e deputados, era pacificar o país, dividido por força dos dois movimentos armados:

> Rebelam-se com intuitos inconfessáveis e procuram mascarar esses intuitos com a reclamação da anistia, tentando comover a alma generosa e boa de nossos patrícios. A anistia é medida política que a Nação outorga espontânea e livremente em seu próprio benefício, mas não é nem pode ser um favor que se exija de armas nas mãos contra ela mesma e contra os seus representantes. São estas as verdades que precisavam ser ditas, para que a bondade do povo não se deixe iludir. Revoltam-se para obter anistia... E antes, por que se revoltaram? Rebelam-se para obter o perdão do crime e, no entanto, o repetem, o agravam e o proclamam. Não! Defenderei até o último alento da minha vida o prestígio da autoridade que me foi entregue e isso justificará a confiança em mim depositada.

Como será visto no capítulo 7, o presidente Arthur Bernardes se negou a transigir e, de alguma forma, negociar com seus inimigos militares e civis. Ao que parece, a palavra "negociação" não existia em seu vocabulário. Passada a ressaca da revolta, a repressão à "mazorca" começou com força. Na verdade, a repressão aos opositores parlamentares, jornais de oposição, anarquistas, comunistas, militares e outros se iniciou no mesmo dia em que a revolta militar eclodiu em São Paulo, estendendo-se para outros períodos e sendo executada, com força, logo após a retirada dos rebeldes em direção ao interior do estado de São Paulo.

Até mesmo o próprio presidente da República, em autocrítica que lhe foi atribuída quando atuou como deputado federal e publicada no jornal *Última Hora* de 17 de novembro de 1967, reconheceu que o papel que protagonizou durante seu mandato — transcorrido praticamente em estado de sítio — não foi exatamente o de um estadista. No texto, de autoria do repórter Manuel Bispo, Bernardes, que havia morrido em 1954, teria dito, em desabafo durante sessão da Câmara:[1]

> [...] como presidente da República, eu fui apenas um chefe de polícia. E chefe de polícia ante as pressões revolucionárias, só sabia fazer uma coisa: prender, perseguir, conter pelo terror.

Em favor de Bernardes, entretanto, pode-se dizer que possivelmente nenhum outro presidente da chamada República Velha enfrentou tantas adversidades durante o mandato. Ainda no calor da campanha à Presidência da República, que disputou com Nilo Peçanha, da Reação Republicana, em 1922, o presidente foi tema de uma música, que acabou virando marchinha de carnaval daquele ano, na qual era chamado de "seu Mé". Ele odiava a letra e determinou a prisão do seu autor, o compositor Freire Júnior, que a assinou com o pseudônimo "O Canalha das Ruas" — uma referência ao fato de Bernardes assegurar que era "a canalha das ruas" que se insurgia contra seu governo —, e do intérprete, Bahiano. Ambos foram presos tão logo Bernardes entrou no Catete.

A referência ao "seu Mé" se devia à característica física de perfil afilado do presidente, que lembrava o de um carneiro. Bernardes também recebeu outros apelidos da oposição, tais como "rolinha", em razão de sua magreza; "o calamitoso"; e "o réprobo de Viçosa", usados à exaustão nas campanhas eleitorais. A seguir, a letra da música, tocada durante a campanha à Presidência de 1922:

> *Ai, seu Mé!*
> *Ai, seu Mé!*
> *Lá no Palácio das Águias, olé!*
> *Não hás de pôr o pé...*
> *O zé-povo quer a goiabada campista;*
> *Rolinha, desista.*
> *Abaixa essa crista...*
> *Embora se faça uma bernarda a cacete,*
>
> *Não vais ao Catete!*
>
> *O queijo de Minas está bichado, seu Zé,*
> *Não sei por que é, não sei por que é*
> *Prefira bastante apimentado, iaiá*
> *O bom vatapá,*
> *O bom vatapá!*

A referência à "goiabada campista" ocorreu porque Nilo Peçanha, adversário de Bernardes na eleição, era fluminense de Campos, no interior do Estado do Rio. O verso final, que se refere à Bahia, em oposição ao "queijo bichado" de Minas, terra de Bernardes, aparece na letra por causa da presença do político baiano J. J. Seabra como vice de Nilo Peçanha. Com a vitória de Bernardes, Seabra sofrerá intervenção federal no seu estado. O Catete era o palácio da Presidência da República quando a capital federal ficava no Rio de Janeiro. Seu antigo nome era Palácio das Águias, por causa das aves de metal em sua fachada. Bernardes acabou eleito naquela eleição por 466.877 votos, o que correspondia a 56% do eleitorado, mas representava apenas 3% da população total do país. Nilo Peçanha (1864-1924) recebeu 317.714 votos. Durante a chamada República Velha, as eleições eram viciadas e havia ainda o fenômeno do "curral eleitoral" em que até os mortos "votavam" nos candidatos da situação. Dessa forma, a oposição jamais ganhava um pleito.

Além das mortes no bombardeio e nos tiroteios, os paulistanos ainda teriam muito a lamentar. Como será visto no capítulo 7, os governos federal e estadual foram "pródigos" na aplicação de penas a rebeldes, mas também a simpatizantes e até a quem não tinha relação com o movimento mas, por alguma razão, havia demonstrado algum tipo de apoio à rebeldia.

Já a população, ao menos em parte, apoiava os rebeldes, como se pode inferir das marchinhas populares reproduzidas por Zélia Gattai em seu livro *Anarquistas, graças a Deus*, naqueles dias tormentosos:

Fala a metralha, responde o canhão
O Isidoro Lopes vai ganhar a revolução
O Isidoro não tem medo
Nem tampouco tem preguiça
Vai fazer de Arthur Bernardes
Um pedaço de linguiça

4
As tentativas de negociação

O comando-geral das forças legais exige a delimitação dos pontos da cidade, livres da presença das forças rebeldes, isolando, assim, a população de São Paulo dos efeitos de sua ação militar.*

Houve pelo menos seis tentativas de cessar o bombardeio que trazia inúmeros danos à cidade e seus habitantes. Todas partidas de lideranças civis da cidade, como o presidente da Associação Comercial, José Carlos de Macedo Soares, o prefeito Firmiano de Morais Pinto, o arcebispo metropolitano, d. Duarte Leopoldo e Silva, o presidente da Liga Nacionalista, Frederico Steidel, e o diretor de *O Estado de S. Paulo*, Júlio Mesquita, foram imediatamente rechaçadas pelo governo e seus representantes.

Na primeira tentativa, d. Duarte e o presidente da Liga Nacionalista, Frederico Steidel, enviaram mensagem telegráfica ao presidente Arthur Bernardes solicitando sua "intervenção caridosa para fazer cessar bombardeio contra a inerme cidade de São Paulo, uma vez que as forças revolucionárias se comprometem a não usar seus canhões em prejuízo da cidade". O pedido foi reforçado por telefonema do prefeito Firmiano Pinto ao marechal Fernando Setembrino de Carvalho, ministro da Guerra. A resposta do governo federal veio nas duras palavras do ministro, em telegrama ao prefeito:

---

* Essa foi a condição exigida pelo general Eduardo Sócrates, comandante das forças legalistas, aos rebeldes e aos líderes civis para que os legalistas não atirassem contra a cidade, evitando a morte de moradores neutros. Naturalmente, os rebeldes não poderiam cumprir esse pedido do oficial. Significaria perder uma vantagem estratégica importante, ao dar de bandeja para o adversário a localização de suas tropas.

Não podemos fazer a guerra tolhidos do dever de não nos servirmos da artilharia contra o inimigo, que se aproveitaria desta circunstância para prolongar sua resistência, causando-nos prejuízos incomparavelmente mais graves do que os danos do bombardeio. Os danos materiais de um bombardeio podem ser facilmente reparados, maiormente quando se trata de uma cidade servida pela fecunda atividade de um povo laborioso. Mas os prejuízos morais, esses não são suscetíveis de reparação.

Uma segunda tentativa de paz foi feita dias depois, em 22 de julho. Em carta dirigida ao presidente da República, líderes como Macedo Soares, Firmiano Pinto, o arcebispo d. Duarte, o arquiteto Francisco de Paula Ramos de Azevedo (o mais famoso e conceituado de São Paulo na época), o senador João Sampaio, o banqueiro José Maria Whitaker, o jornalista Júlio Mesquita e o presidente da Liga Nacionalista, Frederico Vergueiro Steidel, pediram "clemência" para a cidade. Da mesma forma, não houve acordo com o governo do presidente Arthur Bernardes.

Com a continuação da luta, houve uma terceira tentativa que, como as duas anteriores, também não deu resultado. O presidente da Associação Comercial apelou ao general Abílio de Noronha, ainda no dia 16, para que intercedesse junto ao governo federal a fim de evitar "o arrasamento de São Paulo". O general Abílio, embora prisioneiro dos rebeldes, respondeu no mesmo dia ao presidente da Associação Comercial, pedindo que esclarecesse "o que se pretende seja transigido pelo governo da República". Cientificado dos entendimentos, o general Isidoro escreveu ao general Abílio, no dia 17, estabelecendo como condições mínimas "para depor as armas", entre outras, "a entrega imediata do governo da União a um governo provisório composto de nomes nacionais de reconhecida probidade e de confiança dos revolucionários", cabendo-lhe, entre outros compromissos, o de convocar uma Assembleia Constituinte. Considerando inaceitáveis as exigências, já que não poderia pedir a retirada do presidente da República, seu chefe direto, do cargo, o general Abílio recusou-se a colaborar, fracassando, assim, essa nova tentativa de mediação.

Os cônsules das várias comunidades estrangeiras estabelecidas na cidade tentaram negociar o fim do bombardeio, também sem sucesso. Segundo o jornal *O Estado de S. Paulo*, na edição de 15 de julho de 1924, representantes das colônias estrangeiras se reuniram com representantes dos rebeldes e da legalidade para "evitar a calamidade de que se achava ameaçada a capital".

> Os membros da sociedade consular reuniram-se, para esse fim, no dia 11, na sede do consulado italiano. Entre eles, por unanimidade, ficou deliberado que se fizesse um esforço no sentido de conseguir dos beligerantes que não fossem usados os canhões nessa luta, ou que, pelo menos, se atenuasse a ação da artilharia. Assente isso, nomearam uma comissão composta dos srs. Comm. Dolfini, representante da Itália, e decano dos cônsules; sr. dr. J. A. de Magalhães, de Portugal; e capitão Sala, vice-cônsul da Itália.
>
> Essa comissão, depois de conferenciar, no mesmo dia, com o sr. prefeito municipal, dirigiu-se ao quartel da Luz, e ali expôs ao general Dias Lopes os motivos que a levaram até a sua presença. O chefe das tropas revolucionárias, sob palavra de militar, declarou que renunciaria ao uso de artilharia, caso seus adversários tivessem igual procedimento.
>
> As três autoridades consulares, a 12 do corrente, às 9 horas e meia, seguiram em automóvel, acompanhadas de um tenente e um soldado revolucionário, de armas embaladas, para o quartel-general das tropas legalistas. No lugar onde se encontra a última trincheira dos revoltosos, o oficial e o soldado desceram do automóvel, e indicaram aos cônsules o caminho que os devia conduzir ao local desejado.
>
> Foram recebidos, no local, pelos srs. dr. Carlos de Campos, presidente do estado; dr. Bento Bueno, secretário de Justiça. Também ali se encontrava o general Eduardo Sócrates, comandante-geral das forças fiéis. O dr. Carlos de Campos conversou com os representantes dos países estrangeiros, mostrando-se muito interessado pela sua justa

e humanitária ação. S. Exa. particularmente também era da opinião que se devia poupar a nossa cidade dos estragos inevitáveis de um bombardeio; entretanto, como se tratava de uma questão técnica, falecia-lhe competência para providenciar. Em todo caso, prometeu, no que fosse possível, influir junto ao comando-geral das tropas.

O general Eduardo Sócrates, depois de ouvir o apelo dos cônsules, e de trocar ideias com os seus subordinados, estabeleceu, para não prejudicar o povo com o bombardeio, a seguinte preliminar aos revolucionários: "O comando-geral das forças legais exige a delimitação dos pontos da cidade, livres da presença as forças rebeldes, isolando assim a população de São Paulo dos efeitos de sua ação militar."

Naturalmente, essa era uma exigência que o general Isidoro Dias Lopes não poderia cumprir. Significava repassar aos legalistas — contra todos os princípios bélicos de estratégia e prudência — exatamente em que local estavam os rebeldes, seus armamentos, armazéns e munições, o que daria aos legalistas, seus oponentes, uma grande vantagem estratégica. Isso equivaleria a fazer com que os rebeldes "entregassem o ouro ao bandido", na linguagem popular. Depois de ouvir as exigências, o chefe revoltoso negou-se terminantemente a cumpri-las. Ainda assim, o cônsul italiano procurou o general rebelde para saber sua resposta ao pedido dos legalistas. Isidoro respondeu em nota:

> A preliminar significa, nada mais nada menos, que o sr. general chefe das forças legalistas quer um "croquis" em que sejam indicados, ponto por ponto, as posições ocupadas pelos revolucionários. Nestas condições, o sr. general Isidoro deixa ao alto critério do sr. cônsul da Itália dizer se é possível responder à preliminar.

De acordo com Macedo Soares, ele mesmo transmitiu a resposta do ministro da Guerra ao general Isidoro Dias Lopes, que, em sua presença, escreveu uma declaração, depois enviada aos jornais:

O sr. Comandante-Chefe das tropas revolucionárias ao tomar conhecimento da resposta do sr. Ministro da Guerra declarou que: "A população de São Paulo e o chefe das forças legais são testemunhas de que as Forças Revolucionárias estão aceitando combate em campo aberto. E a prova está em que, tendo havido extraordinário canhoneio durante a noite de ontem, a cidade não recebeu nenhuma granada."

Como última tentativa de evitar o caos que seria o prometido "bombardeio total e iminente" da cidade, o general Isidoro voltou a solicitar a intermediação do presidente da Associação Comercial e do general Abílio de Noronha para obter um armistício. Segundo Macedo Soares em seu livro *Justiça*, os oficiais revolucionários declararam

> que se realmente entendíamos que o caso revolucionário deveria ser solucionado rapidamente para evitar as consequências futuras da continuação da luta, estavam eles, revolucionários, dispostos a depor as armas mediante a anistia ampla que havíamos lembrado, desde que ela beneficiasse aos implicados nas revoltas de julho de 22 e 24. Acrescentou o capitão Jesus que o general Isidoro havia resolvido aceitar o reiterado oferecimento do general Abílio de Noronha para pleitear uma anistia ampla a fim de se pôr termo à luta, e para que o ilustre militar pudesse negociar a deposição das armas seria preciso que pedíssemos ao general Sócrates um armistício.

Macedo Soares escreveu duas cartas dirigidas ao presidente Carlos de Campos e ao general Sócrates e pediu que Paulo Duarte, escritor e futuro jornalista, as levasse aos legalistas, em Guaiaúna. O emissário precisou cruzar a cidade de Guarulhos para levar a correspondência a Guaiaúna, atravessando o rio Tietê, enfrentando enormes perigos para chegar. Depois, a decepção se instalou. Sócrates se negou a responder a missiva e Campos afirmou que "a granada seria a resposta", ou seja, seria ordenada a intensificação do bombardeio contra a cidade. Na carta, o empresário apôs alguns termos que provocaram a ira dos governistas:

> O ânimo da leal e fiel população de São Paulo está abatido, pois compara com azedume o tratamento generoso que tem recebido dos revolucionários com a desumanidade inútil do ininterrupto bombardeio. A vitória de qualquer das partes combatentes, se não for imediata, não mais salvará o estado de São Paulo, e portanto o Brasil, da mais desoladora ruína. A continuação da luta, notadamente da terrível guerra de movimento, acarretará, por certo, a falência do país, além da morte de muitas dezenas de milhares de civis inermes e de valorosos militares de parte a parte.

Segundo o portador da missiva, Paulo Duarte, o presidente Carlos de Campos e o secretário de Justiça Bento Bueno ironizaram os termos da carta, em especial quando Macedo Soares se referiu à "guerra de movimento", e culparam o general Abílio de Noronha, a quem chamaram de "bailarino," pela eclosão da revolta. Noronha, que estava em um baile oferecido pela Legação Americana quando se iniciou o episódio, foi criticado por não notar a conspiração em forças sob sua responsabilidade. De resto, fizeram questão de destacar que não se esforçariam para obter do governo o fim do bombardeio sobre a cidade. Ao contrário, o fariam com mais vigor.

Em nova tentativa — a sexta — de parar o ataque, o prefeito Firmiano Pinto chegou a viajar ao Rio de Janeiro, então capital federal, no dia 24 de julho, para tentar obter alguma negociação que poupasse a cidade do bombardeio. Voltou desolado. Não haveria acordo, nem esperança de trégua. O governo estava firmemente decidido a destruir a cidade, se fosse o caso, para garantir o "princípio da autoridade". Em sua obra, *Férias de julho*, o padre Luiz Marcigaglia registrou o impasse, que ameaçava ainda mais a tranquilidade da população:

SÃO PAULO DEVE SER DESTRUÍDA

Voltou do Rio de Janeiro o dr. Firmiano Pinto. Trouxe a resposta de que o conflito só pode acabar com a vitória completa do governo [...] no céu plúmbeo, toldado pela fumaça dos incêndios, passam os aeroplanos ameaçadores espalhando boletins: um aviso do general Setembrino, ministro da Guerra, pedindo a retirada da população.

O autor se referia a um panfleto, jogado pelos aeroplanos governistas na cidade no dia 26 de julho, no qual a população teria mais uma demonstração da determinação do governo federal de esmagar a revolta a qualquer preço, mesmo com o sacrifício dos moradores da capital: uma declaração, assinada pelo ministro da Guerra, marechal Setembrino de Carvalho, na qual "pedia" à população que saísse da cidade, deixando os rebeldes largados "à própria sorte" para possibilitar um ataque final contra a sedição. Era uma ameaça de ataque total, talvez um bombardeio em larga escala, que destruiria a capital. E não havia condições para evacuar a população. Tratava-se da sentença de Catão, "Cartago deve ser destruída", aplicada a São Paulo:

À POPULAÇÃO DE SÃO PAULO

As tropas legais precisam de agir com liberdade contra os sediciosos que se obstinam em combater sob a proteção moral da população civil, cujo doloroso sacrifício nos cumpre evitar.

Faço à nobre e laboriosa população de São Paulo apelo para que abandonem a cidade, deixando os rebeldes entregues à própria sorte.

É esta uma dura necessidade que urge aceitar como imperiosa, para pôr termo, de vez, ao estado de coisas criado por essa sedição que avilta os nossos créditos de povo culto.

Espero que todos atendam a este apelo, como é preciso, para se pouparem os efeitos das operações militares que, dentro em poucos dias, serão executadas.

Rio de Janeiro, 24 de julho de 1924.

Macedo Soares registra, em seu livro *Justiça*, o temor que a determinação inspirou:

> Era, iniludivelmente, a ameaça de um bombardeio geral, de completa destruição da cidade, indistinto, sem tréguas, sobre a zona edificada, não onde estivesse, mas onde pudesse estar um soldado rebelde. Ao mesmo tempo, tornava-se impossível a condição imposta pelo sr. ministro da Guerra para poupar os civis. O apelo para evacuar a cidade era praticamente inatendível.
>
> A despeito do êxodo contínuo da população paulista, durante vinte dias, por todas as estradas de ferro e por todas as estradas de rodagem disponíveis, restavam em São Paulo ainda para mais de 400 mil pessoas inermes, que por circunstâncias diversas não puderam, nem poderiam se retirar. Não é fácil, ao espírito mais desprevenido, aceitar a possibilidade de evacuação completa, em alguns dias, de uma massa de população de mais de 700 mil almas. No caso de São Paulo, então, ela ultrapassava a própria capacidade de escoamento das vias de comunicação disponíveis dado que barrados estavam os caminhos para Santos e para o Rio, utilizadas exclusivamente por tropas legalistas as estradas de ferro Inglesa e Central do Brasil e no mesmo mister impedidas as estradas de rodagem das zonas por elas servidas.
>
> Restavam apenas as saídas por Jundiaí e pela Sorocabana dificultadas enormemente pela escassez de trens. Intensificou-se a indignação popular. Encurralado em São Paulo onde o retinha a impossibilidade irremediável de dali sair, não concordava o povo em ser desumanamente assassinado.

O presidente da Associação Comercial, então, foi à Estação da Luz, onde estava instalado o quartel-general das tropas de Isidoro Dias Lopes, e informou a este que a última tentativa de paz havia fracassado. Segundo o autor, Dias Lopes lhe respondeu:

Oficiei hoje ao cônsul da Inglaterra que, se a artilharia legalista não romper fogo de hoje para amanhã, nada tem a cidade a temer, pois dentro de 24 horas darei solução satisfatória para esse caso. A população pode ficar tranquila porque não será mais bombardeada.

Alta noite as tropas revolucionárias partiram de São Paulo, caminho desconhecido.

Esse foi o último ato da tragédia de São Paulo. Depois do aviso terminante de que seria efetuado um bombardeio total, as tropas revoltosas decidiram retirar-se. O comboio com 3,5 mil soldados, canhões, armamento em geral, cavalos e víveres retirou-se na madrugada do dia 28 de julho. Na retirada, ao comentar o cruel bombardeio legalista, o general Isidoro Dias Lopes disse que não queria ser "o coveiro de São Paulo".

Talvez fosse o caso de se perguntar se o presidente Arthur Bernardes poderia agir de outra forma, diante de inimigos poderosos e bem armados, que tomaram, a ferro e fogo, a segunda cidade mais importante do Brasil. É possível imaginar que poderia. Havia até um exemplo muito próximo. No dia 19 de julho, já com a capital paulista sob bombardeio, um avião pequeno dos revoltosos, pilotado por Anésia Pinheiro, aviadora paulista que simpatizava com os rebeldes, sobrevoou o navio da legalidade *Minas Gerais* e jogou flores em seu convés, com um bilhete: "E se fossem bombas?" Não foi hostilizada pelos canhões antiaéreos legalistas.

O comandante militar de Santos, o almirante José Maria Penido, evitou atirar contra o aeroplano, embora ele tivesse sido detectado pelas tropas da Marinha que o guarneciam. A razão desse procedimento, esclareceu, foi "evitar mortes de civis e danos materiais à cidade". Nesse sentido, o almirante agiu, conforme lembra Macedo Soares, "com muito mais critério e humanidade" que o presidente, nominalmente seu chefe, que determinou o ataque terrestre e aéreo contra uma cidade aberta e desprotegida, em especial contra sua população, já que os rebeldes sofreram pouquíssimos danos com as incursões governistas.

5
As cartas da Revolução

Trocadas entre seus principais líderes, o general Isidoro Dias Lopes, o coronel Miguel Costa, o tenente João Cabanas, o major Simas Enéas e personagens importantes da sociedade, como o presidente Arthur Bernardes e o escritor Monteiro Lobato, as cartas, de propriedade do Instituto Histórico e Geográfico Paulista, estão atualmente sob a guarda do Arquivo do Estado de São Paulo. Na verdade, apenas parte dessa correspondência se refere à Revolta de 1924, embora esteja arquivada com esse título. Um percentual importante está relacionado à Coluna Miguel Costa-Prestes, episódio posterior ao movimento rebelde paulista, mas do qual participaram os mesmos personagens.

Ajudante de ordens e secretário do principal líder do movimento, o general Isidoro Dias Lopes, o tenente Simas Enéas, que participou da revolução em São Paulo e depois prosseguiu na Coluna Prestes, exilando-se posteriormente na Bolívia e Argentina, é o destinatário da maior parte da correspondência. A razão é que, quando alguém queria falar ao general, inicialmente se correspondia com esse oficial, um dos responsáveis pela tomada do prédio dos Telégrafos, no primeiro dia da Revolução, ao lado do então tenente Filinto Müller, da Artilharia de Quitaúna. Müller se tornaria um dos principais carrascos sob as ordens de Getúlio Vargas no Estado Novo, na condição de chefe de polícia. Seria responsável pela prisão de Luís Carlos Prestes e Olga, em 1935.

Somente uma pequena parte das 432 cartas se refere, especificamente, ao movimento de 1924. Trata-se de cerca de 15% do material, ou trinta cartas. A maioria trata de correspondência entre os líderes, já exilados, da Coluna Miguel Costa-Prestes, entre 1926 e 1927, que se internaram na Bolívia, Paraguai e Argentina. De qualquer forma, mesmo o pequeno número de documentos traz um bom conjunto de informações sobre a preparação para a revolta, a conspiração, a eclosão do movimento e as tentativas de "manter viva a chama da revolução", como diria Távora.

Outra característica desta fonte epistolar é que, em momento algum, se faz referência nelas a temas como o sofrimento do povo, a penúria, o desabastecimento causado pela Revolta.

Alguns exemplos de cartas e sua interpretação:

Carta 928 (manuscrita), de Voltaire para Enéas Simas, 1º/2/1924

> Simas,
> Saúdo-te
>
> Em resposta à sua carta e do nosso chefe Severo, te informei que apesar de não ter ficado bem compreendida a deste último, tenhamos tomado certas providências que satisfaziam de algum modo as [ILEGÍVEL] mais ou menos [ILEGÍVEL].
>
> Essas providências foram a remessa de carta circular a todos os núcleos, pedindo o comparecimento aqui de um representante com informações exatas sobre a situação de cada núcleo e a autoridade indispensável para resolver sobre as duas hipóteses previstas na carta em questão. Essas circulares não lograram reposta até a presente data ou as respostas dadas não nos autorizam a responder nem ajudar por qualquer das hipóteses em questão.
>
> Tivemos, assim, respostas pelo Correio ou portador de três núcleos, duas das quais te envio, faltando a de Rio Claro que está redigida mais ou menos nos termos das de Itu, deste [ILEGÍVEL] aliás, não tenho outra informação além desse documento que pouco adiante sobre o [ILEGÍVEL] que temos em vista organizar e realizar.
>
> Tanto em resposta à carta de nosso chefe, Severo, como à tua, me referi à necessidade de presença aqui desse chefe para trocar ideias

com os elementos daqui, e transmitir-lhes a sua impressão pessoal sobre a situação daí e de outros Estados, como tudo lhe fiz sentir quando do regresso do [ILEGÍVEL].

Acabo de ser informado que Ant. P. F. já escreveu ao Severo manifestando o seu desânimo por essa situação de demora de informações pedidas e outros elementos perderemos ainda, sem dúvida, se não se fizer uma aproximação mais direta e proveitosa para todos os interessados do assunto.

Aguardando as tuas ordens,
Subscrevo-me
Voltaire

A carta é assinada por um personagem misterioso — Voltaire, segundo Nelson Tabajara de Oliveira, autor de *1924: A revolução de Isidoro*, trata-se do tenente Joaquim Nunes de Carvalho, que, embora militar de carreira, também atuava como jornalista. De acordo com Oliveira, desde 1922, Voltaire atuava na imprensa, fazendo fortes críticas ao regime — e na correspondência demonstra um aparente desânimo com os preparativos para a revolução, que ocorreria cinco meses depois da missiva. Ao que parece, Voltaire pede a Enéas a presença do chefe, Severo (pseudônimo pelo qual era tratado Isidoro Dias Lopes, o principal líder da revolução), em várias regiões do estado de São Paulo e do país para garantir a adesão de militares recalcitrantes à causa dos revoltosos. Os conspiradores tentaram obter a adesão de algum general da ativa à sua causa, mas em razão das posições políticas da maioria dos chefes militares, só conseguiram como líder um oficial da reserva, Isidoro Dias Lopes (1865-1949), veterano da Revolução Federalista e gaúcho de Dom Pedrito, depois de ter sido exilado e retornar ao Brasil.

A missiva trata de duas hipóteses (datas para o início do levante ou lugar por onde poderia começar?) sobre as quais os conspiradores precisam decidir, mas ainda não seria possível, a partir das respostas obtidas. No caso, só é possível fazer conjecturas sobre o teor das hipóteses, mas talvez se refiram a datas para o início do levante e que quartéis participariam. Aparece na carta um novo e misterioso personagem — Ant. P. F. — que teria escrito a Severo relatando o seu "desânimo" com o andamento das coisas. A seguir, algumas notícias, a partir da ficha de Isidoro Dias Lopes, no Centro de Pesquisa da Fundação Getulio Vargas (FGV), que nos permitem conhecer um pouco melhor o principal líder do movimento:

> Em 1923, já como general reformado e residindo em São Paulo, deu início às articulações contra o governo de Arthur Bernardes. No ano seguinte, escolhido pelos conspiradores como o líder do movimento, viajou pelos estados de São Paulo, Paraná e Rio Grande do Sul, estabelecendo contatos nos meios militares e elaborou, junto com Joaquim Távora, um plano de ocupação da capital paulista.

Aparentemente, o missivista era admirador do escritor e filósofo francês Voltaire para usar seu nome como codinome. É natural que fizesse uso de um nome em código, visando não ser identificado, já que havia ocorrido, em 5 de julho de 1922, a rebelião dos Dezoito do Forte de Copacabana e os militares rebeldes estavam sob vigilância do serviço secreto do Exército e de outras agências de investigação do governo federal.

Derrotado o levante no Rio de Janeiro, então capital federal, os conspiradores continuaram agindo dos bastidores para derrubar o governo de Arthur Bernardes, tido como representante das oligarquias que mandavam no Brasil, e mantinham a política do café com leite, esquema de mandonismo que incluía a alternância de presidentes paulistas e mineiros no comando do país durante a chamada República Velha.

Além da revolta paulista, a insatisfação das Forças Armadas contra o governo produziu ainda o levante do Batalhão Ferroviário de Santo Ângelo, sob o comando de Luís Carlos Prestes, que se sublevou em outubro de 1924, uma tentativa dos tenentes Riograndino Kruel e Pedro Martins da Rocha de rebelar o 10º Regimento de Cavalaria em Bela Vista, Mato Grosso do Sul, em 12 de julho de 1924, e o levante de Sergipe, em 13 de julho, quando a guarnição federal, sob o comando do capitão Eurípedes Esteves e dos tenentes Augusto Maynard e Luís Freire, se recusou a partir para o Sul, a fim de lutar contra os revolucionários paulistas. Também houve sedição em Manaus, no Amazonas, em 23 de julho. Isso leva à conclusão de que, apesar das preocupações do missivista, a agitação obteve algum sucesso.

Voltaire se refere, em sua carta, a duas cidades paulistas, Itu e Rio Claro, nas quais teria sido feita propaganda do movimento e haveria resposta de cartas enviadas aos militares de lá, com detalhes da preparação do levante. Em seu livro *Narrando a verdade: Contribuição para a história da revolta de São Paulo*, o general de divisão e então comandante da 4ª Região Militar de São Paulo, Abílio de Noronha, se defende de críticas segundo as quais não teria percebido a propaganda revolucionária nos quartéis do Exército no Estado. Em Itu, cidade na qual advertiu o comandante para reuniões de cunho subversivo ocorridas na unidade, diz ter sido tranquilizado por este.

Noronha, que ainda publicou outro livro, *O resto da verdade*, no ano seguinte, chegou a responder processo por suposta simpatia pelos revolucionários e coautoria da revolta, mas acabou impronunciado pela Promotoria Militar. Em suas obras, o militar diz que alertou o então presidente do estado, Carlos de Campos, e o governo federal, principalmente o Ministério da Guerra, sobre as andanças e agitações dos futuros revoltosos por São Paulo. Em texto sobre o assunto, ele afirma:

> Somos acusados de não termos previsto a sedição e, assim, não tomarmos as necessárias providências para que ela abortasse. Os fatos que vamos narrar, e todos eles documentados, destruirão por completo essa opinião que, veladamente, procura atirar aos nossos ombros a inteira responsabilidade dos primeiros sucessos da rebelião.

A 29 de dezembro de 1923, avisados de modo vago, de que no quartel do 4º Regimento de Artilharia Montada, em Itu, tinha havido uma reunião secreta de oficiais, demos pressa em telefonar ao seu comandante, avisando-o do ocorrido, recebendo como resposta a seguinte carta, cuja redação conservamos como está no original:

Itu, 29 de dezembro de 1923.
Ao Exmo. Sr. General Abílio de Noronha.
São Paulo

Excelência,

Sob a ação do vosso telefonema de há pouco, vos escrevo esta para assegurar a V. Exa. que aqui não houve nenhuma reunião política, na qual tomassem parte oficiais deste Regimento, depois que aqui cheguei.

V. Exa, melhor do que eu, conhece as disposições de ânimo dos oficiais do 4º R.A.M. e a dedicação desta tropa ao seu digno divisionário que se soube impor desde o primeiro dia do seu comando, pela mais franca, enérgica e dedicada atitude de disciplinador que já temos tido.

[...] a notícia a que V. Exa. se referiu, vinda do Rio, é tão destituída de fundamento que não tem certamente o efeito oposto ao visado, se é que não se trate de um quiproquó.

[...] Nada, pois, há de novo, nem de alarmante, meu General, V. Exa. pode contar como até agora com a lealdade e correção do 4º R.A.M. que de mais o mais dedicado aos seus deveres e devotado aos seus chefes.

Do sub.º ador. E sinc.º am.º
(assinado) Coronel F. Escobar.

Apesar da carta do comandante do Regimento de Itu, Noronha continuou recebendo telegramas cifrados de membros do governo federal alertando-o para a presença de "mazorqueiros" no estado. A expressão, muito usada na época, se refere a revoltosos ou agitadores. Em 28 de março de 1924, relatou ele, uma carta, assinada pelo marechal Carneiro de Fontoura, chefe de polícia do Distrito Federal, denunciava a presença de revoltosos no estado:

> Gabinete do Chefe de Polícia do Distrito Federal:
> (Confidencial)
>
> Caro Abílio,
>
> Abraços. Remeto-lhe cópia de uma carta-manifesto do nosso mazorqueiro mor Ximeno.[1] Ele partiu anteontem para São Paulo, dizendo que ia assumir o comando das forças revoltadas; também seguiu para aí um sr. Raul Goulart, empregado federal.
> Abra o olho.
> Adeus, abraço
>
> Do am.º V.º
> Fontoura

O comandante do 4º Regimento de Artilharia Montada do Exército, coronel Francisco Escobar, estava enganado no que diz respeito à sedição em seu quartel. Quando estourou a revolta, atestam Costa e Góes, que citam o jornal ituano *A República*, de 13 de julho de 1924, o regimento se conservou obediente à legalidade. No entanto, o coronel Escobar foi detido pelos rebeldes de sua própria unidade.

Foi então que se verificou a decisão do 4º regimento de artilharia montada, colocando-se ao lado dos revoltosos. Preso o respectivo comandante, sr. coronel Escobar, que se mantinha fiel ao governo, oficiais e praças vieram para a rua e ocuparam a cidade, tomando conta da cadeia pública, depois de prender as praças do destacamento local e as de Salto, que nesse momento chegavam como reforços. Ocuparam ainda a estação da Sorocabana, a agência dos Correios e Telégrafos, o Centro Telefônico e todas as entradas da cidade. O prefeito municipal ficou preso, sob palavra, em sua própria residência, e o delegado de polícia conseguiu escapar dos militares que o procuravam para o mesmo fim.

O capitão Oscar Sampaio Vianna assumiu o governo militar da cidade. Depois de ter recebido o telegrama de alerta do chefe de polícia do Distrito Federal, Noronha diz ter levado ao então presidente do estado, Washington Luís, antecessor de Carlos de Campos, cópia da carta. Este o tranquilizou e disse que em seu governo não ocorreria sedição. Realmente, o movimento se deu no governo seguinte, de Carlos de Campos. Outro telegrama, este cifrado e datado de 8 de abril de 1924, vindo de Petrópolis, no Rio, oferecia, mais uma vez, notícias da presença de "elementos perturbadores" na região. Curto e sucinto, era assinado pelo próprio ministro da Guerra, Setembrino de Carvalho:

Constam elementos perturbadores ordem conspiram nesse Estado contra Governo República. Convém toda vigilância.

Mais uma vez, Noronha relatou que, acompanhado pelos generais Estanislau Pamplona e Carlos Arlindo, foi ao presidente que, novamente, o acalmou, assegurando que não haveria revolta no estado e que a polícia estava vigilante. O general paulista respondeu nos seguintes termos ao seu superior:

Já estavam no meu conhecimento os dados referidos vosso telegrama, nada porém de estranho transparecendo até esta data nessa região que me obrigasse a agir e comunicar. Quanto a elementos civis aqui suspeitos inclusive oficiais reformados já havia conferenciado presidente do estado que afirmou há muito polícia empenhada absoluta vigilância. Se acaso eu vos solicitar quaisquer providências, peço que sejam atendidas imediatamente.
(assinado) General Abílio de Noronha

Algum tempo depois, em visita ao Rio, Noronha disse ter solicitado ao ministro da Guerra a remoção dos tenentes-coronéis Olyntho de Mesquita Vasconcellos, comandante do 2º Grupo de Artilharia de Montanha, e Bernardo de Araújo Padilha, do 5º Batalhão de Caçadores, alegando que estes "não eram dignos de sua confiança". Carvalho prometeu que o faria e Noronha reforçou o pedido ao chefe de gabinete do ministro, Euclides Figueiredo (pai do futuro general-presidente da República João Batista Figueiredo), mas não houve a transferência. Ao se iniciar o movimento sedicioso, ambos integravam as tropas revoltosas.

Em *Narrando a verdade,* Noronha questionou a pouca atenção dada aos rumores e a excessiva confiança que Carlos de Campos depositou na Força Pública. O major Miguel Costa, argentino de nascimento, oficial da Cavalaria e campeão de equitação da Força, se tornou, conforme já observado, um dos principais líderes da revolta.

> Confiaram demasiadamente na fidelidade da Força Pública, olvidando que em 1912 fora sufocada no Quartel da Luz pelo então secretário da Justiça, sr. dr. Washington Luís um princípio de sedição, que em 1922, por ocasião da revolta do Forte de Copacabana e do destacamento de Mato Grosso, sob as ordens do general Clodoaldo da Fonseca, essa milícia estivera comprometida e tinha até representante que comparecia às reuniões dos rebeldes; não viram que os grandes claros e as contínuas deserções de praças refletiam um mal-estar que devia afetar os oficiais, os quais, a todo o momento, se lamentavam dos reduzidos soldos e davam assim mostras de descontentamento geral, início patente da indisciplina que já contaminava essa corporação.

No seu livro *O resto da verdade*, publicado em 1925, o general Abílio de Noronha — agora já impronunciado da acusação da Procuradoria Militar de que seria coautor da revolução — reconheceu que acabou enganado pela opinião dos seus subordinados do interior que haviam lhe informado que não haveria problemas em nenhum dos quartéis de suas regiões.

> Em 5 de julho explodiu a revolta. A apregoada lealdade garantida pelos comandantes das unidades da minha Divisão não passava de uma ilusão de que eles e eu fomos vítimas, o que não quero esconder. Mas também é preciso frisar que a ilimitada confiança que o Governo do estado depositava na sua Força Pública não passava de um mito, não estava assentada em terreno firme, mas em monte de movediça areia. Houve o inquérito policial, surgiu a denúncia do sr. dr. procurador da República e ficou provado, por sua vez, que a polícia, com todos os seus gabinetes de investigações e capturas, nada investigou, nada capturou.

Os revoltosos escolheram a casa do tenente rebelde Custódio de Oliveira, do 2º Grupo de Artilharia Pesada, aquartelado em Quitaúna, como uma espécie de quartel-general do movimento. O imóvel, na rua Vautier, 27, no Pari, zona norte de São Paulo, se tornou uma espécie de "república", para a qual afluíam todos os que desejavam integrar o movimento. Os demais líderes da revolta estavam incógnitos na capital paulista. Na rua da Fábrica, 6, vivia o tenente Ricardo Hall e se hospedavam os capitães Octavio Muniz Guimarães, Joaquim e Juarez do Nascimento Fernandes Távora e os tenentes Victor Cesar da Cunha Cruz, Granville Bellerophonte de Lima e Eduardo Lima, todos desertores do Exército e foragidos da Justiça.

O escritório do dentista José Paulo de Macedo Soares, na rua da Quitanda, 14, a casa do civil Waldomiro Rosa, na travessa Frederico Alvarenga, 46, e a própria residência do major Miguel Costa, fiscal do Regimento de Cavalaria da Força Pública, eram outros pontos de encontro dos conspiradores. O dentista era irmão do presidente da Associação Comercial, José Carlos de Macedo Soares. Para escapar da vigilância dos espiões do governo, alguns deles assumiram novos nomes e profissões. Assim, o tenente Henrique Ricardo Hall tornou-se o engenheiro Ricardo Fischer Júnior, associando-se com o dono da Casa Stolze. O tenente Eduardo Gomes, refugiado no Mato Grosso logo depois de ser preso após o episódio dos Dezoito do Forte de Copacabana, vivia na pele do professor primário Eugênio Guimarães numa fazenda de propriedade da família do marechal Bento Ribeiro; o capitão Juarez Távora transformou-se no eletricista Octavio Fernandes. Seu irmão Joaquim Távora passou a chamar-se simplesmente J. Fernandes.

O tenente Victor Cesar da Cunha Cruz, também hóspede do dr. Ricardo Fischer, passou a chamar-se dr. Victor da Silveira, ficando encarregado de estabelecer ligações entre os revolucionários do Rio e os de São Paulo — o que o deixa parecido com o personagem encarnado em Voltaire —, com passagens fornecidas, segundo Noronha, pelo capitão Newton Estillac Leal, então diretor de Material Bélico do Quartel-General da 2ª Região. O também tenente Granville Bellerophonte de Lima agia em Goiás sob o pseudônimo do dr. Gabriel G. de Lima, "explorador de cristais, mica e peles".[2]

Exemplos de algumas outras cartas sob guarda do Arquivo do Estado

Carta 344 (datilografada), de tenente Cabanas — 2 de agosto de 1925

Aos bons brasileiros,

Copiem dez vezes, integralmente, dizeres deste e transmitam a dez amigos que deverão fazer o mesmo.

Unificai-vos debaixo da mesma bandeira revolucionária — Isidoro Dias Lopes — o grande patriota; reconhecei-vos levando o distintivo vermelho na gravata, nos lenços ou na lapela de paletó;
Fazei um protesto passivo contra os atos do governo, tanto quanto possível;
Não aceitai cargos públicos;
Impedi e dificultai os fornecimentos materiais ao Governo;
Não concorrei aos atos oficiais, recepções, paradas militares, festas etc., diminuindo, assim, o brilho sem o concurso popular;
Condenai-o material e moralmente, assim como a canalha política que o envolve, em todos os seus atos;
Protestai abertamente contra a monstruosa revisão constitucional, quando as garantias liberais estão suspensas, impedindo o estudo e a crítica ponderada da soberana vontade do Povo;
Glorificai os presos revolucionários, que estão nos porões dos navios ou das fortalezas ou nessas masmorras infectas que a polícia chama de cadeias, facilitando-lhes todos os meios de bem-estar, assim como de suas famílias;
Glorificai os que ainda combatem ou os que estão feridos no duro exílio;
Não votai em quem quer que seja, apresentados pela chapa governista, na impossibilidade de votar nos revolucionários, repudiai os candidatos do governo;

Finalmente, prepara-te para formar parte do grande Partido Nacionalista ora em formação, unindo-vos e cerrando fileiras com todas as classes que formam a manifestação viva da nação;
Despertai vosso civismo, Povo Brasileiro, que a luta seja intensificada por meio de vossa união; não vos separei, não vos deixei subornar e mantendo sempre vossa opinião acima de tudo, ainda mesmo que seja difícil manifestá-la publicamente.
Não vos deixei abater; uni-vos todos.
Uni-vos numa só ideia e num só pensamento:
"Isidoro voltará e com ele seu Exército libertador."

E, neste dia, a pátria será engrandecida, porque seus filhos terão ampla liberdade para se agrupar em partidos e estes de escolher os seus HOMENS.

2 de agosto de 1925.

Cabanas

O tenente João Cabanas, um dos mais destacados personagens da revolução em São Paulo, curiosamente não integra a Coluna Prestes, que a sucedeu, depois do encontro dos paulistas com os gaúchos de Luís Carlos Prestes em Foz do Iguaçu, no Paraná, preferindo exilar-se no Paraguai, de onde manda cartas pedindo ajuda a Simas. Esta carta, que pedia uma reação da população contra o governo Bernardes, chegou a ser publicada em alguns jornais. Trata-se do que seria hoje uma corrente, para ser divulgada ao maior número possível de pessoas, com a intenção óbvia de manter o apoio à Revolução, mesmo com a retirada dos rebeldes de São Paulo.

Carta datilografada de Monteiro Lobato para Arthur Bernardes — 9 de agosto de 1924

S. Paulo, 9 de agosto de 1924
Dr. Bernardes

Hoje, dia do seu aniversário, trago com as minhas felicitações o seu presente: esta carta. Resumo nela uma série de observações sobre o estado de espírito de nosso povo, que de há muito venho estudando com a maior isenção de ânimo.

Se o dr. Bernardes ler e sobre elas refletir em algum momento de sossego que acaso tenha, estou certo de que algo de bom resultará. E é na esperança de que tal suceda que me animo a enviá-la ao homem que sempre me impressionou o vivo interesse patriótico de resolver os tremendos [sic] problemas que assoberbam nossa infeliz terra; o homem que a posteridade cognominará o presidente-mártir; pois nenhum sofreu maiores amarguras, nem foi tão sarjado pela calúnia, nem tão insultado — e menos compreendido em suas honestíssimas intenções.

As minhas conclusões são as seguintes: o estado de espírito do povo brasileiro é de franca revolta. Tomei medidas e creio não errar orçando em 90% o índice de criaturas que, quando se abrem na intimidade, denunciam esse estado de revolta. Do espirito de revolta ao espírito revolucionário, a transição é mínima. Verificando esse estado de espírito, tratei de indagar de suas causas, usando os mesmos métodos de observação serena e meticulosa; cheguei à conclusão de que se dá em virtude do completo divórcio entre a política e a opinião. De toda a gente, ouvi os maiores horrores da política e dos políticos.

Um vício mortal mantém cada vez mais vivo o divórcio entre o governo e a elite do país. Vício tão grave que se não for corrigido a tempo arrastará o país à completa ruína. Esse vício é o nosso regime eleitoral de censo baixo. A experiência dos povos demonstra que o sistema representativo só dá benefício quando o regime é de censo alto porque o censo alto é o controle da política pela elite da nação;

é o respeito à lei natural de todos os organismos; é a parte-cérebro desempenhando suas funções de cérebro e a parte-músculo (povo, populaça, gente rural etc.) sem cultura nem capacidade de discernimento, subordinada ao cérebro.

Na missiva de Monteiro Lobato ao presidente Arthur Bernardes, datada de 9 de agosto de 1924, portanto apenas um mês após a eclosão da Revolução de 1924, José Bento Renato Monteiro Lobato (1882-1948), que então dirigia a Seção Gráfica (editora) do jornal *O Estado de S. Paulo*, faz elogios a Bernardes, chegando a classificá-lo de "presidente-mártir", que teria sido incompreendido em seu tempo. Na continuação, em tom de alerta, o escritor, que se celebrizou pelos personagens do *Sítio do Pica-pau Amarelo*, diz que o espírito dos brasileiros, de todas as classes sociais, aí incluídos os funcionários públicos, é de "franca revolta". Lobato chega a dizer que 90% dos brasileiros estão em espírito de contestação. "Cheguei à conclusão de que isso se dá em virtude do completo divórcio entre a política e a opinião. De toda a gente ouvi os maiores horrores da política e dos políticos — tida aquela como a arte de explorar o tesouro, e estes, como usurpadores indignos. Daí o completo desinteresse da nação pela política", destaca o escritor em sua carta.[3]

O jornal *O Estado de S. Paulo*, do qual Lobato foi editorialista e diretor da gráfica, não era muito simpático a Bernardes, que após a Revolta de 1924 mandou prender seu diretor, Júlio Mesquita, acusado de simpatia pelos rebeldes. O escritor, entretanto, tinha algo em comum com o presidente: seu nacionalismo e o interesse pela questão do petróleo. Lobato foi um dos principais defensores da ideia — combatida por muitos — de que havia petróleo no Brasil. Bernardes, por sua vez, foi um dos líderes da proposta de criação da Petrobras, que garantiu o monopólio estatal de petróleo. Lobato ofereceu apoio a Washington Luís, que sucedeu Bernardes, e a seu candidato à sucessão, o paulista Júlio Prestes. Com a derrubada de Washington Luís na Revolução de 1930, indispôs-se com o governo de Getúlio Vargas e chegou a ser preso durante o Estado Novo.

Carta 11 (datilografada), do presidente Arthur Bernardes para Monteiro Lobato

Dr. Monteiro Lobato

Deu-me muito prazer sua carta de 9 de agosto findo em que vejo patente um patriótico interesse pelo melhoramento dos processos de nossa vida política, de fato ainda necessitada de cuidados urgentes.

Estou de pleno acordo com sua judiciosa opinião acerca da adoção do censo alto para seleção do eleitorado.

Como sabe, está-se procedendo atualmente ao estudo de um projeto de reforma da Constituição e aproveitei o fato para chamar a atenção dos meus amigos sobre tal ponto. Alguns, porém, acharam a discussão inoportuna, reconhecendo embora a legitimidade da aspiração. Ponderaram que, nesta quadra durante a qual espíritos malévolos têm abusado da credulidade pública, fatalmente surgiriam explorações sob o pretexto de defender o povo contra o arbítrio dos que pretendem privá-lo da magna conquista do sufrágio universal. Assim, seria, talvez, entravada a marcha do projeto, ficando prejudicados os outros pontos pacíficos da reforma constitucional.

Quanto à atitude do povo paulista em face do levante de 5 de julho último, reconheço que a falta de mais pronta reação cívica foi em parte devido aos motivos apontados em sua prezada carta, porém creio que a lamentável ocorrência foi também devido à influência do elemento estrangeiro, cujo excesso, dando de certo modo um aspecto cosmopolita a essa capital, acaba até por opor sérios embaraços nos elementos em que a população deseja vibrar pelas coisas brasileiras com todo o ardor que seria de desejar.

Seja como for, porém, congratulemo-nos pela vitória da boa causa e façamos votos para que os dignos paulistas saibam tirar do episódio as lições que ele porventura encerra.

Creia-me, com toda a simpatia,
Am.º e Ad.º

SÃO PAULO DEVE SER DESTRUÍDA

Na resposta a Monteiro Lobato, datada de 6 de setembro de 1924, o presidente Arthur Bernardes diz concordar com a opinião deste a respeito da "adoção do censo alto para seleção do eleitorado". Informa ainda que está em estudos um projeto de reforma da Constituição, que foi de fato levado adiante em seu mandato. No que diz respeito à atitude do povo paulista durante a Revolução recentemente ocorrida, Bernardes afirma também ter opinião semelhante à do escritor. Critica, no entanto, a alta concentração de estrangeiros em São Paulo — cidade que recebeu tradicionalmente muitos imigrantes, sobretudo europeus, a partir de fins do século XVIII —, o que em sua visão "acaba até por opor sérios embaraços nos elementos em que a população deseja vibrar pelas coisas brasileiras com todo o ardor que seria de se desejar".

Encerra desejando que a população paulista "saiba tirar do episódio as lições que ele porventura encerra". Vale lembrar, nesta última frase do presidente, a participação dos batalhões estrangeiros na Revolução ao lado dos rebeldes. Como já destacado nesta pesquisa, grupos de húngaros, alemães e italianos se organizaram para combater junto às fileiras dos rebeldes de Isidoro Dias Lopes. O episódio foi muito explorado pela imprensa e autoridades governistas para criticar os inimigos, que teriam "armado o braço estrangeiro para matar brasileiros". É importante lembrar que, como parlamentar, Bernardes se caracterizou pela defesa de posições nacionalistas. A seguir, a íntegra da correspondência.

Carta manuscrita do marechal Odílio Bacellar

Uma carta do marechal Odílio Bacellar.
A imprensa paulistana publicou, ontem, o seguinte:

O marechal Odílio Bacellar, em brilhante carta-manifesto, assim se expressou sobre o movimento revolucionário do país, iniciado pelas forças aquarteladas em S. Paulo:
"Aos meus camaradas do Exército, da Marinha, das Polícias Militarizadas, à classe operária e às classes produtoras do meu país;

"O meu precário estado de saúde, agravado pelas preocupações e atividade da noite de 4 para 5 do corrente, obrigou-me para tratamento e repouso a uma ausência que pode levar alguns curiosos a perguntarem onde estou.

"Respondo categoricamente: estou ao lado de Isidoro, onde sempre estive e estarei, até ver o meu país transformado numa pátria de homens livres, onde o regime adotado pela revolução triunfante, na manhã de 15 de novembro de 1889, seja um fato."

O marechal Odílio Bacellar, um apoiador de primeira hora da Revolta de 1924, escreveu uma carta, publicada nos jornais no dia 6 de julho, na qual declara, de forma clara, sua defesa do movimento iniciado por Isidoro Dias Lopes, de quem era amigo. Na missiva, Bacellar, que chegou a ter seu nome cotado várias vezes para assumir o governo de São Paulo em um triunvirato com outros militares e civis, procura explicar as razões de não estar à frente do movimento, junto com o general Isidoro Dias Lopes. Assegura que "seu precário estado de saúde" o obrigou a tratamento e repouso, "a uma ausência que pode levar alguns curiosos a perguntarem onde estou".

Diz que está onde sempre esteve, ao lado de Isidoro, "até que o meu país seja transformado numa terra de homens livres". Logo após a Revolta ter sido debelada em São Paulo, o militar foi pronunciado como um dos cabeças do movimento, ao lado, de acordo com notícias do jornal *Folha do Povo*, dos generais Isidoro e Ximeno Villeroy, e do coronel Paulo de Oliveira. Nota do *Correio da Manhã* de 4 de setembro de 1925 dá conta de que Bacellar foi internado em estado grave, sob o nome falso de coronel Olavo Batista, em um hospital de São Sebastião do Paraíso, no estado de Minas Gerais. A mesma nota afirma que a imprensa sul-mineira vai pedir um indulto ao militar por causa do seu grave estado de saúde.[4]

6
Memorialistas e cronistas contam a história

A Revolta de 1924 teve sua história contada por memorialistas e cronistas que puseram no papel sua trajetória. Vários, como José Carlos de Macedo Soares, Paulo Duarte, Antonio Figueiredo dos Santos, Eurico Costa e Cyro Góes, Henrique Geneen, Juarez Távora, Abílio de Noronha, Aureliano Leite e Luiz Marcigaglia viveram o período. Seu relato traz a versão de quem presenciou ou ao menos teve conhecimento dos fatos quando estavam ocorrendo. Temas como o bombardeio da cidade, o sofrimento da população, os combates de rua entre legalistas e revoltosos, a fome e o desabastecimento povoam as páginas das obras, escritas por vezes com a tinta da indignação, por causa da inusitada (e polêmica) determinação de um governo mandar bombardear moradores de uma de suas mais importantes cidades.

Escritores de períodos posteriores, como Domingos Meirelles, Ilka Stern Cohen, Duarte Pereira e Anna Martinez Côrrea, também enfocam, cada um a seu modo, o bombardeio como a principal ocorrência do episódio. O ataque legalista, iniciado a partir do dia 11 de julho, ou seja, dois dias depois da saída do presidente Carlos de Campos da região central da cidade, atingiu principalmente os bairros operários do Brás, Mooca e Belenzinho, na zona leste, em um primeiro momento. A seguir, sentiriam seus efeitos os bairros da Luz, Aclimação, Cambuci e Vila Mariana, nas zonas norte e sul e Campos Elíseos, no centro. Era o "bombardeio terrificante",[1] que tinha como objetivo jogar a população contra os rebeldes e esmagar rapidamente a rebelião, na visão de Meirelles, o que obrigaria estes a abandonarem a cidade.

Bernardes e Setembrino optam pelo chamado "bombardeio terrificante" na tentativa de esmagar rapidamente a rebelião e impedir que ela contamine outros estados, onde também é muito grande a insatisfação contra o governo, particularmente entre as guarnições do Exército em Mato Grosso, no Paraná e no Rio Grande do Sul. O descontentamento militar também é muito expressivo em estados do Nordeste e até mesmo no Norte.

O "bombardeio terrificante" ou "bombardeio à alemã" era uma expressão usada por especialistas em Direito Internacional para qualificar o tipo de bombardeio dos exércitos alemães na Primeira Guerra Mundial, no qual as bombas e granadas eram atiradas a esmo para aterrorizar os inimigos, ao contrário do bombardeio de destruição e do bombardeio de ocupação, com os quais se busca, respectivamente, ocupar uma cidade e destruir os recursos militares do inimigo. O jurista francês René Foignet (no livro *Justiça*, de Macedo Soares) o classifica de "indigno de um povo civilizado", e seu colega alemão Johann Kaspar Bluntschli, de "inteiramente imoral". O jurista brasileiro Clóvis Bevilacqua definiu esse tipo de ataque como o usado para "influir sobre a guarnição para que não persista na resistência". No caso paulista, ao que parece, a intenção era fazer a população, assustada, forçar a retirada dos rebeldes.

Já na retirada legalista da cidade, ocorrida no dia 9 de julho, os ataques começaram. Juarez Távora relata uma história que ajuda a demonstrar as intenções do governo. De acordo com ele, em seu *À guisa de depoimento*, um chefe militar mandou disparar, sem motivo algum, cinquenta tiros de artilharia sobre a cidade:

> Pretextando levantar o moral de sua tropa, o comandante da unidade mandou disparar, a esmo, sobre o populoso bairro da Mooca, cinquenta tiros de artilharia, ateando o primeiro dos muitos incêndios que devastariam a cidade.

SÃO PAULO DEVE SER DESTRUÍDA

Em sua obra *As noites das grandes fogueiras: Uma história da Coluna Prestes*, o jornalista Domingos Meirelles descreve, de forma quase cinematográfica, o início do bombardeio legalista nos bairros operários da Mooca e do Brás para onde miravam os canhões assentados nas colinas da Penha e da Vila Matilde. Era o dia 11 de julho de 1924:

> Às dez horas da manhã, São Paulo é sacudida, de repente, por uma sucessão de explosões. O chão estremece com o impacto das granadas. A cidade está sendo bombardeada pelo Exército. Os canhões legalistas estão despejando sua carga contra áreas densamente povoadas, atingindo bairros industriais, longe do Centro. O ataque semeia o pânico entre a população e provoca grandes incêndios que podem ser vistos de toda a capital.
>
> As cargas concentradas dos canhões de 155 milímetros deixam o general Isidoro e seus oficiais perplexos. Esse armamento pesado, de acordo com as regras mais elementares do emprego de artilharia, só deve ser usado no ataque a fortificações bem defendidas, depois de estabelecer um contato com o inimigo, e definidas, com precisão, às posições por ele ocupadas. Os regulamentos franceses, adotados pelo Exército brasileiro desde 1920, são claros quanto ao verdadeiro papel desse tipo de canhão num combate: "o seu principal objetivo é o apoio direto à infantaria por tiros executados contra o pessoal e carros blindados".

Era somente o primeiro dia do "bombardeio terrificante" com o qual os generais da legalidade, com apoio de armamento pesado, castigavam a cidade de São Paulo, em poder dos revolucionários depois da fuga do presidente (governador) da capital e da consequente retirada das tropas legalistas da cidade, ocorrida somente dois dias antes.

O padre Luiz Marcigaglia relata, em seu livro *Férias de julho*,[2] a chegada de pessoas que viviam no Brás e se refugiaram na escola, que se tornou um posto de atendimento às vítimas durante a revolução:

Tinham chegado muitas famílias do Brás; diversas pessoas, na pressa da fuga, traziam apenas a roupa do corpo. Contavam horrores. Muitos supunham-se alvo de uma perseguição. Custei a tirar-lhes da cabeça ideia tão absurda.

— Há 25 anos que estou no Brasil — dizia uma senhora de idade.
— Nunca nos fizeram mal. E agora...
— Nem agora, acreditem em mim. As granadas não são atiradas de propósito contra vocês. Atiram uns contra os outros.
— Mas não são todos brasileiros?
— É verdade.
— Então por que se fazem guerra assim?

Mais adiante, um espanhol reforçado, moço e falador, gesticulando nervosamente, prendia a atenção de uma grande roda de ouvintes e concluía:

— *Que mandem unos, o que mandem otros* já se sabe, nós ficamos sempre por baixo. O povo *tiene siempre que pagar*. Briguem em campo aberto, mas para longe. *Que se peleen ellos, caramba!*

O êxodo é, também, um tema muito discutido por cronistas e memorialistas. A única saída para os moradores naqueles primeiros dias de ataques foi abandonar suas casas, em desespero. "As famílias mais abastadas procuraram sair da cidade em automóveis, com destino a Santos, Jundiaí e outras cidades próximas", atesta Anna Martinez Côrrea. Outras buscavam refúgios em hotéis do Centro. "Muitas, não tendo onde se abrigar, acampavam ao ar livre, armando barracas improvisadas." *O Estado de S. Paulo*, na edição de 16 de julho, destaca assim a fuga das famílias da cidade em direção ao interior:

Aumentou consideravelmente ontem o número de famílias que se retiraram para o interior do estado, aproveitando os diversos trens organizados pela São Paulo Railway e Sorocabana. Neste mesmo dia 15 de julho foram vendidas 9 mil passagens, na Estação da Luz. O número de passageiros embarcados, entretanto, foi muito mais elevado em vista das passagens concedidas gratuitamente a muitas pessoas. Na Sorocabana, ainda nessa data, foram vendidas 2 mil passagens, fora as gratuitas.

O já citado padre Marcigaglia, por sua vez, descreve a fuga de famílias da Mooca e Belenzinho que, sem saber para onde seguir, caminhavam sem destino em direção aos bairros mais distantes do Centro, ainda não atingidos pelos bombardeios.

> Continuava intenso o êxodo da população. Fugia da parte baixa da cidade, procurando alcançar os bairros altos, na ilusão de que lá estaria mais segura. Pela manhã, fui ver a passagem dos fugitivos na alameda Nothman. Aos grupos, aos magotes, vinham subindo da rua Silva Pinto, ininterruptamente. Já estavam cansados de tanto andar: vinham da Mooca, do Belenzinho, me disseram. Iam para a Vila Mariana, para a avenida. Uns nem sabiam para onde iriam; fugiam, nada mais. Outros perguntavam se estava perto a Lapa [...].

Costa e Góes[3] sustentam que houve caso de gente que se deslocou para lugares ainda mais distantes, na tentativa de escapar da luta na capital. Segundo ambos, alguns moradores de São Paulo chegaram até o sul de Minas, em fuga, para não morrer na capital paulista. Em algumas cidades, entretanto, os retirantes da guerra não seriam aceitos.

> Sob o calamitoso desenrolar desses quadros apavorantes, começou, então, o êxodo contristador e memorável. Milhares e milhares de pessoas fugiram para os bairros afastados, para os arredores, para as cidades vizinhas, para municípios remotos e fazendas do interior. São Bernardo, Guarulhos, Santo Amaro, Cotia, Ribeirão Pires, Mogi das Cruzes, Pirituba, Juqueri e tantos burgos e núcleos populosos mais — abrigaram considerável número de fugitivos. Jundiaí, Campinas, Itu, Limeira, Piracicaba, Rio Claro e outras cidades viram, em poucos dias, as suas populações quase duplicadas. Quando o piedoso limite da hospitalidade tocava o auge, havia, nas estações, recusas enérgicas

e formais, decidida oposição, mesmo, por parte dos moradores das urbes abarrotadas, impedindo, assim, que a gente aflita e supressa desembarcasse, e obrigando-a a seguir, no mesmo trem, para pontos mais distantes! E a atulhada e formigante leva emigratória tinha que ir, à procura de asilo, a paragens mais desviadas e longínquas, como Atibaia, Bragança, Itapira, Casa Branca, Espírito Santo do Pinhal, São João da Boa Vista. Muitos foram parar, até, em confins do oeste e do sul de Minas, no refluxo alanceador e de imprevistas peripécias [...].

O jornal *A Marreta*, na edição de 10 de julho de 1924, também registrou o êxodo dos paulistanos, com malas, sacos, sacolas e tudo o mais que pudessem carregar, passando, principalmente, pelas estradas da Cantareira, Pinheiros e Lapa, as principais saídas da cidade em direção ao interior na época:

> [...] é simplesmente entristecedor, tocante, comovente, ver-se o êxodo de famílias dali que saem desorientados de suas residências, grande parte sem ao menos saber onde ir, arrastando criancinhas, roupas, cobertores e outros objetos necessários. A pobreza é que dói profundamente no coração assistir-se ao espetáculo desolador de sua retirada! [...] gente que já não tinha quase onde morar, habitando-se, pode-se dizer no relento, quando não em grande número num simples quarto, acanhado e frio, estoura à noite, quando é forte o bombardeio, nas ruas, arrastando seus trapinhos, envolta em cobertas de sacos de aniagem, aos gritos desesperadores, chorando e implorando um cantinho em qualquer casa.

Os incêndios resultantes dos bombardeios criaram um novo problema: como as viaturas do serviço funerário eram sempre requisitadas pelos bombeiros, para tentar apagar os focos de fogo, nem sempre era possível enterrar os mortos, que ficavam insepultos. Somente no Cemitério do Araçá, pelo menos duzentos mortos anônimos, segundo Costa e Góes, se amontoavam à espera de sepultamento. O mesmo ocorria no Cemitério Municipal, onde outros 64 corpos jaziam sem identificação.

No Brás, de acordo com pesquisa em livros e outros documentos, foram atingidas casas nas ruas 21 de Abril, Dr. Almeida Lima, Caetano Pinto, Assunção, avenida Rangel Pestana e no largo da Concórdia, além da rua do Hipódromo — na época, o bairro do mesmo nome. Na Mooca, a região mais visada foi a próxima ao Cotonifício Crespi, entre as ruas Javari, Taquari, dos Trilhos e da Mooca. No Belenzinho, os petardos atingiram, principalmente, as ruas 21 de Abril e Serra de Araraquara e Brigadeiro Machado. No Paraíso, as bombas castigaram a rua Cubatão e avenida Lacerda Franco. Nos Campos Elíseos, chegaram às ruas Helvétia e dos Andradas. No centro, foram vítimas de bombas os moradores das ruas Florêncio de Abreu, Tabatinguera e o viaduto e largo de Santa Efigênia, além do largo de São Bento e a rua Augusta. Até hoje, a igreja de Santa Ifigênia, no largo do mesmo nome, tem em sua lateral as marcas dos tiros.

Pressionados pelos bombardeios e expulsos de suas casas, alguns moradores do Brás, Belenzinho e Mooca foram refugiar-se no local que lhes parecia mais seguro: o Theatro Olympia, no largo da Concórdia. Eram homens, mulheres e crianças, além de muitos velhos, que acreditavam estar a salvo das granadas e tiros de canhão e obuseiros no teatro, prédio que se erguia onde hoje é a agência da Caixa Econômica Federal (CEF) naquele local, do lado contrário de onde fica a estação Brás de trem, na época Estação do Norte. O lugar, ao contrário do que imaginaram, não oferecia segurança. Granadas legalistas rebentaram contra a construção, destruindo-a totalmente e deixando um saldo de trinta mortos e oitenta feridos. *O Estado de S. Paulo*, na edição de 18 de julho, descreve assim o cenário de terror que se formou com o ataque ao teatro:

> Dia 17, o bairro do Brás, até quase a Várzea do Carmo, foi varrido por um turbilhão de fogo. Um dos teatros daquele bairro, transformado em abrigo de retirantes, escancarou-se atingido por uma granada a qual, caindo no meio das inúmeras famílias que abarrotavam o seu recinto, produziu entre elas diversas vítimas.

[...] Soube-se, desde as primeiras horas de ontem, que foi atingido, contribuindo com um grande contingente de vítimas, um dos teatros daquele bairro, que, num carinhoso gesto de humanidade, se abrira para abrigar, nesta emergência, os desprotegidos de todos os recursos, que foram levados a abandonar seus lares.

Em seu livro *Férias de julho*, Marcigaglia descreve o ataque ao teatro:

No Theatro Olympia, convertido em abrigo, caiu uma granada que fez grande mortandade. Caso na verdade doloroso! Aquela pobre gente, obedecendo à ordem de desocupar, fugindo à metralha que varria a Mooca e o Belenzinho, nos dias precedentes tinha procurado refúgio nesse teatro. Depois de uma noite de sobressaltos, os adultos reanimavam-se aos poucos; as crianças brincavam descuidadas ao sol da manhã. Quando de repente foram colhidos em cheio pela fatalidade da guerra! A granada explodira onde maior era a aglomeração. Pessoa que esteve lá logo após o desastre assegurou-me que foram 29 os mortos e mais de cem os feridos. Foi uma cena bárbara, dantesca.

Domingos Meirelles assegura que o próprio chefe revoltoso, o general Isidoro Dias Lopes, participou do resgate às vítimas do Theatro Olympia:

O cenário que o Olympia oferece, no começo da avenida Rangel Pestana, é desesperador. As colunas, o teto, e as paredes parecem ter desabado ao mesmo tempo, oferecendo poucas chances de sobrevivência a seus ocupantes, em sua maioria velhos, mulheres e crianças. A confusão é muito grande, com dezenas de pessoas tirando o entulho com as mãos, na tentativa de retirar as vítimas soterradas pelo desabamento. Ouvem-se gemidos abafados que brotam dos escombros. As equipes de salvamento, formadas por médicos e militares, chegam em táxis, carroças e caminhões. Os sobreviventes em estado grave são colocados lado a lado, na calçada, à espera das ambulâncias.

Isidoro comanda pessoalmente a operação de resgate. [...] O general Isidoro regressa, ao anoitecer, à Estação da Luz, com uma lista parcial das vítimas da tragédia: trinta mortos e cerca de oitenta feridos. O bombardeio só conseguiu espalhar a morte e a destruição entre a população civil. Nenhum de seus homens foi até agora atingido pela artilharia do governo.

Os saques

Ainda no dia 9, Duarte constatou o início dos saques, ou seja, o ataque de civis contra locais abandonados ou não, em busca de comida e outros bens. Este, que ele presenciou e contou nas páginas de seu livro *Agora nós!*, se deu nos prédios das secretarias do Interior e da Justiça, no largo do Palácio (atual Pátio do Colégio), centro de São Paulo. Ambos os prédios haviam sido atacados pela artilharia rebelde no episódio que levou à fuga do presidente Carlos de Campos e do secretário da Justiça, Bento Bueno. Sob orientação do general comandante do Exército Cândido Pamplona, eles saíram da Secretaria da Justiça em direção à estação ferroviária de Guaiaúna, na região da Penha, onde começariam a montar o exército que combateu os rebeldes. Do largo do Palácio, dirigiram-se à Várzea do Carmo (atual Parque D. Pedro II), de onde, em automóveis, seguiram para a Penha de França. Pamplona passou a ser comandante da tropa federal na cidade após a detenção, pelos rebeldes, do general Abílio de Noronha.

> Prevendo qualquer novidade sensacional, fui a um grupo, onde um homem disse nada saber, mas ouvira dizer que a revolução havia acabado. Tomei a direção do largo do Palácio. Grande número de gente malvestida entrava e saía das secretarias do Interior e Justiça. Um preto nos informou que as forças haviam deixado a cidade.
> — Que forças? Legalistas ou revoltosos?
> — Não sei, parece que os dois...

Nesse instante é que tive a noção do que se passava. Sem o querer, estávamos testemunhando o início dos saques. De ambas as secretarias, aquela malta carregava tudo quanto podia encontrar. A cidade fora abandonada durante a noite. Como? Por quê? Não se sabia. Penetrei na Secretaria da Justiça, cujos departamentos me eram bem familiares.

Uns carregavam pequenos objetos, outros as poucas carabinas que ali ficaram esquecidas, até uma máquina de escrever vi sair porta afora nas mãos de um homem descalço. Era horrível aquele espetáculo. Pragas, palavrões, todos os mais soezes insultos dirigidos contra os poderosos de ontem. Num grupo interroguei um mulato baixo. Este respondeu:

— É isso! Eles fazem tudo o que quer com o povo, mas um dia tomamos a forra. Quando é pra escangalhar com a gente está tudo aí, mas, quando chega a hora do aperto, foge tudo [...].

José Carlos de Macedo Soares, por sua vez, presidente da Associação Comercial, também dá notícias do saque ao armazém das Indústrias Matarazzo, no largo do Arouche, na região central, o que muito o revoltou. Na condição de representante das chamadas "classes conservadoras", ele estava sempre muito bem-informado sobre problemas dessa natureza.

Logo após, no largo do Arouche, presenciamos o saque ao armazém que ali possui a firma Matarazzo. Grande multidão em alarido e desordem comprimia-se, afoita, na conquista dos despojos, quer fossem gêneros alimentícios, quer fossem objetos inúteis, quer servissem para matar a fome, quer representassem apenas o triste troféu de uma pilhagem e, sem nada deixar, carregou até a última tábua das prateleiras, arrebentando os vidros, inutilizando as balanças, os armários, as vitrinas, os balcões, que tudo era partido e carreado, num delírio coletivo de destruição.

Aureliano Leite[4] refere-se, na sua obra *Dias de pavor*, de forma crítica e preconceituosa, aos saques que viu na Vila Mariana, no caso patrocinados por soldados do Espírito Santo em prol, pretensamente, da população esfomeada.

> Muito poucas famílias resistiram à tentação da fuga e entre elas várias humildes que, permanecendo no bairro, chegaram a privar-se de alimentos. E tão comovedor era o seu aspecto, que alcançara tocar o coração da soldadesca, aos poucos se inteirando de quanto estava equivocada a nosso respeito, e nasceu dessa reviravolta de impressão o primeiro saque praticado contra as casas de víveres. Seus promotores foram algumas praças da polícia do Espírito Santo. Assistimos a ele. Arrombando as portas dos pequenos armazéns, a coice de fuzil, franquearam, em ingenuidade lastimável, a entrada ao povo faminto. E o baixo povo gozou a pilhagem, chafurdando nos bens alheios.

Em seu livro, *A Coluna da Morte sob o comando do tenente Cabanas*, o oficial rebelde deixa claro que os revoltosos não iriam se opor aos saques. Aliás, ele mesmo confessa que mandou arrombar, a golpes de coronha de fuzil, a porta do Mercado Municipal da rua 25 de Março, cujo administrador, "não demonstrou piedade pelo sofrimento do povo" e negou-se a atendê-lo e franquear gêneros aos famintos. Ele próprio assegura que castigou duramente alguns saqueadores que abusaram do direito que lhes ofereceu, mas não pretendia deixar a revolução "antipática" à população. O mercado seria incendiado pelos saqueadores na sequência.

No seu relatório, por sua vez, o prefeito da capital Firmiano de Moraes Pinto[5] informou que 103 estabelecimentos comerciais e industriais sofreram prejuízos decorrentes de fogo, saques, bombardeios, roubos e requisições dos sediciosos. Desses, sete sofreram com o fogo, seis com os saques e o fogo, 17 prejuízos consideráveis causados pelos bombardeios, seis por roubo e o mesmo número com requisições dos sediciosos.

A cidade em chamas

Além dos bombardeios, seguidos pelo exílio dos moradores e pelo saque, os paulistanos também sofreram com os incêndios — as colunas de fumaça causadas pelo fogo podiam ser vistas de toda a cidade. Eram fábricas, residências, mercados, armazéns e outros imóveis que queimavam e não havia jeito de deter o fogo, já que os bombeiros, assim como as demais forças militares, haviam deixado a cidade, com a fuga do presidente para a zona leste.

Arderam, em consequência dos bombardeios e em alguns casos da fúria da população, grandes edifícios, como o Cotonifício Crespi, na Mooca, os depósitos da Anglo Mexican Petroleum, a fábrica da Antarctica, o Mercado Municipal de Aves, na rua 25 de Março, o Fórum Criminal, no largo do Palácio, a Oficina Duprat, também na rua 25 de Março, os depósitos Mercansul, na Mooca, os Moinhos Gamba, no mesmo bairro, os armazéns da Rede Ferroviária na Mooca e os armazéns Nazareth e Teixeira, entre outros.

Os incêndios se converteram em mais uma dificuldade enfrentada pela população, à qual se somaram outras. Depois de muitos problemas causados pelos vários focos de destruição, o prefeito Firmiano Pinto e o presidente da Associação Comercial, José Carlos de Macedo Soares, obtiveram do líder rebelde Isidoro Dias Lopes autorização para instalar um grupo de bombeiros, que ficaria sediado no quartel da rua Anita Garibaldi, no Centro, com a atribuição de combater os focos de fogo na cidade. O comando da nova corporação, que no entanto só começou a trabalhar do dia 22 de julho, foi entregue ao coronel reformado Manuel Soares Neiva, que, pelos jornais, convocou os bombeiros a comparecer à capital com o objetivo de iniciar o trabalho. Apesar dessa medida, boa parte dos imóveis da área atingida já havia sido destruída nos incêndios.

Macedo Soares elogia o trabalho realizado pelo coronel Neiva e seus comandados que, mesmo sob a fuzilaria de rebeldes e legalistas, ainda conseguiram salvar do incêndio prédios do Brás e até mesmo a Oficina Duprat, que ameaçava destruir outros prédios vizinhos. De acordo com o presidente da Associação Comercial, mesmo fazendo um trabalho que permitiu evitar maiores danos à cidade e à população, o coronel, já sexagenário, foi hostilizado pelo governo e ameaçado de sofrer processo disciplinar por ter aceitado reorganizar o Corpo de Bombeiros mesmo sob o governo de fato de Isidoro Dias Lopes nos 23 dias que durou a permanência dos rebeldes na cidade:

> [...] o fogo irrompido nas Oficinas Duprat, à rua 25 de Março, passou para o prédio em frente e ameaçava todo o quarteirão e a rua Florêncio de Abreu. Devido à falange comandada pelo coronel Neiva, foi dominado, circunscrevendo-se apenas ao prédio, onde nascera, uma casa cheia de papel e outros materiais de fácil combustão.
>
> No Brás, uma granada ateou fogo a um estabelecimento de inflamáveis — Casa Verde. Lá esteve o coronel Neiva e os seus companheiros, sob violenta fuzilaria e dominou-se a fogueira que lambia o espaço.
>
> E esse bravo soldado, sexagenário, com trinta anos de serviços extraordinários, havendo prestado na época do terror trabalhos da ordem que vimos narrando, chefe de numerosa família e dela se esquecendo para oferecer a sua vida pela legalidade, que não havia trabalho tão legalista como o de evitar a destruição pelo fogo da cidade mais rica de sua terra, ao invés de receber um átomo de gratidão do governo, foi por este francamente reprovado e mereceu até o seu desprezo!

O incêndio do Cotonifício Crespi iniciou-se no dia 22 de julho, depois que granadas incendiárias atiradas pelas tropas do general Tertuliano Potiguara — militar cearense que combateu os grupos irregulares do monge José Maria durante o episódio conhecido como Contestado entre 1912 e 1916, no Sul do país — atingiram o prédio. As labaredas podiam ser vistas de toda a cidade. No dia seguinte, o mesmo ocorria com a fábrica da Antarctica e o depósito de combustíveis Mercansul, ambos situados na Mooca, como o Crespi. As duas colunas de fumaça causavam assombro aos moradores e, como a do Cotonifício no dia anterior, podiam ser divisadas de praticamente toda a capital.

Após o fim do episódio, o prefeito de São Paulo, Firmiano de Moraes Pinto publicou, no livro *A Prefeitura Municipal de São Paulo em face dos acontecimentos de julho* (Seção de Obras de *O Estado de S. Paulo*, 1924), a lista dos maiores incêndios. Foram eles: Cotonifício Crespi (Mooca), Depósitos da Anglo Mexican Petroleum, Mercado Municipal de Aves e Oficinas Duprat (rua 25 de Março), Fórum Criminal (largo do Palácio), Atlantic Refining Co., Chakib Gerab, Rieckmann & Cia., Sociedade Anônima Grandes Moinhos Gamba (Mooca), Sociedade Anônima Mercansul (Mooca), Antonio de Cammilis, Cie des Magasins Generaux et des Entrepôts Livres d'Anvers, Cia. Paulista de Alimentação, Marcos Favelli, Vasconcellos e Carmin.

7

A feroz repressão a rebeldes, anarquistas e à fraca oposição parlamentar

> — *Nada disso! — interrompeu. — Agora, eu que tenho tido escrúpulos em ver a cidade bombardeada, eu que tenho feito empecilhos para que o bombardeio se efetive, em vista dos termos desta carta, vou mandar aumentá-lo ainda mais: a granada será a resposta!*
> *— Se V. Exa. soubesse o que a granada tem feito...*
> *— Para isso a cidade foi avisada a tempo, a fim da população se retirar. Os que ficaram é porque não têm medo.*
> *[...] — Pois então diga a ele que a resposta é essa: vou mandar intensificar o bombardeio [...].**

A repressão, arma política contra a oposição

Passado o período da revolta, o governo começou imediatamente a castigar com severidade todos os que, em sua concepção, demonstraram apoio ou simpatia ao movimento revolucionário e seus líderes, tanto em São Paulo quanto no Rio de Janeiro. Na verdade, como veremos a seguir, mesmo no dia em que ocorreu o movimento, as prisões começaram a receber presos no Rio de Janeiro, então Distrito Federal. O presidente Arthur Bernardes havia passado a contar, pouco tempo antes, já em 1922, no início do seu governo, com instrumentos legais para combater a "mazorca". Essa expressão, de origem espanhola, era

---

* Trecho de diálogo travado entre o jornalista Paulo Duarte, portador de uma carta do presidente da Associação Comercial, José Carlos Macedo Soares, ao presidente do estado, Carlos de Campos, entregue em mãos em Guaiaúna, pedindo o fim dos bombardeios. A descrição é do próprio Duarte, em seu livro *Agora nós!*

muito usada na imprensa da época como sinônimo de arruaça, sempre no sentido político.

A esses instrumentos, entre os quais a Delegacia de Ordem Política e Social (Deops) de São Paulo, fundada no fim do ano exatamente para enfrentar as "ameaças revolucionárias" com as quais se defrontava o presidente, se juntava a legislação em vigor desde o início do século que permitia expulsar os chamados "agitadores estrangeiros", em geral anarquistas e socialistas, aos quais o presidente jamais perdoaria o apoio dado aos rebeldes que se instalaram na capital paulista. A primeira providência de Bernardes após o encerramento da revolta foi pedir (e obter) do Congresso a decretação de um novo estado de sítio por sessenta dias, que será constantemente renovado após seu final. Praticamente todo o mandato do presidente, entre 1922 e 1926, se passou sob essa medida de exceção, menos o período de dezembro de 1923 a início de julho de 1924.

Logo após a eclosão do movimento em São Paulo, o governo já tomava medidas para neutralizar os operários, embora estes não tivessem participado, organicamente, da revolta, de características de início apenas militares. Paulo Sérgio Pinheiro afirma, em sua obra *Estratégias da ilusão*, que no Rio de Janeiro, tão logo se iniciou o movimento revoltoso em São Paulo, foram fechados os sindicatos, suspensas as publicações operárias e presos os mais destacados militantes. Alguns foram expulsos do Brasil, outros mandados para a ilha Rasa, onde havia um presídio político, e a maior parte enviada para o presídio de Clevelândia, no extremo norte do país, em especial os redatores de *A Plebe*. O jornal anarquista, sediado na capital paulista, havia publicado um manifesto de apoio aos revoltosos.

O escritor e líder anarquista Everardo Dias, em *História das lutas sociais no Brasil*, descreveu a reação do governo logo após o início da revolta paulista:

SÃO PAULO DEVE SER DESTRUÍDA

Na capital da República, o ambiente tornou-se irrespirável; logo ao se iniciar o levante, desde a madrugada de 5 de julho, as canoas policiais eram incessantes, arrastando para as enxovias e presídios centenas de suspeitos em toda a escala social; mas a sanha policial era sobretudo acentuada com os agitadores operários, ou seja, os militantes. Os líderes operários que conseguiram escapar dessa razia tinham que andar disfarçados e com constantes alarmas, com inaudita coragem, enfrentando todos os perigos e espantosas torturas aplicadas pela polícia para conseguir declarações e confissões.

Em consequência e como reação ao movimento em São Paulo, Bernardes começaria a preparar, então, as bases para a formação de uma polícia política, cujo principal intuito era identificar até a mais modesta forma de oposição e partir para a repressão. Segundo Pinheiro, foi proposto um novo regulamento para a Polícia Civil do Distrito Federal, prevendo a instalação de duas inspetorias, a seção de ordem social que teria entre seus objetivos "exercer constante vigilância sobre os agitadores, sociedades operárias, estabelecimentos industriais, agremiações e toda e qualquer reunião a que concorram pessoas exaltadas" e "desenvolver a máxima vigilância contra quaisquer manifestações ou modalidades de anarquismo e agir com solicitude para fins da medida de expulsão de estrangeiros perigosos".

A seção de segurança pública, por sua vez, teria como função "velar pela integridade e segurança da pátria e pela existência política e segurança interna da República, especialmente quanto aos crimes de conspiração, sedição, ajuntamentos ilícitos e aos meetings e reuniões de caráter político". Era, como se pode observar, um rol muito grande de "crimes" a reprimir.

Em 1917, no mesmo ano da greve geral promovida por operários anarquistas em São Paulo, o jornal *O Paiz*, do Rio de Janeiro, havia afirmado, em editorial de 24 de julho, que "o trabalhador brasileiro, disciplinado e de boa índole, está sendo minado pela ação deletéria de alguns estrangeiros". Em pouco tempo, anarquistas e comunistas passariam a receber o rótulo de "indesejáveis" e sofrer a ação de uma legislação que permitia sua expulsão do Brasil. *O Estado de S. Paulo* afirmou algo semelhante na edição de 23 de outubro de 1919: "eles [os militantes estrangeiros] não amam nossa cidade, nem a estimam porque não nasceram sob o nosso céu. Não corre nas suas veias o nosso sangue". A Lei Adolfo Gordo, de 1907, definia sua expulsão por "perturbar a ordem pública".

Governos anteriores a Bernardes haviam editado leis contra os denominados "agitadores estrangeiros". A expressão designava os trabalhadores italianos, espanhóis e portugueses que costumavam ter mais consciência dos seus direitos que os confrades brasileiros. Alguns brasileiros, no entanto, eram bastante politizados. Parte dos imigrantes seriam vistos como responsáveis por "contaminar" os pacíficos e ordeiros trabalhadores brasileiros com o "vírus" da luta de classes. O anarquismo e o socialismo seriam, então, uma espécie de "flor exótica" no "jardim" dos operários nacionais. Não eram somente as ideias anarquistas que chegavam com os imigrantes italianos. Segundo Alfredo Samis, autor de *Moral pública e martírio privado*, nos anos 1920, o fascismo também se fez sentir no Brasil em forma de panfletos, jornais e intercâmbios culturais promovidos pelo governo da Itália, sob Mussolini, de forma a combater a influência de esquerda.

Em 5 de janeiro de 1907, fora editado o Decreto 1.637, que exigia o registro dos sindicatos em cartórios e o fornecimento às autoridades da lista dos filiados nacionais ou naturalizados. Dias depois, em 7 de janeiro, outro decreto, o 1.641, mais conhecido como Lei Adolfo Gordo, regularizava a expulsão de estrangeiros. A lei foi editada, não por coincidência, logo após a realização do Congresso Operário Brasileiro, no Centro Galego, Rio de Janeiro. Essa lei seria publicada pela segunda vez em 1913, levando às expulsões dos anarquistas Gigi Damiani e Everardo Dias, respectivamente italiano e espanhol.[1]

Em 1921, durante o governo de Epitácio Pessoa, havia sido aprovada a Lei de Repressão ao Anarquismo, utilizada nas administrações seguintes para expulsar anarquistas e revolucionários, o que enfraqueceu a influência de ideias anarquistas e socialistas no movimento sindical brasileiro. A criação da 4ª Delegacia Auxiliar, sob o comando do major Carlos dos Reis, logo depois da posse de Arthur Bernardes, em novembro de 1922, segue em linha a transformação da polícia de então, no dizer do historiador Carlo Romani em seu artigo "Antecipando a era Vargas: A Revolução Paulista de 1924 e a efetivação das práticas de controle político e social" na concretização de uma prática de polícia política, voltada ao controle social, que se tornaria, no governo do Estado Novo getulista, uma prática cotidiana, muito utilizada na repressão a movimentos sociais e políticos de oposição.

> A 4ª Delegacia foi seguramente o embrião necessário para a criação, anos mais tarde, de um Departamento de Ordem Política e Social (Deops), este sim uma repartição policial absolutamente independente e com autonomia em relação ao próprio governo federal. Contudo, se o Deops e a gestão repressora da polícia política inaugurada na era Vargas são tão estudados pelos pesquisadores, ignora-se, muitas vezes, que foi no tempo de Arthur Bernardes que se deu a gestação e o nascimento de um plano estratégico de vigilância e controle social, no qual quase todos os métodos, posteriormente aprimorados, já estavam lançados e postos em prática. Portanto, a emergência de um moderno estado policial no Brasil se deu já em novembro de 1922 com a criação da 4ª Delegacia Auxiliar. Pelo menos no tocante à prática repressiva de controle político do corpo social, o Estado varguista não inaugurou nada, apenas reforçou e deu continuidade ao modelo previamente iniciado por um de seus antecessores.

Entre seus auxiliares mais próximos no setor de repressão, o presidente Arthur Bernardes escolheria alguns personagens que marcariam a crônica especializada da época: para a chefia da Polícia do Distrito Federal foi indicado o marechal Manoel Lopes Carneiro da Fontoura, conhecido pelo apelido de "General Escuridão", em referência racista à cor de sua pele, mas também à sua truculência. Esse oficial deixou o cargo antes do fim do mandato do presidente sob acusação de corrupção e enriquecimento ilícito ao se envolver com a cúpula do jogo de bicho na capital federal. O major Carlos do Reis, por sua vez, que dirigia a 4ª Delegacia Auxiliar, era chamado de "Major Metralha" pelos inimigos. Outro auxiliar do presidente, o general Antenor Santa Cruz, recebeu o apelido de "General Rapa-Coco" por, segundo seus detratores, raspar a cabeça dos seus soldados.

Os jornais *O Globo*, do Rio de Janeiro, e *O Combate*, de São Paulo, publicaram, entre julho e agosto de 1927, várias reportagens mostrando que Fontoura e Carlos dos Reis, da 4ª Delegacia Auxiliar, enriqueceram com a repressão. Reis se tornara "um abastado proprietário de imóveis". O "General Escuridão", por sua vez, foi denunciado pelo banqueiro do jogo do bicho Turquinho por receber mesada de bicheiros. Em São Paulo, o delegado Cantinho Filho, do Dops, também era acusado de possuir um patrimônio muitas vezes superior à capacidade de seu salário. O policial tinha numerosos automóveis e um simples contínuo seu era dono de um palacete na elegante rua Augusta. O artigo que os denunciou em *O Combate* tinha como título "Os novos ricos do bernardismo".

Dias após a decretação da revolta em São Paulo, foram presos e levados à Casa de Correção, no Rio de Janeiro, o diretor do jornal *Correio da Manhã*, Edmundo Bittencourt, o advogado Evaristo de Moraes e o político de oposição Maurício de Lacerda. O líder anarquista e professor José Oiticica e o advogado Benjamin Mota passavam a amargar, logo após a decretação da revolta em São Paulo, uma temporada forçada na ilha Rasa. A ilha das Flores, o navio-prisão *Campos*, também apelidado de "navio-fantasma", e a ilha do Bom Jesus foram outros lugares para onde transportaram os apenados ou apenas suspeitos de crimes.

O presídio que recebeu mais prisioneiros, entretanto, foi a prisão de Clevelândia do Norte, no Oiapoque, extremo norte do país, ao lado da fronteira com a Guiana Francesa, para onde foram mandados em navios mais de 1.200 presos. Entre eles, revolucionários derrotados em Catanduvas, Paraná, que combateram tropas federais sob o comando do general Cândido Mariano Rondon; prisioneiros políticos levados do Rio de Janeiro; e presos comuns, como punguistas e desajustados, em uma cruel estratégia de "limpeza" de indesejáveis do Rio de Janeiro. Um relatório encaminhado na época ao ministro da Agricultura, Pedro Calmon, "Viagem ao núcleo colonial Cleveland", datado de 1926, e publicado na obra de Pinheiro, demonstra que, dos 946 prisioneiros desterrados para Clevelândia depois da derrota na Revolução de 1924, 444 haviam morrido de impaludismo, disenteria bacilar, tuberculose e outros males típicos de regiões tropicais. Clevelândia era uma antiga colônia militar convertida em prisão, em meio à floresta amazônica.

Dos 946 presos enviados para Clevelândia, 408 tinham ido de Catanduvas, no Paraná, mas haviam lutado na revolução paulista, 419 do Rio de Janeiro e 119 do Amazonas. Com relação aos estrangeiros "deportados" para Clevelândia, Everardo Dias em *Bastilhas modernas*, obra de 1926, contou o que houve com eles, ou pelo menos com os que conseguiram retornar a suas cidades após a experiência de passar anos em meio à floresta amazônica. De acordo com o líder anarquista:

> Curvados, magros, amarelados, sem coragem, sem ânimo, sem vitalidade, traziam as marcas das agruras em seus rostos escaveirados e cor de cera, nos quais apenas os olhos sobressaíam... no mais, pareciam múmias.

Em 16 de outubro de 1924, o português Atílio Lebre foi preso e deportado para a colônia agrícola. Por meio de uma carta, ele se comunicou com o deputado de oposição Adolfo Bergamini e contou sua situação. Esclareceu que vivia no Brasil fazia 15 anos, exercendo a função de corretor. E só escapou do suplício porque obteve um atestado médico de doença de posse do qual conseguiu ser retirado numa canoa para o Amapá, apresentando-se ao cônsul português em Belém:

Fui encerrado num infecto cubículo onde mal entrava a luz solar, onde encontrei meus amigos, Vicente Ferreira, o conhecido orador popular, e Everardo Dias. [...] Ao cabo de 21 dias a bordo do navio *Com. Vasconcelos*, fui conjuntamente com meus companheiros de infortúnio, desembarcado em Clevelândia, sede de uma colônia agrícola que o governo federal possui na margem esquerda do rio Oiapoque, nos confins do estado do Pará, avistando-se na oposta, a uma distância de uns 400 metros, a Guiana Francesa. Revolto-me contra semelhante desterro — porque sou português — aberrados os mais comezinhos princípios internacionais e humanos.

Alguns dos criminosos comuns levados para Clevelândia foram cooptados pelo poder e ajudaram a martirizar seus companheiros de desterro, os presos políticos. Os mais violentos eram o Coronel Bahia, Padeirinho, Za-la-morte e Rio Grande. Eram, naturalmente, odiados pelos presos políticos.

Uma história curiosa, relatada pelo padre Rogério Acilino, autor de *Clevelândia do Norte*, dá conta de um relato de tradição popular segundo o qual um preso seria morto e tinha acabado de cavar sua cova, na qual seria jogado, quando seus executores ordenaram que se despedisse da mãe. Ao cantar o poema de sua autoria, reproduzido a seguir, acabou poupado pelos assassinos, dedicando-se a cavar covas para os mortos:

> *Adeus, rio Oiapoque, sepulcro de infelizes*
> *Ao ouvir minhas preces*
> *Até as pedras se maldizem*
> *Já não vejo minha mãe*
> *Pois me falta a liberdade*
> *Quanto é triste ter saudade.*

Até mesmo menores foram levados a Clevelândia e padeceram tanto quanto os adultos. Morador do Brás, em São Paulo, por ocasião do "bombardeio terrificante", Adriano Augusto foi alvejado por metralhadoras legalistas e, mesmo assim, levado ao presídio, depois de ser preso em Catanduvas, ao lado dos rebeldes. Houve outros, além dele:

> Outro exemplo de violência contra menor carente é o episódio do menino Adhemar da Silva Pires, apanhado nas ruas da capital federal e deportado para Clevelândia em "fins de 1924", quando contava 14 anos de idade. Este não teve a mesma resistência do outro [Adriano Augusto], falecendo no desterro do Oiapoque.

O secretário de Justiça do Estado de São Paulo, Bento Bueno, se diz partidário de soluções menos drásticas que as defendidas pelo presidente do estado para punir os rebeldes. No entanto, Bueno acompanhou o presidente na utilização de "mãos duras" na repressão à sedição:

> E agora! Agora começa para o governo a fase mais antipática e ingrata, que é a "liquidação" da revolta. O Carlos e os chefes amigos da situação estão firmes no propósito de "punir exemplarmente" os cabeças e auxiliares maiores do movimento. Eu, bem no meu íntimo, não creio nisso. Tenho já boa prática, por que tenho assistido de dentro a todas as revoluções desde o começo da República [...] não quero, naturalmente, a impunidade completa, mas essa "punição exemplar", essa não é e nunca foi para o Brasil.

> 5 de setembro

> [...] As cadeias continuam cheias! O meio legal de esvaziá-las está nos processos, mas quem seria capaz de fazê-los? Quem os fez e onde, tratando-se de crime tão grande, tão longo e complicado? Ainda bem que a fúria de Carlos está passando; e com a dele vai se amansando visivelmente a dos nossos amigos e chefes políticos.

O governo não "amansou", como afirmou o secretário. Ainda em 30 de dezembro daquele ano, por meio da Lei 2.304, que determinava a reorganização da polícia, o presidente Carlos de Campos criou o Departamento Estadual de Ordem Política e Social (Dops-SP), voltado a "garantir a ordem social no estado". Era mais um degrau na escalada de repressão.

Em São Paulo, no dia 3 de agosto, o presidente fazia questão de deixar claro qual seria sua atitude diante dos policiais da Força Pública que porventura tivessem tomado parte nos acontecimentos de julho daquele ano. Um decreto de apenas dois artigos, publicado no *Diário Oficial do Estado de São Paulo* naquele dia, mas datado de 29 de julho e assinado pelo presidente e pelo secretário de Justiça e Segurança Pública, Bento Bueno, estabelecia que

> Artigo 1º — Ficam desligados da Força Pública do Estado de São Paulo todos os oficiais, inferiores e praças que, na recente revolta, atentaram contra a integridade do estado, contra o exercício dos governos da União e de São Paulo e contra a Constituição Federal.
>
> Artigo 2º — Revogam-se todas as disposições em contrário.

O delegado de polícia, dr. Octavio Ferreira Alves, encarregado de recuperar as mercadorias roubadas nos saques durante o período da revolta, informou, em relatório publicado no jornal *O Estado de S. Paulo* de 27 de agosto de 1924, que "enviou sete equipes aos bairros de Brás, Belenzinho, Mooca, Ipiranga e Cambuci para, atendendo a 184 queixas de saques nos estabelecimentos durante a revolta, retomar material saqueado. Foram apreendidas e levadas para o Theatro Cassino Antarctica mercadorias calculadas em 2 mil contos de réis, que foram restituídas a seus legítimos donos, e uma parte doada por eles a entidades beneficentes como a Santa Casa e o Asilo Bom Pastor".

Encerrada a sedição, com a retirada das forças rebeldes da cidade, o governo decidiu agir contra aqueles que, permanecendo na cidade, haviam de alguma forma negociado ou confraternizado com os rebeldes. Alguns desses estavam na mira de Arthur Bernardes e Carlos de Campos: o presidente da Associação Comercial de São Paulo, José Carlos Macedo Soares, o prefeito da capital, Firmiano de Moraes Pinto, e o jornalista Júlio Mesquita, diretor de *O Estado de S. Paulo*. Estes foram os escolhidos para que o regime mostrasse a sua "mão forte". Outros, no entanto, também seriam presos, mas não mereceriam tanta atenção quanto os três, representantes das chamadas "classes conservadoras", que, no entanto, diante do fato consumado da ocupação da cidade pelos rebeldes, entraram em entendimento com estes e, por isso, passaram a ser vistos como inimigos do regime.

Macedo Soares foi preso e enviado em trem especial para a capital federal, mesmo destino que coube a Júlio Mesquita. Processado sob acusação de simpatia com a rebeldia e estímulo à "mazorca", o prefeito, defendido pelo advogado e político Francisco Morato, também dirigente do Partido Democrático (PD), logrou escapar da prisão. Macedo Soares ainda ficou três meses preso, foi libertado em outubro e se exilou em Paris. Lá, escreveu em 1925 o livro *Justiça*, em que faz a defesa de suas atitudes no período e questiona, com pareceres de juristas franceses, o bombardeio à cidade. Mesquita, por sua vez, foi solto em setembro. Na sua defesa, no processo do Tribunal de Justiça, o diretor do jornal frisava que

> *O Estado de S. Paulo* [...] não é de sua propriedade individual, do depoente, mas de uma sociedade anônima da qual o depoente é diretor e principal acionista; que essa empresa tem compromissos avultados, entre os quais 5 mil contos em debêntures, títulos largamente espalhados por possuidores de modestíssimos haveres; que a mesma empresa dá trabalho a um número de operários que representam um salário de cerca de 100 contos mensais, que o abandono da cidade pelo sr. Carlos de Campos e todos os seus secretários, sem proclamação de qualquer natureza ao povo paulista, levou a todos os espíritos a convicção de que a revolta estava absolutamente vencedora, sendo desnecessário

acrescentar que o general Isidoro *ipso facto* passou a exercer funções de verdadeira tirania; que nessas condições o *Estado de S. Paulo* foi militarmente requisitado pelo general Isidoro para publicação dos atos do Governo Provisório; que o declarante podia fechar suas oficinas, que não o fez por defender direitos e interesses de terceiros e mais por entender que mesmo sob coação de uma requisição militar podia prestar, como prestou, grandes serviços à pobre população de São Paulo, tristemente abandonada por todos.

Após a retirada dos revoltosos, o Relatório Geral do Inquérito, assinado pelo procurador criminal da República Carlos de Costa e dirigido ao juiz federal Washington de Oliveira, citava um total de 702 pessoas (outras 16 foram acrescentadas depois) para ser incluído no inquérito, já em curso, sobre a sedição. Formalmente concluído em 27 de junho de 1925, o inquérito recomendava o indiciamento de 688 pessoas, já que trinta dos nomes eram repetidos. Foram pronunciadas como "cabeças" do movimento 19 pessoas, e cem como coautoras. Para 569, no entanto, não houve condições de denúncia porque o procurador criminal não obteve elementos nesses casos. É que o entendimento do Supremo Tribunal Federal (STF) só considerava puníveis coautores de crimes que efetivamente, de acordo com o artigo 18, tivessem "concorrido com proteção aos revoltosos, auxílio sem o qual o crime não seria cometido".

Além de Macedo Soares e Júlio Mesquita, ambos presos, e o prefeito Firmiano de Moraes Pinto, acusado de simpatia pelos rebeldes, o governo Arthur Bernardes também pediu à Justiça, em agosto de 1924, a detenção do dono do jornal *Correio da Manhã*, Edmundo Bittencourt, e do jornalista daquele veículo, Mário Rodrigues (pai do também jornalista Nelson Rodrigues, que se tornaria cronista esportivo), sob acusação de impressão clandestina do jornal *5 de Julho*, feito pelos rebeldes. O *Correio* havia publicado, ainda no período eleitoral, as chamadas "cartas falsas" nas quais correspondências ofensivas aos militares foram divulgadas como se fossem de autoria de Arthur Bernardes, candidato à Presidência da República na sucessão de Epitácio Pessoa. Depois, Oldemar Lacerda, conhecido como falsário, assumiu a autoria das missivas, que tentavam intrigar o futuro presidente com os militares.

No dia 2 de agosto, Júlio Mesquita era preso e levado para o Rio de Janeiro. Dois dias depois, seria a vez de Macedo Soares. Ele próprio descreveu em seu livro, *Justiça*, como se deu a prisão. Segundo o autor, um capitão do Exército esteve em sua casa e o convidou a comparecer à presença do Auditor de Guerra para "prestar esclarecimentos". Naquele dia, dormiu no local, um quartel da Força Pública.

Na manhã seguinte, o presidente da Associação Comercial foi transferido para a Casa de Correção, no Rio de Janeiro. "Tocou-nos neste presídio o cubículo número 1, da décima galeria, de onde havia sido retirado, momentos antes, o assassino que o ocupava habitualmente", contou. No dia seguinte, Macedo Soares foi levado ao Corpo de Bombeiros, onde ficou detido por seis semanas. "Fomos soltos como havíamos sido presos: sem um interrogatório, sem uma acareação, sem uma palavra de explicação." Ele ainda relata que tentou voltar para São Paulo, mas resolveu desistir porque seus inimigos "ameaçaram criar uma agitação perigosa para a liberdade e a vida de nossos amigos".

Documentos obtidos pelo autor no Fundo Arthur Bernardes, depositado no Arquivo Público Mineiro (APM), entretanto, contam uma história diferente. Segundo informes classificados como "secretos", entre eles uma carta expedida pelo então ministro das Relações Exteriores, Félix Pacheco, ao presidente Arthur Bernardes, Macedo Soares estava preso na ilha Rasa, presídio político perto da baía de Guanabara onde ficaram detidos vários anarquistas, entre eles José Oiticica em três ocasiões, e de lá escapou a nado, chegando ao Rio e pedindo refúgio na Embaixada da Argentina. O embaixador daquele país, Juan Mora, comunicou o fato ao governo brasileiro e pediu instruções de como proceder.

No documento, com carimbo de *"archivar"*, datado de 24 de dezembro de 1924, Pacheco diz que "Macedo Soares, sumamente agitado e nervoso, contou ao embaixador que fugira numa canoa de pescadores da ilha Rasa e que a canoa virara antes que ele atingisse a praia, tendo ele feito o resto do percurso a nado". Depois de explicar que o diplomata, preocupado, havia sugerido a colocação de policiais à paisana do lado de fora do prédio para evitar que outros inimigos do regime invadissem a embaixada, o ministro disse ao presidente que "o dr. João Luiz, que acaba de estar aqui comigo, vai providenciar a esse respeito". Lembra, entretanto, que o pedido de asilo de Macedo Soares é "líquido", ou seja, difícil de negar. O dr. João Luiz citado é, provavelmente, um policial.

O jornal *O Estado de S. Paulo*, dirigido por Júlio Mesquita, por sua vez, teve sua circulação suspensa, por ordem do governo federal, no dia 29 de julho, e só retomou suas atividades em 17 de agosto. Neste dia, em editorial, Mesquita negou qualquer colaboração com os rebeldes e afirmou que seu jornal manteve a "mais completa neutralidade" no episódio. Trata-se de uma meia verdade. Embora não tenha participado diretamente da revolta, o jornal se alinhava com a oposição a Bernardes e Campos. Em seu editorial, Mesquita assegurou que "Nem antes, nem durante, nem depois, tivemos, por palavras ou atos, a menor participação no levante militar".

O chicote da lei contra inimigos e simpatizantes

Vencidos e afastados os rebeldes, o governo instaurou o processo-crime, até hoje tido como um dos maiores da história de São Paulo, contra rebeldes e simpatizantes, entre eles operários, policiais de baixa graduação e outros que teriam oferecido apoio à sedição. Sob a guarda do Arquivo do Estado de São Paulo, o processo instaurado na Justiça Federal tem mais de 170 volumes, de aproximadamente quinhentas páginas cada um, com fotografias, documentos e artigos de jornais nos quais se tentava provar a participação de muitos personagens nos eventos de julho. Vários líderes operários, entretanto, já se encontravam presos, em muitos casos sem culpa formada, nos cárceres de governo. Presídios como os de ilha Rasa, ilha das Flores, Clevelândia e a Casa de Detenção carioca já se encontravam com muitos líderes sindicais detidos sob a acusação de participação no movimento revolucionário.

Logo após a retirada dos rebeldes, o advogado Lourenço Moreira Lima, que veio a se tornar cronista da Coluna Miguel Costa-Prestes, permaneceu na cidade e foi preso em Capão Bonito, quando tentava alcançar os revolucionários. Lima, que viera do Rio de Janeiro para se integrar à revolta, foi levado para a delegacia de capturas e investigações, na rua 7 de Abril, que classificou como "um antro de monstruosidades". Ele calculou em pelo menos 10 mil pessoas presas logo após a saída dos revolucionários da cidade em sua obra *A Coluna Prestes: Marchas e combates*:

> Nos rápidos momentos em que estive na carceragem, vi vários instrumentos de tortura: canos de borracha, palmatória, grossos cacetes e um respeitável espremedor de limões, este certamente destinado a preparar refrigerante para os presos, nas horas de calor... era uma bonita coleção de objetos de martírio.

Embora não tenha sido pessoalmente torturado, talvez pelo fato de ser bacharel em Direito e contar com amigos influentes, Lima afirmou ter presenciado várias cenas de martírio.

> Eu ainda não tive oportunidade de ir ao Inferno, mas penso não poder ser pior que a delegacia da rua 7 de Abril, onde se ouvia a todos os instantes, partidos de todos os lados (não era só na carceragem que os presos sofriam torturas), os gritos horríveis e as lamentações dolorosas dos infelizes supliciados ferozmente pela polícia paulista.

Acordei muitas vezes, alta madrugada, despertado pelos urros monstruosos dos seviciados e pelas pancadas dos algozes zurzindo os corpos das pobres vítimas, retalhando-as até elas caírem completamente ensanguentadas, sucedendo-se os gemidos lúgubres e soturnos dos que não tinham mais forças para gritar e que enchiam o espaço com o arquejar de moribundos.

São numerosos os casos de cidadãos comuns — muitos dos quais civis — presos, sob acusação de simpatia com o movimento. Há, até mesmo, menores de idade, sobre os quais não pesava acusação alguma. Lorayne Garcia Ueócka, autora da dissertação "Dossiê de uma rebelião: Operários ante a sedição paulista", destacou as histórias de Júlio Pereira de Souza, então com 16 anos, que ficou preso desde julho de 1924 até início de 1925. O seu crime: era filho de um líder rebelde, o coronel João Francisco de Souza, e, com bandeira branca, apresentou-se às tropas legalistas para levar uma mensagem do seu pai. Operários de fábricas em São Paulo, Adriano Metello Júnior e Tharsis Cabral de Mello, ambos menores, também foram detidos e somente liberados em meados de 1925, já que "não se produziu prova alguma contra eles", como é dito no volume 137 do processo criminal. O mesmo se deu no interior do estado, durante a perseguição aos rebeldes, quando as tropas legalistas prenderam os jovens operários Armando Lerro e Duílio Poli, ambos também de 16 anos, moradores de Jaboticabal.

Entre os citados nos processos em poder do Arquivo do Estado, aparecem vários funcionários da Estrada de Ferro Central do Brasil (EFCB), que teriam facilitado a vida dos rebeldes, entre os quais Acácio Pinto Dias e Carlos Louvine Ennes. Há, no entanto, relatos em que os indiciados juram que nem sabiam exatamente do que se tratava a revolta. Os depoimentos mostram um pouco do mosaico profissional da capital. Há pedreiros, cocheiros, serventes de pedreiros, tecelões, carroceiros, empregados no comércio, encanadores e funcionários públicos entre os chamados "civis revoltosos". Inácio Tavares, de 19 anos, empregado no comércio, contou nos autos do processo do Arquivo do Tribunal de Justiça de São Paulo (ATJESP), que

> No dia 14, ao voltar do trabalho, foi preso... debaixo de ameaças esse soldado conduziu o depoente ao Quartel da Luz onde um tenente de Polícia dando arma e munição ao depoente o obrigou a entrar no caminhão onde entre dois soldados e outras pessoas armadas teve de seguir para a avenida Rangel Pestana.

Por sua vez, o dr. João Queirós de Assunção, advogado, referindo-se ao dr. Mauro Machado, colega de profissão, declarou, no processo, que este havia dito, convidando-o a participar do movimento:

> Vamos, Assunção, você é um rapaz de ideias, vigoroso ao falar e ótimo elemento para a causa dos revolucionários, tudo nesse país está perdido e, por isso, substituí o Código por este revólver e com ele hei de fazer justiça ao povo, miseravelmente oprimido; vamos, tu és meu patrício e não deves recusar meu convite!

Há nos processos uma lista de sargentos do Exército e da Força Pública que, para o procurador criminal Carlos da Costa, teriam prestado auxílio aos revolucionários. Aparecem, por exemplo, os sargentos Franklin Pinheiro, Arthur Ferreira de Sant'Anna, Antonio Romão de Souza, Armando Dias de Andrade, Antonio Rodrigues de Souza, Austriclinio F. de Brito, Benedito Quirino de Souza, Cyro Alves Barbosa, Deocleciano Garcia, José Jeronymo Vergue, José da Cunha Pereira e Accacio Coelho de Queiroz. O inspetor-geral da Estrada de Ferro, José de Goes Artigas, também foi acusado pela legalidade de oferecer apoio aos revoltosos quando estes deixavam a capital paulista. Não ficou provada, entretanto, a responsabilidade do funcionário que alegou ser "contra a revolta".

Outros trabalhadores da Sorocabana e da Estrada de Ferro Central do Brasil, no entanto, não escaparam do indiciamento. No primeiro volume dos processos, Acácio Pinto Dias, Alberto Castanheira e Carlos

Louvine Ennes, empregados subalternos, são citados como "estando comprometidos com o movimento revolucionário" e "cúmplices nos atos dos rebeldes". Em seu depoimento nos autos, Ennes se defendeu:

> Foi coagido, sob ameaça de fuzilamento, a preparar locomotivas que serviram aos revoltosos, mas logo que pôde, fugiu para Guaiaúna, onde se apresentou ao general Sócrates e continuou a prestar serviços à estrada...

A repressão também chegou aos trabalhadores, principalmente aos de tendência anarquista ou socialista, vistos como "inimigos do Estado" pela polícia política recém-criada pelo presidente Arthur Bernardes. O anarquista Pedro Catalo relatou em suas memórias como se deu a ação policial contra os trabalhadores após a retirada dos rebeldes:

> Nem bem a famigerada polícia de São Paulo conseguiu se reorganizar, começou desesperadamente a caça aos militantes anarquistas que haviam assinado o manifesto publicado em *A Plebe*. A maioria deles conseguiu safar-se escondendo-se alguns, fugindo outros, outros ainda mudando de estado, e a polícia desnorteada e louca à procura dos signatários do manifesto. Alguns não tiveram tempo de esconder-se e caíram nas malhas dos raivosos "tiras" que procuravam a desforra nos militantes libertários. Longe, porém, estavam de saber o tétrico destino que a polícia de São Paulo lhes havia preparado.

Foram presos alguns dos signatários do manifesto e enviados, a toda a pressa, para a prisão política de Clevelândia, no extremo norte do país, de onde pelo menos cinco líderes anarcossindicalistas jamais retornariam. Pedro Augusto Motta, José Maria Fernandes Varela, José Alves do Nascimento, Nicolau Parada e Nino Martins morreram na prisão, em meio à selva. O principal procurado pela polícia era o redator-chefe de *A Plebe*, Rodolpho Felipe, que havia se refugiado no interior de Minas Gerais. Os signatários Pedro Motta e Nino Martins foram detidos, depois de várias peripécias e tentativas de fuga, e enviados à Polícia Central, no Rio de

Janeiro, e a seguir à colônia do Oiapoque em meados de 1925. Outros dois signatários do manifesto, Pasqual Martinez e João Peres, foram presos e encarcerados no presídio da rua dos Gusmões e no presídio do Paraíso. Belmiro Martins, por sua vez, fugiu para o interior do estado e não foi mais capturado. Antonino Domingues mudou-se para o Rio de Janeiro e passou dois meses por lá. Ao retornar, foi detido durante oito dias e teve que pagar 700 mil-réis de fiança para sair. Everardo Dias explica, de um jeito peculiar, em sua obra *Bastilhas modernas*, como se dava o "convite" para depor à polícia na capital da República:

> Um homem é convidado na rua ou em casa, na oficina ou no escritório, ou num estabelecimento, num cinema ou num bar, para ir à Central falar com o major Carlos Reis, e logo que aí chega, acompanhado de dois ou mais agentes, aliás sempre delicados e maneirosos na rua, passa a uma sala onde fica incomunicável dias, semanas, meses, dormindo no chão, sobre jornais ou em cima de algum banco conseguido por um agente compassivo até que uma noite, inopinadamente, sem ser interrogado, sem a mais leve inquisição a mor parte das vezes, conduzem-no de automóvel à Casa de Detenção, onde é encerrado.

Domingos Braz, também anarquista, definiu assim a prisão em meio à floresta:

> Clevelândia — a senzala moderna. Antigamente a escravidão, o tronco, o cipó, o relho; atualmente o trabalho forçado, o cacete, o cinto, o grilhete. Repete-se a história [...].

Um dos biógrafos de Bernardes, Bruno de Almeida Magalhães, buscou defender o presidente das acusações de deportar seus inimigos para Clevelândia. Apesar das evidências em contrário, que chegaram a gerar um pedido de explicações do Congresso ao governo, após a morte de centenas de prisioneiros por causa de doenças tropicais e maus-tratos, Magalhães se esforça para justificar a prisão dos militares e civis — entre os quais vários líderes anarquistas — em um dos pontos mais remotos do território nacional. Nas palavras do autor da biografia, intitulada *Arthur Bernardes: Um estadista da República*, o lugar era saudável e os presos foram poucos.

> Com a derrota dos revolucionários no Combate de Catanduvas, o número de prisioneiros atingiu a 577. De acordo com a Constituição Federal, tinham eles de ser detidos em lugares não destinados a réus de crimes comuns. No atual território do Amapá, havia um lugar denominado Clevelândia, sobre cujo futuro e salubridade existiam arquivados no Ministério da Agricultura relatórios de militares como os generais Clodoaldo da Fonseca e coronel Raimundo Barbosa, do engenheiro Gentil Norberto e do cientista Heráclides César de Souza Araújo. Fundado nessas informações, o governo deliberou para lá remeter grande número de prisioneiros. Mas, a despeito da salubridade do local, houve uma epidemia de febre tifoide, em que pereceram alguns prisioneiros. Por causa disso, Bernardes recebeu as mais acerbas acusações. Toda a lenda acerca de Clevelândia foi irrespondivelmente refutada pelo senador Miguel Calmon, ministro da Agricultura durante o governo de Bernardes, durante as sessões de 29 e 30 de dezembro de 1927, sem ter sofrido a menor contestação.

Não é o que diz a bibliografia especializada. Alexandre Samis, autor de *Clevelândia*, assegurou que, ao contrário da rósea descrição de Magalhães, Clevelândia era uma espécie de "inferno verde", o equivalente a uma espécie de Sibéria tropical. Samis contou que não foram "alguns prisioneiros" os mortos em consequência de doenças tropicais em Clevelândia, conforme apontou Magalhães, mas 491, o equivalente a mais da metade dos 946 prisioneiros, entre rebeldes de 1924 derrotados por tropas federais em Catanduvas, no Paraná, anarquistas, doentes mentais e presos comuns enviados do Rio de Janeiro e embarcados à força entre 1924 e 1927.

A argumentação de Magalhães, autor da biografia autorizada do presidente Arthur Bernardes, obedece à sua estratégia de alegar que Clevelândia era uma espécie de "prisão especial" na qual poderiam ser encerrados os rebeldes e anarquistas que, portanto, não precisavam de *habeas corpus*. O Superior Tribunal de Justiça (STJ), lembrou John Forster Dulles em sua obra *Anarquistas e comunistas no Brasil: 1900-1935*, autorizou o governo a deportar seus inimigos para a Clevelândia por considerar que a ilha das Flores, seu destino inicial, era inadequada para receber presos dessa natureza. Trata-se de uma mistificação. A sobrevivência em meio a tantos suplícios era bem difícil na prisão situada no meio da floresta, e boa parte dos prisioneiros jamais conseguiu voltar a suas cidades de origem.

A estratégia de juntar criminosos comuns a presos políticos na mesma prisão, para Samis, tinha uma razão muito clara:

> É importante lembrar que a inclusão de criminosos comuns como cafetões e assaltantes era uma estratégia do governo para que, em caso de tornar-se público o caso da Clevelândia, poder alegar que os atos eram cometidos contra elementos moralmente desqualificados. O engenheiro Gentil Norberto, diretor do campo, sempre dizia que os presos eram "desclassificados".

As vítimas da antiga Colônia Militar de Oiapoque, nome antigo do lugar, morreram de impaludismo e malária, entre outras doenças tropicais. O historiador Carlo Romani, no artigo "Clevelândia (Oiapoque). Colônia penal ou campo de concentração?", defendeu a tese de que o lugar era na verdade um campo de concentração, utilizado pelo presidente Arthur Bernardes para encerrar seus inimigos sem precisar conceder-lhes *habeas corpus* aceitos pela Justiça. De acordo com Romani, a própria dificuldade de chegar à colônia militar era usada pelo governo como justificativa para não cumprir — ou retardar ao máximo — o atendimento à determinação da Justiça para libertar prisioneiros. A ideia era que os presos permanecessem o maior tempo possível na prisão, da qual era difícil conseguir retornar com vida.

Ao final do processo, o juiz-relator do Supremo Tribunal Federal (STF), Muniz Barreto, condenou a dez anos de reclusão, com base no artigo 107 do Código Penal — ou seja, atentar contra a Constituição e a forma de governo —, dezenove militares de alta e baixa patente, sendo que dezoito eram do Exército e um da Força Pública. Eles foram considerados os "cabeças" da Revolução de 1924. Eram os generais Isidoro Dias Lopes (citado como a principal figura, chefe das forças rebeldes) e Augusto Ximeno de Villeroy, o marechal Odílio Bacellar, o general reformado Pompeu da Silva, os coronéis Paulo José de Oliveira e Olinto Mesquita de Vasconcelos, o tenente-coronel Olyntho Mesquita de Vasconcellos, os majores Antonio Mendes Teixeira e Raul Dowsley Cabral Velho, o major da Força Pública Miguel Costa, os capitães Newton Estillac Leal, Juarez Nascimento Fernandes Távora, Índio do Brasil e Octavio Muniz Guimarães e os tenentes Eduardo Gomes, Custódio de Oliveira, Granville Bellerophonte de Lima, Henrique Ricardo Holl e Victor Cunha da Cruz, além do coronel José Francisco Pereira de Souza. A Liga Nacionalista de São Paulo, uma das instituições que atenderam a população durante o episódio, foi fechada por seis meses por decreto presidencial também por acusação de simpatia com os rebeldes paulistas.

Quem queria a revolução?

Mesmo não considerando aquela revolta, liderada por militares — ao menos em tese grandes inimigos do anarquismo — como a sua "revolução social" tão ansiada, os anarquistas ofereceram apoio ao movimento e chegaram a publicar, na edição de 15 de julho do jornal *A Plebe*, de orientação anarquista, um manifesto de apoio aos rebeldes. Tentaram até mesmo negociar com o líder dos militares rebelados, general Isidoro Dias Lopes, um acordo que previa a entrega de armas a pelotões de trabalhadores e a formação de grupos paramilitares sem ingerência militar, mas foram rechaçados.

O depoimento de Everardo Dias (1866-1966), veterano líder anarquista, gráfico e jornalista que, após a Revolução de 1924, permaneceu preso por três anos na ilha das Flores sob acusação de "conspiração contra o regime", ilustra as impressões dos operários com relação à revolução dos militares e sua profunda decepção. Afinal a "revolução" que planejavam os trabalhadores não era a mesma idealizada pelos tenentes. O trecho está na obra de Dias, *História das lutas sociais no Brasil*:

> Mais tarde, o "chefe", que era o general Isidoro Dias Lopes, desculpou-se em suas memórias, publicadas no *Correio da Manhã*, de não ter tido tempo de avistar os elementos conjurados do operariado, pela precipitação com que houve de agir, o que me parece fraca desculpa e erro de grandes proporções. Mas teve a oportunidade, durante os atropelados e febris dias de combate na capital de São Paulo, de receber em seu quartel-general o presidente da Associação Comercial e outros magnatas das finanças e da indústria, e que o aconselharam a retirar as suas forças da cidade, evitando um iminente levante do proletariado.
>
> Ora, dirigentes operários, por várias vezes, procuraram avistar-se com ele, sem o conseguir, recebidos com displicência por qualquer oficial inferior, que os mandava apresentar-se aos postos de recrutamento... no entanto, esses líderes, sabedores de que o movimento era aquele que estava se articulando desde o Rio de Janeiro, queriam justamente propor o que havia sido combinado, ou seja, a criação de batalhões nitidamente populares; eles agitariam e levantariam as populações do interior e dos estados de Minas e Paraná, cortando comunicações, intimidando e causando por meio de guerrilheiros a dispersão das forças governamentais e seu consequente enfraquecimento e até total adesão à causa da revolução. Armas havia suficientes para esse resultado e também disposição para a luta. O que faltava era disposição para prosseguir lutando de parte do chefe e de seus lugares-tenentes que haviam certamente imaginado que o simples levante das forças em São Paulo assustaria Bernardes e daria com o governo por terra. Queriam ser eles os "salvadores".

Os próprios rebeldes confirmam essas assertivas dos anarquistas. O tenente Juarez Távora, tido como um dos principais líderes dos revoltosos de 1924, faz questão de deixar bem clara, em sua obra *À guisa de depoimento* (vol. 1, p. 91), sua opinião sobre a participação dos operários no movimento planejado e executado pelos tenentes, que, caso ocorresse, poderia dar um caráter de luta social à iniciativa:

> E quem entre nós seria capaz de prever as últimas consequências da subversão social criada pelo predomínio incontestável do populacho? Será essa a revolução que admitem os nossos políticos?

E, para que não sobrem dúvidas sobre a visão de parte majoritária dos "tenentes" sobre a subversão social da ordem da República Velha, outro tenente, Nelson Tabajara de Oliveira, em *1924: A revolução de Isidoro*, explicita qual deveria ser o papel reservado aos líderes operários na "revolução de 1924":

> A revolução sempre fez questão de manter seu caráter nacionalista e democrático. Isidoro, com grande indignação, repelira, em São Paulo, a tentativa de aproximação de líderes proletários que vinham prometer total adesão de classe, se a revolta adquirisse caráter extremista. Recusou-a, com firmeza, porque isso descaracterizaria o movimento original do movimento, que buscava a renovação dos processos políticos vigentes, estando sempre os chefes rebeldes dispostos a acatar e prestigiar qualquer estadista de valor a quem fosse passado o governo federal, ante o que deporiam armas. Não lhes interessava, portanto, a presença de esquerdistas nos quadros combatentes, mesmo que viessem reforçar a revolução, até fazê-la vitoriosa.

E o que pretendiam os rebeldes tenentistas? Seu plano de ação, no sentido estritamente militar, após a conquista da cidade, estava delineado: a capital seria dominada em "poucas horas" num golpe de mão, o presidente do estado seria deposto e os batalhões locais do Exército e da Força Pública marchariam ao lado da revolta. Na sequência, haveria o isolamento do vale do Paraíba, para evitar que tropas federais marchassem contra São Paulo, e do Porto de Santos, o que seria capaz de impedir o desembarque de inimigos, em demanda para São Paulo. Depois, os rebeldes rumariam para Barra do Piraí, de trem, e a seguir para o Rio de Janeiro, onde deporiam o odiado Arthur Bernardes. Na prática, isso não ocorreu porque os atacantes demoraram muito tempo para tomar os pontos estratégicos, e houve pronta resistência à sua ação por parte de militares leais ao governo. Com isso, o governo teve tempo de se fortalecer e inverter o jogo, concentrando tropas próximo à cidade e cercando os rebeldes.

Se havia alguma segurança dos aspectos militares do confronto, no que diz respeito à ação política dos militares rebelados — que gostavam de se afirmar como "revolucionários" —, é possível enxergar muitas contradições. Em primeiro lugar, eles compartilhavam, como o Exército de então, de uma visão negativa em relação aos civis, chamados pejorativamente de "casacas". Desejavam, de acordo com seus manifestos, retroagir o Brasil ao regime de 1889, "como o deixou o Exército". Era uma visão idealizada, de caráter positivista.

Seus manifestos, nos quais explicam as razões da revolta, dizem que eles pretendem com o movimento:

1. Restabelecer a forma de governo republicano federativo.
2. Diminuir o número de unidades da Federação.
3. Separar a Igreja do Estado, firmando o princípio da liberdade religiosa.
4. Garantia de a Justiça reconhecer a constitucionalidade dos atos legislativos.
5. A proibição dos impostos interestaduais.
6. Tudo o que se refere à declaração dos direitos dos brasileiros.
7. Proibição da reeleição do presidente da República e dos presidentes e governadores dos estados, além dos deputados federais e senadores.
8. Decretação do voto secreto.
9. Obrigatoriedade do ensino primário e fundamental.

Como se pode observar, as reivindicações dos "tenentes" não incluíam nenhuma modificação estrutural mais profunda no *status quo* da sociedade brasileira de então. Não se trata de transformar as estruturas do Estado e sua relação com a sociedade, principalmente a despossuída, mas de encetar a reforma de algumas estruturas, sem aprofundamento em mudanças sociais. Tratava-se mais de uma tentativa de reforma superficial que de revolução, embora eles tenham batizado seu movimento como "Revolução de 1924". Uma tentativa de aprofundar a "revolução", como já vimos, foi rechaçada pelos líderes quando se negaram a montar pelotões de trabalhadores anarquistas.

Os tenentes viviam uma espécie de contradição institucional, pois, como membros da corporação de repressão do Estado, desejavam reformá-lo, mas temiam que a mudança fosse muito profunda a ponto de desestabilizar a própria instituição a que serviam. Quando ocuparam a cidade, contra todos os prognósticos, os tenentes rebeldes mantiveram em seu cargo o prefeito Firmiano de Moraes Pinto e tentaram fazer com que o vice-presidente do estado, Fernando Prestes, um latifundiário profundamente conservador, assumisse a posição do presidente do estado, Carlos de Campos. Este se negou e disse que só o faria se o próprio Carlos de Campos entregasse o cargo e não os rebeldes. Com a recusa de Prestes, que organizou "batalhões patrióticos" no interior para enfrentá-los, os rebeldes ofereceram o governo do estado, em um triunvirato integrado também por alguns líderes tenentistas, ao presidente da Associação Comercial, José Carlos de Macedo Soares, e ao diretor de *O Estado de S. Paulo*, Júlio Mesquita. Ambos recusaram a proposta. Esse tipo de postura foi fatal para o insucesso da rebelião, como argumenta Anna Martinez Côrrea em *A rebelião de 1924 em São Paulo*:

> Entendendo a política como a luta que tem por objeto o momento atual e como objetivo específico o poder do Estado, a participação dos militares numa luta política envolvendo o próprio Estado que essa instituição defende reveste-se de forte contradição. Essa contradição,

no entanto, é aparente, na medida em que ela não visa alterar a composição daquele aparelho, mas apenas a sua correção. Os militares ultrapassam suas funções normais estabelecidas constitucionalmente para uma outra que não lhes é específica, justamente para garantir a continuidade daquele estado de coisas.

[...] Recusando o apoio popular, comprometendo-se com as classes dominantes, não levando em conta a possibilidade de adesão de grupos do interior e, principalmente, não se desligando suficientemente do governo do Rio de Janeiro, o movimento não teria condições de sobreviver. Por outro lado, a posição dos velhos setores, mais conservadores, era ainda bastante sólida para que um movimento dessa natureza viesse abalá-la.

Com a ocupação e controle *de facto* da cidade pelos rebeldes, o presidente da Associação Comercial, José Carlos de Macedo Soares, e o prefeito Firmiano Pinto se aproximaram destes. Isidoro Dias Lopes foi recebido várias vezes na casa de Macedo Soares, um palacete na esquina das ruas da Consolação e Major Quedinho, em reuniões das quais participaram integrantes das chamadas "classes conservadoras" de São Paulo. Havia, como entre os tenentes, uma preocupação desse grupo em manter seus privilégios de classe, apesar de ao menos diminuir o sofrimento da população com os bombardeios.

Havia algo em comum entre esse grupo de homens de poder e dinheiro como o próprio Macedo Soares, o industrial conde Francisco Matarazzo, o vice-prefeito Antonio de Souza Queiroz, o arcebispo metropolitano d. Duarte Leopoldo Silva e os tenentes rebeldes: o temor de que a revolta em São Paulo se aprofundasse, transformando-se em revolução social. É fácil explicar a razão: se os militares do Exército tinham frescos na memória os episódios de Canudos e do Contestado, os industriais e comerciantes paulistas também tinham seus "fantasmas", a começar pela histórica greve de 1917, sob a liderança do líder anarquista Edgar Leurenroth, que paralisou a capital por uma semana, e fez coexistir um governo duplo na cidade, compartilhado entre a administração municipal e o Comitê de Defesa Proletária (CDP), representante máximo dos trabalhadores em greve.

Exemplo desse temor da classe dominante paulista aparece de forma cristalina no teor de uma carta enviada por Macedo Soares — publicada em sua obra *Justiça* — ao presidente Arthur Bernardes e ao ministro da Guerra, Setembrino de Carvalho, em que pedia a cessação do bombardeio sobre a cidade, buscando sensibilizá-los com um argumento que diz tudo: "os trabalhadores agitam-se já e as aspirações bolchevistas manifestam-se abertamente. Será mais tarde pelos sem trabalho tentada com certeza a subversão da ordem social".

Não há dúvida quanto a sua preocupação maior. Os industriais e comerciantes protegiam seu patrimônio, em primeiro lugar. Não foi só Macedo Soares que se manifestou nesse sentido. Outros, como o conde Francisco Matarazzo, um dos principais industriais paulistas, aproveitou-se, segundo Aureliano Leite em *Dias de pavor,* da proximidade com o líder dos rebeldes, nas reuniões na casa do presidente da Associação Comercial, para solicitar a proteção destes contra saque em seus estabelecimentos. Um depósito da Companhia Matarazzo no largo do Arouche havia sido saqueado pelo "populacho" ou "baixo povo", como eram tratadas as classes pobres no período. De acordo com o autor, a conversa se deu assim:

> Francisco Matarazzo, o opulento industrial, máximo expoente na República do próprio humano esforço, Matarazzo, que vemos pela primeira vez descoberto, divorciado do seu bastão e sem mamar o seu inseparável charuto, aproxima-se do caudilho e com sua característica voz suave pede-lhe providências que coíbam a continuação dos saques aos seus preciosos armazéns. O grande cabotino prometeu agir, sem maiores atenções para o todo-poderoso argentário.

Matarazzo, um imigrante italiano que chegou com recursos ao Brasil, ao contrário da maior parte dos seus compatriotas, e aqui enriqueceu e fez fama como industrial, dirigiu, entre 1919 e 1926, o Centro das Indústrias de Fiação e Tecelagem, antecessora da atual Federação das Indústrias do Estado de São Paulo (Fiesp), que foi fundada em 1928, ainda com o nome de Centro das Indústrias do Estado de São Paulo (Ciesp), também liderado pelo conde italiano.

Um dos fundadores do PCB, Otávio Brandão,[2] faz em sua obra *Agrarismo e industrialismo* crítica à revolta e ao que chama de "ilusões pequeno-burguesas" dos seus dirigentes. Segundo Brandão:

> O movimento de 1924 ultrapassou de muito o de 1922. Basta ver que o fazendeiro de café [refere-se às elites dominantes, alicerçadas no produto agrícola] mobilizou contra Sergipe 1.591 homens e, contra a cidade de São Paulo, 18 mil. Mas as ilusões pequeno-burguesas de seus dirigentes perturbaram-lhe a marcha. A visão do especialista é sempre estreita. Se, além de especialista, tem uma mentalidade pequeno-burguesa, a visão é duplamente estreita. E se, além de especialista e pequeno-burguês é positivista, a visão é triplamente estreita.
>
> [...] Os chefes da segunda revolta demonstraram ser bons técnicos e maus políticos. Daí uma das razões da derrota em São Paulo. O Rio era um elemento principal. Rio e São Paulo, cérebro e pulmão. O pulmão foi ferido, mas o cérebro ficou intacto para dar ordens. Daí, outra razão do fracasso. A técnica de vistas curtas do especialista, a economia acanhada do pequeno-burguês e a filosofia estreita do positivista amalgamaram-se contra a vitória de São Paulo.

Os jornais da época da eclosão da Revolta de 1924

Os jornais que circulavam na cidade em 1924 tiveram posicionamentos, em alguns casos, diametralmente opostos durante a Revolta. Tão logo começou a sedição, *O Estado de S. Paulo* criou um selo fixo na capa, sob o qual ficavam todas as notícias relacionadas ao fato, que levava a inscrição "Movimento Revolucionário". Já no dia 6 de julho, o primeiro conjunto de reportagens aparece sob essa denominação.

Seu principal concorrente, o *Correio Paulistano*, nesse mesmo dia saiu com a inscrição "Insubordinação contra a legalidade".

O *Estado* levará adiante este selo, sempre com o mesmo teor. Trata-se de uma denominação que ao menos aparentemente é neutra. O *Correio Paulistano*, jornal ligado ao Partido Republicano Paulista (PRP), de Carlos de Campos, não circulará até o dia 28 de julho, quando os rebeldes se retiram de São Paulo, e quando voltar trará outro selo, "A legalidade restabelecida", demonstrando sua parcialidade.

O teor dos textos também demonstra as diferentes posições dos veículos de comunicação. *O Estado de S. Paulo* mantém o tratamento de "rebeldes" e "revolucionários" para os homens de Isidoro. No *Correio Paulistano*, em contraste, os rebeldes são tratados como "bandoleiros" e "bandos de impatriotas". A república da rua Vauthier no Pari, onde se reuniam os sediciosos, ganhou a alcunha de "covil dos bandidos". Em geral, estes são sempre citados no jornal, cujo diretor-geral, Flamínio Ferreira, era muito ligado ao partido governista, como "saqueadores do Tesouro Público" e "ladrões".

Em consequência dessa oposição explícita ao movimento e de dificuldades de impressão, o *Correio* circulará no dia 6 e só voltará no dia 28 de julho. Nesse mesmo dia, ocorre o contrário com *O Estado de S. Paulo*. Com o retorno do governo legalista, o jornal passa a sofrer censura e só retornará à circulação no dia 17 de agosto. Assim, passou pela pouco comum experiência de sofrer a censura dos revoltosos, durante os dias do episódio na capital, e, na sequência, dos legalistas.

O *Correio Paulistano* circulará, logo após a retirada dos sediciosos, com o selo "A legalidade restabelecida", que vai perdurar até o mês de setembro daquele ano. Na edição de 2 de agosto, por exemplo, o jornal destaca o perfil do general Eduardo Sócrates, comandante das tropas legalistas, citado como "um grande chefe militar", e destaca o "brilhante desfile dos soldados legais pelas ruas do triângulo". Com relação aos rebeldes, uma reportagem diz que eles estariam "sitiados em Botucatu". Ainda destaca a edição que o "sr. presidente do estado, Carlos de Campos, recebeu muitas felicitações pela vitória". No dia anterior, o mesmo jornal havia divulgado as prisões dos chefes de tráfego das companhias Mogiana e Paulista, que embarcaram os rebeldes nos trens em direção ao interior do estado.

Antonio dos Santos Figueiredo, que era repórter de *O Estado de S. Paulo*, e lançou o livro *1924: Episódios da Revolução de S. Paulo*, tece alguns comentários, quase sempre de conteúdo crítico, sobre o comportamento dos jornais logo após a retomada da cidade pelos legalistas. Naquele dia, *O Estado* fora proibido de circular, e só voltaria dia 18 de agosto.

> Comprei o *Correio Paulistano* e li o artigo de fundo. Que horror! Uma descompostura desabrida, alucinada, contra todos que publicaram manifestos dos revolucionários. Eram chamados de "vis paulistas" os que "fabricavam dissidências partidárias, e que estimulavam revoluções no Sul do Brasil, permitindo a vinda para São Paulo dos Isidoros e João Franciscos". Alusão claríssima ao dr. Júlio de Mesquita, chefe da antiga dissidência e, portanto, fabricante das oposições ao governo.

Em seguida, o jornalista também questiona o posicionamento de outro veículo de comunicação diário da cidade, o *Jornal do Commercio*.

> O *Jornal do Commercio*, simplesmente indigno. Dizia que publicava os comunicados dos rebeldes, coagido pelas baionetas destes. Mentira. O *Jornal do Commercio* disputara a primazia em publicar os manifestos dos revolucionários. O Mario Guastini [refere-se ao principal redator da publicação] andou atrás da primeira proclamação, ditada pelo Paulo de Oliveira. Os companheiros daquele jornalista tinham pressa em comunicar, aos leitores, os sucessos dos que tomaram conta da cidade. E o *Jornal do Commercio* fora coagido a publicar! Safa que era cinismo.

Na capital federal, o Rio de Janeiro, os jornais mantiveram, de maneira geral, uma postura mais distante do episódio, referindo-se à sedição como um assunto apenas paulista. O *Correio da Manhã*, de propriedade de Edmundo Bittencourt, já havia se indisposto, no passado, com o presidente da República — então apenas candidato à Presidência — Arthur Bernardes, ao publicar as cartas que seriam de sua autoria com críticas a Hermes da Fonseca e aos militares. Assim, sua postura foi mais cautelosa no episódio. A edição de 6 de julho traz como manchete a frase "Os acontecimentos de São Paulo", com fotos da Estação da Luz, e destaca que o Congresso Nacional decretou, a pedido do governo federal, estado de sítio para o distrito federal e os estados de São Paulo e do Rio de Janeiro.[3]

O *Jornal do Brasil*, por sua vez, na edição 162, da mesma data, citou o "Movimento revolucionário em São Paulo" e após em sua página 7 fotografia do presidente Carlos de Campos e do Palácio de Campos Elíseos. Também destacou o estado de sítio e as providências do governo para enfrentar a sedição. Em ambos os periódicos, a população civil praticamente não aparece. O foco é nas notícias políticas e na movimentação das tropas e de generais. Uma das reportagens no *Jornal do Brasil* dá conta de que o governo estadual está "quase dominando a rebelião", o que não confere com a realidade.

Na edição do dia seguinte, 7 de julho, o *Jornal do Brasil* traz a notícia da prisão, na 4ª Delegacia Auxiliar, o setor encarregado de reprimir crimes de Estado, do deputado federal Maurício de Lacerda, crítico de primeira hora do presidente Arthur Bernardes, e do jornalista Mário Rodrigues, diretor do *Correio da Manhã*. Ambos responderam processo judicial sob acusação de "incitação à revolta". Em 9 de julho, o mesmo dia em que o presidente Carlos de Campos abandonou a cidade, *o Jornal do Brasil* noticiou que o aviador paulista Edu Chaves ofereceu seus serviços à legalidade. No dia em que os legalistas retomam a cidade, 28 de julho, o tom é de comemoração: "A entrada das forças legalistas. Manifestações de regozijo por toda a cidade, o sr. Carlos de Campos cumprimentado", destacou a publicação em seus títulos, demonstrando alinhamento com o governo.

SÃO PAULO DEVE SER DESTRUÍDA

O *Correio da Manhã*, por sua vez, manteve em suas edições o selo "Os sucessos de São Paulo", mas limitou-se a comentar, com certa discrição, o levante ocorrido na capital paulista. Em 30 de agosto daquele ano de 1924, o jornal será proibido de circular, após pedido do presidente Arthur Bernardes à Justiça, sob acusação de imprimir em suas oficinas o jornal *5 de Julho*, que exaltava os feitos dos revoltosos na Coluna Miguel Costa-Prestes. A publicação só foi reaberta em 20 de maio de 1925, sob a direção provisória do senador Moniz Sodré. Pouco mais de quarenta anos depois, em plena ditadura militar, o jornal será asfixiado economicamente e fechado ao se opor ao regime dos generais.

8
A reconstrução da cidade

Pouco após o fim da revolta, o governo do estado editou uma legislação para tentar reconstruir a cidade, parcialmente destruída nos bombardeios e ataques. A Lei número 1.972, de 26 de setembro de 1924, que autorizava o Poder Executivo a "socorrer as vítimas da recente rebelião militar, a auxiliar as instituições de caridade e a concorrer para a reconstrução de templos danificados", foi considerada a principal medida nesse sentido. O Relatório da Prefeitura havia demonstrado a destruição total ou parcial de cerca de 1.800 imóveis nos bombardeios, e mais de trezentas trincheiras haviam sido feitas na cidade, com os rebeldes e legalistas retirando pedras do calçamento e cavando buracos nas ruas, o que também exigiria recursos para consertar.

Assinada pelo presidente Carlos de Campos, a lei autorizava o governo a "auxiliar pecuniariamente as vítimas pobres e os hospitais de caridade e instituições congêneres que, humanitariamente, deram acolhida e tratamento aos doentes e feridos" e a "concorrer para a reconstrução de templos religiosos". A Igreja da Glória, no Cambuci, havia sofrido muitos danos durante o episódio. O decreto esclarecia que os créditos necessários para cobrir tais despesas seriam abertos à Secretaria Estadual do Interior pelo Tesouro Estadual.

Pelo Decreto número 3.737, de 30 de setembro, o governador abriu, no Tesouro Estadual, um crédito especial de 1,5 mil contos de réis em benefício da Secretaria da Justiça e da Segurança Pública, para, de acordo com o corpo da lei, "acorrer às despesas resultantes da rebelião iniciada em 5 de julho último. Além da Secretaria de Justiça, outro decreto, o de número 3.789, de 3 de outubro de 1924, publicado no *Diário Oficial do Estado de São Paulo* no dia 5 de outubro daquele ano, abria no Tesouro do Estado à Secretaria de Interior um crédito especial no valor de 700.000$000 (700 mil-réis).

O texto do decreto, assinado pelo presidente Carlos de Campos, e por seu secretário do Interior, José Manoel Lobo, dizia o seguinte: "Artigo único: fica aberto no Tesouro do Estado um crédito especial de 700 contos de réis, de conformidade com o art. 1º, letras a, b e c, da Lei número 1.972, destinado a socorrer as vítimas da recente rebelião militar, a auxiliar as instituições de caridade que acolheram feridos e a concorrer para a reconstrução de templos *danificados*.

O jornal *O Estado de S. Paulo* de 21 de agosto publicou um anúncio da Prefeitura intitulado "Socorros à população de São Paulo" no qual se informava que seriam recebidos até as 17 horas daquele dia na Diretoria de Expediente da Prefeitura os questionários relativos aos socorros que pessoas ou instituições prestaram à população da cidade durante os acontecimentos de julho. Decreto se referia àquelas que poderiam receber recursos públicos em consequência de terem atendido a população nos dias da revolução.

As entidades da sociedade civil, como a conservadora Liga das Senhoras Católicas, também decidiram colaborar para minorar as dificuldades da população. Na edição de 27 de agosto de *O Estado*, informa-se o que a diretoria da entidade decidiu em reunião realizada no dia 18:

> Distribuir pelos bairros que mais sofreram com os acontecimentos de julho 7 contos de réis, angariados no Guarujá pela secretária d. Amália Matarazzo e costurar para as viúvas e órfãos. Para isso, pede a todos a pequena contribuição para comprar as fazendas necessárias.

As sócias da entidade acabariam arrecadando dinheiro para a Associação São Vicente de Paulo e para as paróquias do Cambuci, São João Batista, Brás e Bom Retiro, localizadas em bairros atingidos pelo bombardeio. Na edição do mesmo dia, *O Estado de S. Paulo* informava que uma comissão composta do cônego d. Assis Barros e do padre Luiz Mello estava angariando recursos para reconstruir a Igreja da Glória.

Até mesmo as pessoas de posses resolveram, diante da situação vivida por parte da população, colaborar de alguma forma para amenizar o sofrimento. *O Estado de S. Paulo* de 25 de agosto noticia que o "dr. Paulo de Souza Queiroz enviou ao prefeito da capital a quantia de 5 contos de réis para as famílias que se acham desamparadas em consequência da revolução de 5 de julho. Esse valor foi doado por sua esposa, d. Narcisa Andrada de Queiroz. Um grupo de fazendeiros de Montemor, no interior, também ofereceu à Prefeitura determinada quantidade de gêneros alimentícios e a quantia de 707 contos de réis para socorrer a população mais necessitada.

Um anúncio no jornal *Correio Paulistano* de 17 de agosto dava conta de que um grupo de "senhoras paulistas", quase todas mulheres de autoridades, estava se organizando para "angariar donativos para as famílias dos oficiais e praças mortos em defesa da legalidade". Haviam sido convidadas, de acordo com a nota, a sra. Carlos Campos, mulher do presidente do estado, sra. Bento Bueno, mulher do secretário de Justiça, sra. Firmiano Pinto, mulher do prefeito da capital, e sra. Washington Luís, ex-presidente do Estado e futuro presidente da República, entre outras. A mulher do presidente seria a coordenadora da comissão.

Afagos à Força Pública

Como medida para agradar aos membros da Força Pública, aos quais devia, ao menos em parte, à sua recondução ao cargo, Carlos de Campos instituiu a medalha da legalidade, para homenagear os oficiais e praças da Força Pública que se destacaram na defesa do governo legal durante a revolução. Criada pelo Decreto 3.726-A, de 7 de setembro, a medalha visava a premiar os oficiais e praças que, "por sua bravura, esforço e lealdade se distinguiram naquela ocasião", diz o texto do decreto, assinado por Campos e pelo secretário de Justiça e Segurança Pública, Bento Bueno. Os policiais da Força Pública receberiam, ainda, um novo estímulo por parte do presidente: quem tivesse prestado, a juízo do governo, "assinalados serviços em defesa dos poderes legalmente constituídos" poderia ser promovido ao posto imediatamente superior. Segundo ainda o decreto de 17 de outubro de 1924, os que por algum motivo não pudessem ser promovidos, seriam recompensados, e determinava o aumento do salário do comandante da Força Pública para um conto e 700 mil-réis.

Ainda em 17 de agosto, a Câmara Municipal, sob a presidência do vereador Raphael Gurgel, aprovou projeto do vereador Luiz Fonseca, que autorizava a Prefeitura a repassar ao estado um crédito especial de 200 mil-réis "para serem distribuídos às viúvas e órfãos dos oficiais e praças mortos em defesa da legalidade", segundo o jornal *Correio Paulistano* de 18 de setembro de 1924. Dois dias depois, o mesmo jornal anunciou que abriu uma subscrição para amparar financeiramente "as viúvas e órfãos dos soldados da Força Pública que morreram lutando em prol da legalidade". Até aquela data, segundo a direção do jornal, já haviam sido arrecadados 13 contos de réis.

Esse segmento ligado à repressão, ao que parece, não foi esquecido, ao contrário dos civis, dos quais só se tratou pontualmente. Não há notícias de medidas semelhantes a estas para amparar os órfãos de moradores civis da capital mortos no bombardeio ou nos ataques à cidade, a não ser a Lei 1.972/1924. A população, de maneira geral, teve que reconstruir suas casas sem nenhum auxílio dos órgãos governamentais. Ainda em fins de agosto, os acadêmicos da Faculdade do Largo de São Francisco organizaram um baile no Trianon em prol das famílias dos soldados mortos. A festa ocorreu no dia 2 de setembro.

Tão logo os rebeldes deixaram a cidade e o governo retornou às suas funções, com a volta do presidente Carlos de Campos ao palácio do governo, a Associação Comercial, sob a presidência de Macedo Soares, publicou nos jornais um boletim no qual instava os comerciantes e industriais a retomarem suas atividades. Era o recomeço da vida cotidiana, sem o medo das bombas e tiros. Assinado pelo presidente, o documento dizia:

> Já está no Palácio do Governo o Exmo. sr. dr. Carlos de Campos, presidente do estado. Já está em pleno funcionamento a máquina administrativa do estado. Já é possível, necessário mesmo, que seja recomeçada a vida de trabalho.
> A Associação Comercial de São Paulo aconselha, portanto, aos srs. industriais e comerciantes que façam abrir e funcionar os seus respectivos estabelecimentos.
> São Paulo, 28 de julho de 1924
> José Carlos de MACEDO SOARES
> Presidente da Associação Comercial

9
O destino dos tenentes e de seus algozes

Os legalistas

Depois de 1924, o presidente Arthur Bernardes seguiu trajetórias, em alguns momentos, inesperadas, continuando a militar na política, como deputado federal e senador. Os tenentes, por sua vez, marcariam a história do Brasil, participando de vários movimentos rebeldes naquele e em períodos posteriores. Houve uma cisão no grupo por volta de 1930, quando parte dos tenentes chegou ao poder com Getúlio Vargas e outra permaneceu distante. Entre o grupo "getulista" pontificava Juarez Távora. No grupo de esquerda, Luís Carlos Prestes e Miguel Costa. Inicialmente, Bernardes apoiou a Revolução de 1930 e seu líder. Como ele, Getúlio era deputado e havia se tornado ministro de Washington Luís, com quem depois romperia. O presidente Washington Luís queria impor o nome de outro paulista, o vice Júlio Prestes, como seu sucessor. Estava rompido o Pacto do Café com Leite, que previa a indicação de presidentes mineiros e paulistas, de forma alternada, à Presidência da República.

Bernardes se tornou, apenas dois anos depois, um dos líderes da Revolução Constitucionalista em São Paulo, cidade que havia mandado bombardear apenas oito anos antes. Tratava-se de uma tentativa de o ex-presidente "limpar" sua biografia da visão de parte dos paulistas que o apontava como "destruidor de São Paulo". Havia, claro, outras questões do jogo político em evidência. Ao lado de Bernardes, marchava um antigo inimigo, agora convertido em aliado de primeira hora, o general Isidoro Dias Lopes.

Do lado de lá, ou seja, junto com a Aliança Liberal e Getúlio Vargas, estavam os tenentes, parte dos quais apoiando Getúlio Vargas, que havia empalmado o poder na Revolução de 1930. O "tenente" pernambucano João Alberto Lins de Barros foi indicado interventor em São Paulo, onde Miguel Costa, outro líder tenentista, se tornou comandante da Força Pública e secretário de Segurança Pública. Durante o governo Vargas, com o qual setores dos tenentes se incompatibilizaram depois, os tenentes rebeldes de 1922 e 1924 obtiveram a anistia negada por Arthur Bernardes e seu sucessor, Washington Luís, derrubado pelas forças varguistas e pelo Exército.

Depois de romper com o novo governo, Bernardes inicialmente ficou "exilado" em sua própria fazenda em Viçosa pelo regime agora dominante. Em seguida, foi levado ao Rio e preso na ilha do Rijo. Ao exílio em Portugal, o acompanharam Isidoro Dias Lopes, o general Bertoldo Klinger — que havia sido convidado, em 1924, para se integrar ao movimento revolucionário, mas não o fez, tornando-se adiante um perseguidor dos antigos companheiros — e o capitão da Força Pública Antonio Piescher, legalista que lutou contra os revolucionários de 1924 no quartel do 4º Batalhão da Força Pública. Seu secretário particular nos tempos da Presidência, Arthur Bernardes Filho, sofreu um atentado a tiros por parte de getulistas durante o embarque do pai e foi baleado, mas sobreviveu. Cinco dias depois do exílio de Bernardes, Vargas assinou decreto cassando os direitos políticos do ex-presidente por três anos.

De volta ao Brasil, em 1934, com a reconstitucionalização do país, Arthur Bernardes foi eleito deputado federal. Em 1937, porém, perdeu seu mandato, por causa da instalação do Estado Novo. Somente em 1945 Bernardes ingressaria na UDN, elegendo-se deputado federal constituinte. No Congresso, celebrizou-se como defensor do petróleo e da siderurgia nacionais, criando uma reputação de nacionalista, como um dos defensores da fundação da Petrobras, contrário à visão dos chamados "entreguistas", que queriam que o governo entregasse a exploração do petróleo nacional a empresas estrangeiras.

Arthur Bernardes morreu em 23 de março de 1955. No dia do seu enterro, no Cemitério São João Batista, no Rio de Janeiro, uma faixa e uma coroa de flores chamavam a atenção. Na faixa estava escrito: "Os sobreviventes de Clevelândia lamentam ter se insurgido contra um presidente tão sério e um governo tão honesto." Dificilmente os autores de tão inusitada homenagem eram "sobreviventes da Clevelândia". Entre as pessoas que o visitaram na véspera de sua morte, estava um antigo rebelde de 1924, o general Juarez Távora, então chefe de gabinete do ministro da Guerra.

Os tenentes, por sua vez, permaneceram divididos. Alguns, Prestes à frente, lideraram a chamada Intentona Comunista de 1935. Também ex-tenente paulista, Filinto Müller se tornou chefe de Polícia de Vargas e foi responsável pela prisão de vários ex-companheiros, entre eles Prestes, consolidando uma reputação de torturador, ao ordenar a deportação para a Alemanha nazista da mulher deste, a judia comunista Olga Benário. O ex-tenente havia sido expulso por Prestes da Coluna Prestes sob acusação de deserção e roubo de dinheiro. Ao menos dois dos tenentes, Eduardo Gomes e Juarez Távora, estavam entre os conspiradores que se insurgiram contra o governo constitucional de João Goulart, participando diretamente da instalação da ditadura militar, em 1964. O velho elitismo e o distanciamento dos civis de boa parte dos líderes tenentistas permaneciam, mesmo quarenta anos após a Revolução de 1924.

Setembrino de Carvalho

O ministro da Guerra Fernando Setembrino de Carvalho nasceu em Uruguaiana (RS) em 1861. Em 1891, foi deputado estadual constituinte em seu estado. Em 1914, atuou como interventor federal no Ceará, ocasião em que ajudou a remover o então governador Franco Rabelo do cargo, nomeando o chefe religioso e político Padre Cícero Romão Batista intendente (prefeito) do Crato, durante o episódio conhecido como Sedição de Juazeiro. Foi comandante de operações militares durante a Guerra do Contestado (1914-1915), tendo sob suas ordens o então coronel Eduardo Sócrates e o então capitão Tertuliano Potiguara. Posteriormente, tornou-se chefe do Estado-Maior do Exército, em 1922, e ministro da Guerra entre 1922 e 1926, durante o mandato de Arthur Bernardes. Na ocasião, celebrou, no Rio Grande do Sul, o Pacto de Pedras Altas, que encerrou uma rebelião contra o governo. No CPDoc da Fundação Getulio Vargas (FGV) está depositado seu arquivo pessoal composto por 1.352 manuscritos que versam, principalmente, sobre o Contestado. Há também um livro de sua autoria sobre o tema, *Memórias, dados para a história do Brasil*.

Eduardo Sócrates

O general Eduardo Artur Sócrates comandou a Escola Militar das Agulhas Negras (Aman) entre 1914 e 1917. Esteve na campanha do Contestado sob as ordens do general Fernando Setembrino de Carvalho, ministro da Guerra, por ocasião do movimento militar de 1924. Na ocasião, era chefe da 1ª Região Militar, no Rio de Janeiro, então capital federal. Também foi deputado federal por Goiás. Com o fim da sedição em São Paulo, entrou na cidade ao lado do presidente Carlos de Campos e do secretário de Justiça e Segurança, Bento Bueno, posando na entrada do Palácio de Campos Elíseos após a retirada dos rebeldes.

Tertuliano Potiguara

Tertuliano de Albuquerque Potiguara nasceu em Sobral, Ceará, em 27 de abril de 1873, e morreu no Rio de Janeiro em 30 de setembro de 1957. Amigo pessoal de Floriano Peixoto, foi promovido a capitão em 1909, pouco antes de atuar na Guerra do Contestado. Também teve papel de destaque na Revolta da Vacina. Na Primeira Guerra Mundial, foi enviado à França para participar de uma missão militar preparatória da participação do Brasil naquele conflito, de onde voltou condecorado por bravura. Durante a Revolta de 1924, era general de brigada, o posto mais baixo do generalato, sendo promovido a general de divisão dois anos depois. Nesse ínterim, foi eleito deputado federal pelo Ceará e se tornou vítima de um atentado com uma carta explosiva que lhe custou um braço. Em 1932, atuou mais uma vez do lado legalista, combatendo os rebeldes paulistas na Revolução Constitucionalista, portanto contra o ex-presidente Arthur Bernardes.

Bento Bueno

O secretário de Justiça e Segurança Pública de Carlos de Campos, Bento Bueno, nasceu em Jundiaí em 1869 e morreu em São Paulo, em 1954. Jornalista, Bueno foi um dos responsáveis pela introdução do rádio no país ao fundar a Rádio Educadora Paulista, inaugurada em 23 de março de 1926. Bacharel em direito pela Faculdade do Largo de São Francisco, da USP, atuou como secretário durante o período de 1924 a 1927. Também foi chefe de polícia, deputado federal, senador e ministro do Tribunal de Contas do Estado de São Paulo. Como jornalista, atuou nos jornais *Gazeta de Campinas*, *Correio Paulistano* e *O Comércio de São Paulo*.

Os rebeldes[1]

Isidoro Dias Lopes

Depois da retirada dos rebeldes de São Paulo em 28 de julho de 1924, Isidoro Dias Lopes, já com sessenta anos, resolveu exilar-se na Argentina, de onde organizou a rede de apoio externo às operações. Os revoltosos chegaram à conclusão de que ele, um homem idoso, não teria condições físicas para acompanhar a marcha da Coluna Miguel Costa-Prestes, já formada, com a junção dos grupos de Luís Carlos Prestes, que vinha do Rio Grande do Sul, com os dos paulistas saídos da capital, sob o comando de Miguel Costa. Seria uma "guerra de movimento" contra o governo, inadequada para alguém com a sua idade. O general Isidoro Dias Lopes fixou-se em Paso de Los Libres, no país vizinho, onde foi estabelecido o quartel-general revolucionário. De lá, Dias Lopes continuou mantendo contato, via carta, com as tropas em movimento pelo Brasil.

Em fevereiro de 1927, quando os efetivos da coluna — extenuados da longa marcha pelo interior do Brasil — se internaram em território boliviano, a maioria dos líderes se juntou a Isidoro na Argentina. Prestes ainda permaneceu um tempo na Bolívia, transferindo-se depois para território argentino. Isidoro recebeu, então, o título de "marechal da revolução". Em 1930, com a derrota eleitoral da Aliança Liberal, que havia lançado o nome de Getúlio Vargas para concorrer à Presidência da República, na tentativa de suceder Washington Luís (substituto de Arthur Bernardes), voltou à tona a tentativa de derrubar o governo pelas armas, em uma revolução.

Isidoro, na condição de principal líder do movimento em São Paulo e da Coluna Miguel Costa-Prestes, declarou apoio ao movimento da Aliança Liberal, que seria integrado por alguns dos tenentes rebeldes da Revolução de 1924, com exceção de Prestes, convidado para ser o chefe militar do movimento, mas que recusou a proposta. Isidoro declarou na ocasião que não acreditava, ao contrário de Prestes, na organização das massas para a revolução. O velho general chegou a ser cogitado para chefe militar do movimento, em substituição a Prestes, mas foi preterido pelo general Góes Monteiro.

Com a deflagração do movimento, em outubro de 1930, dirigiu-se a São Paulo para assumir o comando da 2ª Região Militar em nome dos revolucionários. Logo no início do governo, entretanto, se indispôs com Vargas por causa do comando político de São Paulo. Em janeiro de 1931, escreveu ao presidente criticando o interventor federal em São Paulo, João Alberto, e o comandante da Força Pública, Miguel Costa, ambos "tenentes" que integraram o mesmo movimento que ele apenas alguns anos antes. No mesmo ano, foi substituído por

Góes Monteiro na 2ª Região Militar e recusou convite de Vargas para assumir a interventoria federal no Rio de Janeiro.

Logo Isidoro começaria a participar das articulações da Revolução Constitucionalista em São Paulo, da qual se tornou um dos principais líderes. Com a derrota do movimento pelas forças federais, foi deportado para Portugal. Voltou ao país em 1934, anistiado. Em 1937, já afastado das disputas políticas, declarou-se contrário ao golpe de Vargas que instaurou a ditadura do Estado Novo. Morreu no Rio de Janeiro, em 1949.

Miguel Costa

Com o início da Coluna Miguel Costa-Prestes, Miguel Costa ficou como comandante nominal das tropas, divididas em quatro destacamentos, chefiados, respectivamente, por Siqueira Campos, João Alberto, Cordeiro de Farias e Djalma Dutra. Ao lado de Luís Carlos Prestes, Miguel Costa era um dos principais líderes da Coluna, que percorreu cerca de 25 mil quilômetros pelo interior do país, cruzando 13 estados da federação e enfrentando tropas das polícias militares estaduais, do Exército e até jagunços e bandoleiros.

Em março de 1927, os militares e civis remanescentes da Coluna Prestes internaram-se na Bolívia. Miguel Costa, por sua vez, fixou-se na Argentina, ao contrário de Prestes, que permaneceu na Bolívia, onde dirigia a construção de estradas de rodagem e conseguia proporcionar empregos aos membros da Coluna. Em 1930, Miguel Costa ofereceu apoio ao movimento da Aliança Liberal que derrubou Washington Luís e levou Getúlio Vargas ao poder. Apoiou, contra a orientação do Partido Democrático de São Paulo (PD), o pernambucano João Alberto, representante das forças tenentistas, indicado por Vargas como interventor no estado.

Em novembro de 1930, fundou a Legião Revolucionária (LR), organização que buscava mobilizar setores médios e operários em apoio ao novo regime. Enfrentava, então, oposição dos setores mais conservadores paulistas que viam com maus olhos uma entidade baseada na mobilização das massas. Em julho de 1931, com a queda de João Alberto da interventoria paulista, foi afastado da Secretaria de Segurança, mas se manteve no comando da Força Pública. Acabou afastado desse cargo pelo novo interventor, Pedro de Toledo, paulista e civil. No ano seguinte, reorganizou a Legião Revolucionária e transformou-a no Partido Popular Paulista.

Pouco antes do início da Revolução de 1932, em São Paulo, membros da Legião Revolucionária atiraram de sua sede, na rua Barão de Itapetininga, no centro da cidade, e mataram quatro jovens estudantes paulistas que integravam um protesto contra a organização. Contrário à revolução, Miguel Costa foi preso e somente libertado com o fim do movimento.

Nos anos seguintes, iniciou um afastamento gradual do presidente Getúlio Vargas. Em 1935, aderiu à Aliança Nacional Libertadora (ANL), frente política antifascista e nacionalista que reunia socialistas, comunistas, tenentes descontentes com os rumos da Revolução de 1930 e outros setores da esquerda. Em julho daquele ano, Prestes, principal líder da organização, divulgou manifesto em que pregava a derrubada de Vargas pelas armas. O presidente aproveitou o teor do documento para decretar a extinção da ANL. Miguel Costa escreveu, então, a Prestes, criticando-o pela precipitação.

Embora não tenha participado dos levantes promovidos por setores aliancistas, Costa foi preso e perdeu a cidadania brasileira — era argentino de nascimento — e a patente de general honorário do Exército. Esses títulos só foram recuperados pouco antes de sua morte, em 1959, na capital paulista.

Juarez Távora

Depois da saída das tropas de São Paulo, Juarez Távora integrou-se às tropas que combateram forças do governo federal no Paraná. Na sequência, dirigiu-se ao Rio Grande do Sul, e a seguir voltou ao

Paraná para unir-se aos remanescentes paulistas da Revolta de 1924 e passar a integrar a Coluna Miguel Costa-Prestes. Foi preso por tropas legalistas nos arredores de Teresina, no Piauí, em 1926.

Em janeiro do ano seguinte, conseguiu fugir da prisão e passou a viver na clandestinidade. Em fevereiro de 1929, exilou-se na Argentina, onde continuou conspirando. Em fevereiro de 1930, já de volta ao Brasil, dirigiu-se ao Nordeste (era cearense de Jaguaribe) e integrou-se ao movimento getulista contra Washington Luís. Naquela ocasião, travou polêmica epistolar com Luís Carlos Prestes, este que criticava o apoio de seus companheiros à candidatura presidencial de Getúlio Vargas.

Em outubro daquele ano, com o início da insurreição, assumiu o posto de comandante militar do movimento revolucionário no Nordeste, ficando o comando civil com o paraibano José Américo de Almeida. Após a posse do novo governo, tornou-se ministro da Viação e Obras Públicas. Seu prestígio junto ao governo federal era grande, tendo participado do chamado Gabinete Negro, grupo restrito que se reunia regularmente com Vargas no Palácio Guanabara. Em janeiro de 1931, foi designado delegado militar nos estados do Norte e Nordeste, função que o fez ser chamado de "vice-rei do Norte" pela imprensa e oposição.

Ainda naquele ano, participou da fundação do Clube Três de Outubro, agremiação que visava conferir maior coesão à atuação dos "tenentes" revolucionários. No ano seguinte, combateu o movimento constitucionalista deflagrado em São Paulo. Tornou-se ministro da Agricultura e participou da formulação da Constituição de 1934. Retornou na sequência ao Exército e obteve a patente de general, em 1946. Durante a Segunda Guerra Mundial, tomou parte na organização da Força Expedicionária Brasileira (FEB), que lutou contra o antifascismo na Itália.

Em 1945, filiou-se à União Democrática Nacional (UDN), agremiação que se opusera à ditadura do Estado Novo. Por volta de 1947, envolveu-se no debate em torno do petróleo brasileiro, alinhando-se com os grupos que defendiam a participação do capital estrangeiro, contra os setores nacionalistas das Forças Armadas, favoráveis ao lema "O petróleo é nosso".

Em setembro de 1952, assumiu a direção da Escola Superior de Guerra (ESG). Pouco mais de um ano depois, foi eleito vice-presidente do Clube Militar, ao mesmo tempo que apoiava o movimento que exigia a renúncia de Vargas. Após o suicídio do presidente, assumiu o gabinete militar do presidente Café Filho. Participou das eleições presidenciais do ano seguinte pela UDN, sendo derrotado por Juscelino Kubitschek.

Em 1962, elegeu-se deputado federal pelo estado da Guanabara na legenda do Partido Democrata Cristão (PDC). Atuou na oposição ao governo do presidente João Goulart e apoiou o golpe militar que o afastou da Presidência, em março de 1964, embora não tenha participado diretamente das articulações. Com o início do regime militar, comandou, até março de 1967, o Ministério da Viação e Obras Públicas. Morreu em 1975, no Rio de Janeiro.

Joaquim Távora

Irmão de Juarez Távora, Joaquim, militar e engenheiro civil, comandava, em 1922, o 17º Batalhão de Caçadores em Corumbá, no Mato Grosso, quando liderou a rebelião naquele estado em solidariedade ao levante deflagrado no Forte de Copacabana, no Rio de Janeiro, contra o governo de Arthur Bernardes, tido como o primeiro levante tenentista. Foi preso e libertado em fevereiro do ano seguinte, por meio de *habeas corpus* concedido pelo Supremo Tribunal Militar (STM) a todos os implicados no movimento de 1922. Em fins de 1932, desertou do Exército e aderiu a uma nova conspiração contra o governo federal.

Como um dos principais líderes, ao lado do general Isidoro Dias Lopes, da Revolta de 1924, viajou pelos estados de Santa Catarina, São Paulo e Minas Gerais, em busca de apoio ao movimento. Em São Paulo, estabeleceu contato com o major fiscal da Força Pública, Miguel Costa, e foi o responsável, nos primeiros dias do movimento, pela prisão do general Abílio de Noronha, comandante militar do Exército no Estado de São Paulo.

Ocupou um lugar de destaque no movimento, mas quando comandava o ataque ao 5º Batalhão de Polícia, na capital, foi atingido por tiros e morto. A morte teria sido consequência de uma traição dos militares legalistas, que simularam uma rendição para abatê-lo. O seu desaparecimento foi considerado uma grande perda para o comando da revolta.

João Cabanas

Comandante da Coluna da Morte, grupo armado de rebeldes com cerca de 180 membros, era muito temido pelos legalistas, que lhe atribuíam "poderes sobrenaturais". Cabanas se tornou um personagem importante do movimento em São Paulo ao combater as tropas que defendiam o Palácio dos Campos Elíseos, e as do general Tertuliano Potiguara, que tentavam tomar a Mooca e o Brás do controle dos rebeldes.

Na sequência à retirada das forças rebeldes da capital, atuou para evitar que os aliados ficassem cercados no interior do estado após sua retirada da capital, protegendo a retaguarda das tropas revoltosas. Os feitos militares de sua pequena coluna estimularam o aparecimento de muitas lendas sobre sua figura. O governo federal pôs a cabeça do tenente rebelde a prêmio por 500 contos de réis, uma pequena fortuna na época.

Cabanas, filho de imigrantes espanhóis, nascido em São Paulo, exilou-se, então, no Paraguai, sem integrar a Coluna Miguel Costa-Prestes. Lá, escreveu o livro *A Coluna da Morte sob o comando do tenente Cabanas*. Voltou ao Brasil somente em 1930, para participar do movimento revolucionário que depôs o presidente Washington Luís e levou Getúlio Vargas ao poder.

Nos anos seguintes, no entanto, rompeu com o novo governo e passou a integrar o Partido Socialista Brasileiro (PSB). Em 1935, foi um dos principais articuladores da Aliança Nacional Libertadora (ANL), também integrada pelos "tenentes" Luís Carlos Prestes e Miguel Costa. No fim da década de 1940, tornou-se um ativo defensor do monopólio estatal do petróleo e, em 1950, apoiou a candidatura presidencial de Getúlio Vargas. Nesse mesmo ano, concorreu a uma vaga na Câmara Federal por São Paulo, sob a legenda do Partido Trabalhista Brasileiro (PTB), mas obteve somente uma suplência. Morreu em São Paulo, em 1974.

Eduardo Gomes

Um dos sobreviventes, junto com Siqueira Campos, do movimento militar de oposição ao governo federal que passou à história com o nome de Dezoito do Forte, Eduardo Gomes foi um ativo participante da conspiração para a Revolta de 1924, em São Paulo, integrando o Estado-Maior do movimento e o grupo de artilheiros que bombardeou quartéis e palácios na cidade.

Ainda durante o movimento na capital paulista, tentou, com um pequeno avião, chegar ao Palácio do Catete, no Rio de Janeiro, para bombardeá-lo, mas a aeronave acabou sendo forçada a pousar, com problemas técnicos, na cidade de Cunha, no Rio de Janeiro. Ficou, então, escondido na casa de parentes por algum tempo. Quando já estava formada a Coluna Prestes, Eduardo Gomes viajou para o Sul do país na tentativa de se integrar às tropas, mas foi preso.

Só foi libertado em 1926, no governo de Washington Luís. Refugiou-se novamente no interior do país quando percebeu que seria detido e apresentou-se às autoridades em 1929, quando recebeu voz de prisão. Em maio de 1930, foi libertado e integrou-se às conspirações que visavam à derrubada do governo Washington Luís.

Com o estabelecimento do novo regime, retomou a carreira militar, participando da criação e se tornando o primeiro diretor do Correio Aéreo Militar. Em novembro de 1935, como comandante do 1º Regimento de Aviação, deu combate aos militares e civis rebelados pela

Ação Nacional Libertadora (ANL), cujos principais líderes eram seus antigos companheiros, "tenentes" de esquerda. Dois anos depois, pediu exoneração do comando desse regimento por não concordar com o golpe que instituiu a ditadura do Estado Novo.

Em 1941, após a criação do Ministério da Aeronáutica, foi promovido a brigadeiro e, em seguida, nomeado para o comando das 1ª e 2ª Zonas Aéreas, sediadas em Recife e Belém. Na Segunda Guerra Mundial, cumpriu papel de ligação entre os governos do Brasil e dos Estados Unidos.

No final do Estado Novo, teve seu nome lançado às eleições presidenciais de dezembro de 1945, mas acabou derrotado pelo general Eurico Dutra, ex-ministro da Guerra de Vargas. Em 1950, de novo candidato à Presidência, perdeu para o próprio Vargas. Recusou o convite do presidente para se tornar ministro da Aeronáutica e foi um dos líderes da campanha pelo afastamento de Vargas após o atentado contra o jornalista Carlos Lacerda, em agosto de 1954. Passou a ser ministro da Aeronáutica do governo Café Filho e, posteriormente, se opôs à posse de Juscelino Kubitschek na Presidência da República, alegando que o candidato não havia obtido maioria absoluta no pleito realizado em 1955.

Em 1964, já na reserva, esteve entre os articuladores do golpe militar que depôs o presidente João Goulart. Em janeiro de 1965, voltou a chefiar o Ministério da Aeronáutica, permanecendo no cargo até março de 1967. Morreu no Rio de Janeiro, em 1981.

Filinto Müller

Conspirador desde 1922, Filinto Müller foi preso naquela ocasião sob a acusação de participar dos preparativos da insurreição. Em 1924, quando servia na artilharia do Quartel do Exército de Quitaúna, na região metropolitana de São Paulo, teve papel ativo na ocupação da capital paulista, participando, ao lado do tenente Enéas Simas, da tomada do Telégrafo, no Centro de São Paulo. A seguir, junto aos demais rebeldes, retirou-se em direção ao Paraná, exilando-se posteriormente na Argentina.

Há uma controvérsia na historiografia a respeito da participação de Müller na Coluna Miguel Costa-Prestes. Algumas versões dão conta de que ele teria integrado o exército guerrilheiro e até sido expulso por Prestes sob acusação de desvio de recursos. Em 1927, voltou ao Brasil e ficou preso por dois anos. Em 1930, teve participação discreta no movimento que pôs fim à República Velha e conduziu Getúlio Vargas ao poder.

Em seguida, foi secretário do interventor federal em São Paulo, João Alberto. Em 1932, participou do combate à Revolução Constitucionalista, promovida pelos paulistas. No mês de abril de 1933, tornou-se chefe de polícia do Distrito Federal, permanecendo nesse cargo por quase uma década.

No primeiro semestre de 1935, formulou acusações contra a Aliança Nacional Libertadora (ANL), liderada por antigos companheiros de revolução. Segundo o então chefe de polícia, a ANL não passava de uma organização comunista, que obedecia à orientação da União Soviética. A ANL teve sua ilegalidade decretada a pedido do governo e iniciou-se uma insurreição armada para depor o governo Vargas, logo sufocada.

À frente da chefia de polícia, Müller foi acusado várias vezes de promover prisões arbitrárias e utilizar-se de tortura no trato com os prisioneiros. A mulher de Luís Carlos Prestes, a judia alemã Olga Benário, foi deportada sob suas ordens para um campo de concentração nazista na Alemanha, onde foi executada na câmara de gás em 1942. No fim de 1937, Filinto Müller havia visitado a Alemanha e travado contato com Heinrich Himmler, chefe da Gestapo, a polícia política nazista.

Simpático à aproximação entre o Brasil e as potências do Eixo, o chefe de polícia começou a perder espaço dentro do governo Vargas quando o presidente passou a sinalizar, após forte pressão americana, que apoiaria os Aliados na Segunda Guerra Mundial. Em julho de 1942, tentou proibir uma manifestação pró-Aliados, promovida pela União Nacional dos Estudantes (UNE) e autorizada pelo ministro interino da Justiça Vasco Leitão da Cunha. A manifestação se realizou, mas o fato abriu uma crise no governo, o que resultou no afastamento de Filinto Müller da chefia de polícia do Distrito Federal e sua designação como oficial de gabinete do ministro da Guerra, general Eurico Gaspar Dutra.

Em 1945, com o processo de redemocratização do país, foi um dos fundadores do Partido Social Democrático (PSD). Dois anos depois, conquistou uma cadeira no Senado pelo estado do Mato Grosso. Em 1955, reelegeu-se senador, levando o mandato sucessivamente até 1962. Após a extinção dos antigos partidos políticos, filiou-se à situacionista Aliança Renovadora Nacional (Arena), o partido dos militares golpistas. Em 1973, assumiu a presidência do Senado e, no mesmo ano, morreu num acidente aéreo no Aeroporto de Orly, em Paris. Ficou famoso o livro do jornalista David Nasser, *Falta alguém em Nuremberg*, em que o chefe de polícia, admirador de Hitler e de sua polícia secreta, era qualificado de nazista.

Alfredo de Simas Enéas

Tenente do Exército, servindo em Quitaúna, Alfredo de Simas Enéas, ao lado do tenente Ari Cruz, da Força Pública, e do artilheiro Filinto Müller, tomou, por volta das 7 horas da manhã do dia 5 de julho, a repartição do Telégrafo Nacional, na rua José Bonifácio, no centro de São Paulo. Escoltados por um pelotão de cavalaria, os dois oficiais protagonizaram a primeira confusão do levante quando, depois de tomar o prédio, acabaram por perdê-lo de novo para os legalistas.

Vendo aproximar-se do prédio uma companhia de infantaria da Força Pública, o tenente Cruz imaginou tratar-se de aliados e os convidou a ficar em sua companhia. O comandante da tropa legalista percebeu o erro do militar, fez o seu jogo para continuar a enganá-lo e reocupou a repartição federal. O segundo ocupante, o tenente Simas Enéas, que estava no interior do edifício passando os telegramas revolucionários, só teve tempo de sair correndo pelos fundos. Juarez Távora descreve, em seu *À guisa de depoimento*, como se deu o vacilo:

> O comandante da força governista compreendeu o equívoco em que laborava seu camarada revoltoso e disso se aproveitou com habilidade. Disse-lhe, sem mais preâmbulos, que o vinha render naquele posto; e depois das formalidades militares de estilo, separaram-se os dois adversários tão naturalmente como o fariam dois bons amigos.

Muito próximo de Isidoro Dias Lopes, Simas Enéas se tornou o seu ajudante de ordens, e nessa condição acompanhou o general quando ele emigrou para Paso de los Libres, na Argentina, logo após a criação da Coluna Miguel Costa-Prestes.

Em 1927, o tenente rebelde foi citado pelo juiz-relator do Supremo Tribunal Federal (STF), Muniz Barreto, como um dos "cabeças" do movimento de 5 de julho de 1924. A pena aplicada foi de dez anos de reclusão, além da expulsão do Exército e da perda de patente militar. Posteriormente, os revoltosos de 1922 e 1924, entre eles Simas Enéas, foram anistiados pelos vencedores da Revolução de 1930.

Coronel João Francisco

Revolucionário gaúcho, cujo nome passou à história pelo apelido de "Hiena do Cati" que lhe deram os adversários, o coronel João Francisco Pereira de Souza armou, no dia 25 de julho, uma locomotiva com dinamite durante o movimento de 1924, e com ela partiu em direção à zona leste da cidade, onde estavam acantonadas as tropas legalistas. A máquina fora construída nas oficinas da São Paulo Railway e se tratava de "um carro blindado, reforçado com dupla parede de madeira e areia, dentro do qual colocou metralhadoras destinadas a varrer de surpresa a vanguarda das tropas legais". O próprio João Francisco seguia no trem, mais especificamente na locomotiva número 49, seguido por seis vagões carregados de soldados rebeldes.² Os planos não deram certo, no entanto.

> Na Segunda Parada, pouco adiante da passagem dos armazéns da Central, uma chave aberta para o desvio descarrilou a locomotiva, expondo a máquina infernal e seus ocupantes ao intenso fogo da vanguarda legalista, que causou grande mortandade nos atacantes e 51 ferimentos no coronel João Francisco.

Levado para a Santa Casa de Misericórdia, João Francisco voltou, ainda ferido, para a tropa. O tenente Juarez Távora ficou encarregado de cobrir seu setor. A ação demonstrou que as tropas governistas estavam avançando sem que os revolucionários tivessem condições de contê-las por muito tempo.

Posteriormente, João Francisco, homem de sessenta anos, retirou-se com os rebeldes para o Paraná, combatendo em Catanduvas. Na sequência, rompeu com Isidoro Dias Lopes e voltou ao Rio Grande do Sul, por achar que desempenhava papel inferior à sua patente de coronel. Passou o comando de suas tropas a Luís Carlos Prestes, promovendo-o a coronel revolucionário.

No trecho que enviou para Isidoro,³ João Francisco faz críticas a este, que acusa de fugir três vezes dos legalistas, e explica por que deu a patente de coronel a Prestes:

> Em nome dos mais elevados interesses da revolução social brasileira, apelo para vossa consciência ante as considerações seguintes: vós, que a 5 de julho, em face dos acontecimentos de São Paulo, assumistes o posto de chefe da revolução, deveis recordar-vos que, a 9 do mesmo, desertastes e fostes vos entregar prisioneiro ao governo, que no mesmo momento também fugira! Eis por que não estais agora na Hospedaria dos Imigrantes...

Consequentemente, deveis ter refletido que, desde esse dia, *ipso facto*, perdestes a confiança dos vossos companheiros, ainda que, por ironia os vossos íntimos, a muque, o tivessem reinvestido do comando no momento mais cor-de-rosa da campanha. Mais tarde, porém, a maioria das tropas revolucionárias pretende vos expulsar da sua frente, ao que eu me opus, porque considerei que esse ato era então inconveniente aos interesses da revolução [...] assim aconteceu com a vossa chefia. Fugistes pela segunda vez — reincidistes — com a agravante de terdes semeado o pânico no seio dos heroicos defensores de Iguaçu. Que pena! Que dor me causou vossa fraqueza! É verdade que a revolução de fato perdeu. Vós, porém perdestes tudo!

[...] Quando eu contemplo a epopeia desses Leônidas, guiados pelo valor, intrepidez e capacidade inexcedível do meu coronel Luís Carlos Prestes, sinto que num dia eu vi séculos... Sabeis que dia foi esse? O dia que atravessei o rio Uruguai, penetrei em São Borja, onde então encontrei o capitão de engenheiros Luís Carlos Prestes, conversei com ele e disse para mim: Aqui temos uma grande figura, um futuro grande general; redigi e assinei um diploma, nomeando-o coronel comandante das forças de São Borja, São Luís, São Nicolau, Santo Ângelo e outras, dando-lhe poderes para organizá-las, nomear oficiais etc. e finalmente dei-lhe instruções de ordem geral sobre as operações que devia realizar. Vivi séculos naquele dia, porque o meu coronel executou e realizou tudo melhor do que se me afigurava. Revelou-se um grande general; os seus feitos orgulharam a raça gaúcha; e o seu renome, amanhã, vai ser entalhado nas páginas mais refulgentes da história moderna, para ser transmitido às gerações vindouras, como exemplo de valor, na maior extensão da palavra!

A "Revolução de 1924" no Chile

No Chile, curiosamente naquele ano de 1924, no mês de setembro, portanto somente dois meses após a revolta paulista, vivenciou-se algo parecido com o tenentismo brasileiro. Na sessão do Congresso Nacional daquele país, dos dias 8 e 9 de setembro, cerca de duzentos jovens oficiais das guarnições de Santiago estiveram presentes para fazer pressão contra senadores e deputados, no sentido de que estes aprovassem várias reformas pendentes havia algum tempo.

Segundo Carlos Molina Johnson, em seu livro *Chile: Los militares y la politica*, os oficiais, entre os quais majores, capitães e tenentes, permaneceram durante quase toda a sessão pressionando os parlamentares e, em certo momento, foram instados a abandonar as galerias pelo ministro da Guerra, Gaspar Mora Sotomayor, ex-capitão de infantaria muito popular em meio à tropa. Saíram, mas rasparam seus sabres nas escadas de mármore do Parlamento, em sinal de desafio aos deputados e senadores.

Preocupados, estes aprovaram, na sessão seguinte, alguns avanços sociais, que haviam sido apresentados pelo presidente Arturo Alessandri Palma, como a regulamentação da jornada de trabalho de oito horas, supressão do trabalho infantil, regulamentação do contrato de trabalho e a criação de uma lei de acidentes profissionais. Além disso, aprovaram uma lei que previa aumento nos soldos. O episódio foi considerado a primeira intervenção dos militares desde 1891 no processo político chileno.

A "revolução chilena" gerou até um líder, o oficial da Aeronáutica Marmaduke Grove (1878-1954), uma espécie de Luís Carlos Prestes daquele país, porém mais bem-sucedido que o brasileiro. Grove foi o fundador da efêmera República Socialista do Chile, que sobreviveu apenas 12 dias até ser derrubada por Carlos Dávila, também membro da Junta de Governo. Posteriormente, ao lado de Salvador Allende, o ex-militar foi um dos fundadores do Partido Socialista do Chile. Depois desse episódio, a expressão em espanhol *Ruido de Sables* (Ruído de Sabres) passou a significar certo mal-estar de militares com a política ou rumores de golpe de Estado. Na Espanha, também é utilizada com sentido semelhante ao do chileno.

Entrevistas

Álvaro Oliveira Valle

Conhecido como "seu Álvaro", Álvaro Oliveira Valle, que foi entrevistado pelo autor deste trabalho em 25 de julho de 1994, em sua casa na zona norte de São Paulo, tem uma trajetória no mínimo curiosa. Tipógrafo da Força Pública (atual Polícia Militar) e radiotelegrafista amador, aderiu ao levante dos tenentes em São Paulo logo que chegou ao Quartel da Luz naquele 5 de julho para iniciar seu trabalho. Tinha apenas 18 anos na ocasião e passou a confeccionar os panfletos que os rebeldes despejaram pela cidade para fazer a população aderir ao movimento. Durante todo o período, o jovem soldado se manteve ao lado dos rebeldes, retirando-se com eles da cidade e combatendo forças legalistas no Paraná. Lá, entregou-se aos inimigos e mudou de lado, tornando-se legalista, indo combater os antigos aliados no Nordeste.

No Piauí, quase enfrentou o cangaceiro Virgulino Ferreira da Silva, o Lampião, que confundiu seu grupo legalista com rebeldes. Há, talvez, um equívoco aqui, já que não existem registros da passagem de Lampião pelo Piauí. O informante pode ter confundido o bando do cangaceiro com outros grupos de jagunços que combatiam na região. O bandoleiro — que recebeu a patente do padre Cícero para enfrentar a Coluna Prestes — combatia, ao menos em tese, do lado legalista, onde estava o soldado paulista. Seu Álvaro morreu em 2002, perto de completar cem anos (ele nasceu em 1906), e esta entrevista é uma forma, modesta, de homenageá-lo.

Como foi sua adesão à revolução?

Cheguei naquele 5 de julho, um sábado de plantão, ao Quartel do Comando Geral e vi que estava tomado pelos revolucionários. Aos 18 anos, todos nós somos idealistas. Quando desci do trem, já que morava na zona norte e ia para o quartel com o trem da Cantareira, aderi imediatamente. Fiquei imprimindo os panfletos da revolução, que os aviões lançavam sobre a cidade. Eu trabalhava na tipografia do quartel-general e fui incumbido de compor um manifesto para explicar à população que a razão da revolução era depor o presidente Arthur Bernardes.

E como estava a cidade na ocasião?

Paulista não brinca em serviço. Aqui a revolução foi para valer. Pedaços de casas desmoronavam, havia caixas d'água destruídas, enxurrada, casas destruídas por toda parte. Muitos mortos. Parecia, no começo, que a revolução seria vitoriosa, mas logo os legalistas reagiram. Nos primeiros dias, era tudo alegria. O general Isidoro Dias Lopes foi o único que aceitou a incumbência de comandar a revolução, ele era da reserva. Nenhum general da ativa aceitou porque era uma aventura, a revolução podia não dar certo, e ele teria se rebelado contra o governo constitucional.

Como se deu a retirada de São Paulo?

Saímos em ordem, fomos em trem especial para Bauru e, depois, para Itirapina. Paramos nas barrancas do rio Paraná, que era um mar e não um rio, de tão largo. Já vinham tropas legalistas atrás da gente. Eu fazia parte do serviço de comunicação. Era um serviço terrível, tinha que enfrentar muita coisa. Ficamos em Catanduvas, no Paraná, onde houve muitos combates com os legalistas. Os revolucionários diziam que se caíssemos nas mãos dos legalistas seríamos todos castrados. Ninguém queria isso e "metemos a cara no mato". Em Botucatu, por engano, entrei num trem que estava cheio de soldados legalistas e dei uma de bobo para sobreviver, quando me perguntaram se era da legalidade ou revoltoso. Deu um trabalho para conseguir escapar. Em Catanduvas, os combates foram horrendos, os revolucionários morriam e eram enterrados nas barrancas do rio. Ficamos sete meses sem alimentação, sem remédio, sem recurso nenhum.

E de que forma o senhor se passou para o lado dos legalistas?

Um dos meus companheiros rebeldes encontrou, por acaso, o cunhado, que era do 2º Batalhão da Força Pública paulista, e resolvemos nos entregar, em um grupo de quatro. Ele deu um jeito, por meio de subterfúgios, para que a gente escapasse dos revoltosos, e nos apresentamos aos legalistas, no caso ao coronel Afro Marcondes de Rezende, da Força Pública. Fiquei no destacamento do general Álvaro Guilherme Mariante, que me chamava de xará, o que fez com que eu tivesse algumas regalias entre os soldados. Ele conversava muito comigo, era um "pão de ló" de tão camarada, e me pedia para contar os pormenores da revolução desde São Paulo, porque queria escrever um livro sobre o assunto. O chefe do Estado-Maior dele era o então capitão Góes Monteiro, que nos anos 1930 foi o chefe militar da revolução de Getúlio Vargas. Meu irmão, Antônio de Oliveira Valle, combatia entre os legalistas. O capitão legalista Shakespeare Ferraz e o tenente Romão Gomes me identificaram como o tipógrafo da Força Pública. Disseram: "Menino, você aqui." Depois, me deram uma máquina de escrever para trabalhar porque pensavam que eu era datilógrafo, mas disse que era tipógrafo e não sabia escrever em máquina.

O senhor foi combater Lampião, então?

Depois, fomos enfrentar Lampião, em Picos, no Piauí, mas ele não combateu, só enfrentava a polícia, com o Exército ele não queria conversa. Ele andava de alpargatas e confundiu nosso grupo com os rebeldes. Precisou o capitão Antualpha de Alencar, que era o nosso comandante, explicar para ele que alguém estava enganado naquela confusão [risos]. Me disseram que eram ordens do general Rondon para que me integrasse às patrulhas que enfrentavam a Coluna Prestes, mas achava estranho ter virado legalista. O que poderia fazer? A opção era enfrentar os interrogatórios da Masmorra do Cambuci, sob as ordens do facínora Laudelino de Abreu, uma espécie de Filinto Müller de São Paulo.

E como eram as lutas com a Coluna Prestes?

Vou lhe contar uma particularidade: o pessoal do Exército não queria acabar com a Coluna Prestes, porque combater a Coluna representava dinheiro e facilidade para conseguir a aposentadoria, o tempo se contava em dobro e havia as vantagens de combate, que também ajudavam a aumentar o soldo. Depois de acabar a revolução, me tornei amigo do filho do Miguel Costa, o Miguel Costa Júnior. Passei a conhecer o general Miguel Costa, que me pedia informações sobre o cotidiano da revolução. Ele era um alto oficial durante a revolução e, portanto, não vivia a vida dos soldados e não sabia como era o batente.

YURI ABYAZA COSTA

Yuri Abyaza Costa, de 41 anos, é filho de Miguel Costa Júnior, portanto neto de Miguel Costa, um dos principais personagens da Revolta de 1924. Autor do livro *Miguel Costa: Um herói brasileiro*, publicado pela Imprensa Oficial do Estado, e de outro, que reúne textos e depoimentos de Miguel Costa Júnior sobre o pai, também é criador e responsável pelo blog http://revolucaobrasileirade1924.blogspot.com.br, um dos mais prestigiados sobre o tema. Ele tem todas as razões para ser um entusiasta da chamada Revolução de 1924, que faz um grande esforço para divulgar. Na entrevista a seguir, Costa discute um pouco as razões do "esquecimento" devotado ao movimento de 1924 pela historiografia e traz visões pessoais da convivência com o pai, jornalista e professor comunista, preso 22 vezes pela polícia. O pesquisador classifica a Revolta ou Revolução de 1924 como "a maior batalha militar em solo urbano da América Latina."

Fale um pouco de sua história pessoal e sua ligação com o tema Revolta ou Revolução de 1924.

Nasci quando o Brasil ainda vivia sob a influência da ditadura militar, e como meu pai foi preso 22 vezes por causa de suas peripécias, por vezes tive que me esconder no guarda-roupa quando a polícia aparecia para "entrevistá-lo". Bastava um telefonema para que a viatura fosse embora — nunca entendi isso. Minha infância foi um verdadeiro antagonismo: meu pai era comunista e filho de militar; meu avô, por sua vez, era militar, revolucionário e anticomunista; meu pai era ateu e minha mãe, extremamente religiosa. Aproximei-me demais do tema Revolução de 1924, porque meu pai me obrigava a escutá-lo todas as vezes que vinham entrevistá-lo, e também me levava a suas palestras nas faculdades e escolas. O que me aproximou mais foi um tipo de revolta com a academia, que até há pouco tempo, não havia se esforçado para publicar uma tese que não fosse de cunho esquerdista no que tange à Revolução de 1924. Aos 33 anos, decidi que faria isso por conta própria, já que não sou acadêmico nem tenho pretensão. Nesse ponto tenho o mesmo sentimento do escritor Rubens Alves: medo do academicismo.

Por dois anos pesquisei a Revolução de 1924 por minha conta e escrevi o livro *Miguel Costa: Um herói brasileiro*. Como não esperava nenhum resultado com a publicação, fiquei surpreso com os acontecimentos seguintes. Alguns professores, historiadores, pesquisadores, jornalistas e simpatizantes do assunto me procuraram para debater o que relatei em meu livro, que é cheio de fontes e notas extensas. Foi, até mesmo, promovido um debate sobre o general Miguel Costa na Universidade de São Paulo (USP), no encontro anual da Associação Nacional dos Pesquisadores de História (ANPUH), com a organização do professor-doutor Paulo Ribeiro da Cunha e da professora doutora Marly Viana. Surgiram entrevistas em rádio, jornais, publicações em revistas e TV.

Em sua opinião, qual a importância do evento para a historiografia brasileira e como ele aparece na história?

Qualquer evento é importante para a historiografia, já que todo evento é uma parte fragmentada de cada elo da corrente histórica. Se um fragmento falta, o elo fica incompleto. Acredito que seja difícil definir o peso dos eventos, por isso digo que todos têm sua importância. A Revolução de 1924 não agrada a todos. Acredito que o episódio aparece na história de forma distorcida e evasiva. Distorcida por se evidenciar uma parte do que foi a Revolução de 1924 e desdenhar o início e o final. Penso que tudo isso é por interesse político, de grupos e pessoal. Político por favorecer a esquerda brasileira, de grupos por favorecer os grupos políticos de esquerda, e pessoal, por favorecer o esquerdista.

Digo isso pelo seguinte: a Revolução de 1924 nunca teve cunho comunista como a história é contada pelos comunistas da época. Tinha o objetivo político, tanto é que objetivava destituir um governo despótico e instituir um democrático. Para confirmar isso, basta verificar as razões que levaram aqueles militares à Revolução. Só que a propaganda em cima da figura de Luís Carlos Prestes foi tão grande, até mesmo em termos mundiais, que só a chamada Coluna Prestes é que se evidenciou e o restante desse evento se apagou, como se nunca tivesse existido. É preciso reparar esse dano causado à história mundial.

Vejamos a Revolução na capital de São Paulo, que foi condenada pela Convenção de Haia: o conflito mobilizou mais de 20 mil soldados dentro da capital e todas as tropas federais, incluindo a Marinha e a Força Aérea do Exército; foi o que chamo de "a maior batalha militar em solo urbano da América Latina"; os bombardeios trucidaram centenas de famílias; o governo utilizou tanques de guerra dentro da cidade; pela primeira vez foram formados batalhões estrangeiros que serviram à Revolução; houve o maior êxodo urbano até hoje registrado nas cidades do Brasil — mais de 300 mil pessoas deixaram de uma só vez a capital; pela primeira vez se utilizou a guerra de movimento em solo urbano; pela primeira vez, desde a invasão do Brasil pelos portugueses, um governo fugiu da guerra e pela primeira vez o governo utilizou canhões de 175 milímetros, capazes de desintegrar uma pessoa distante 1.200 metros do alvo. "Vista de cima, à noite, a cidade parecia um bolo de aniversário cheio de velas, tamanho eram os incêndios que os bombardeios causavam." (Miguel Costa Júnior)

Os cadáveres eram tantos que se espalhavam pelas ruas, o cemitério não tinha mais espaço para sepultamentos e alguns corpos foram enterrados nos quintais das casas. A cidade de São Paulo ficou destruída e a historiografia pouco se manifesta sobre isso sobre a retirada dos revolucionários que, em uma só noite, esvaziaram os quartéis da Luz e 6 mil soldados se retiraram em doze composições ferroviárias em completo silêncio e ordem, carregando até aviões, o que resultou em uma surpresa grande para as forças governistas, que atacaram os bonecos de palha deixados nas trincheiras, pensando que eram soldados adormecidos. É claro que muitas outras coisas aconteceram.

SÃO PAULO DEVE SER DESTRUÍDA

O que seu pai, Miguel Costa Júnior, falava sobre o assunto em casa?

Ele vivenciou esses acontecimentos. Em 1924, ele estava com onze anos, depois, aos dezessete, morou com os revolucionários que passaram a viver em Paso de Los Libres, na Argentina. O prazer de sua vida era contar essa história ao lado do seu garrafão de vinho; toda vez que a taça chegava até a metade, ele a enchia, para não deixar a garganta secar. Meu pai falava sobre esse assunto quase todos os dias, pois éramos visitados por pesquisadores, historiadores, militares, repórteres, políticos e simpatizantes do assunto. Ele me obrigava a ouvi-lo todas as vezes. Acabei absorvendo a história de tanto ouvir. Só que não me sentia satisfeito. Isso só se deu quando tive que pesquisar por dois anos para escrever o livro, que é a única biografia do general Miguel Costa.

Qual a imagem que você guarda de Miguel Costa?

Não conheci o general Miguel Costa. Ele faleceu em 1959 e eu nasci em 1973. No entanto, criei uma imagem dele. Essa imagem surgiu das impressões das pessoas que o conheceram, por exemplo, meu pai, alguns familiares, amigos, jornalistas e principalmente das pessoas que o odiavam. Desses últimos pude definir a figura de Miguel Costa, na minha visão: um homem além do seu tempo, do nosso tempo e além de um futuro muito distante.

Por que, em sua visão, a Revolução de 1924 é tão esquecida em São Paulo, enquanto a de 1932 é exaltada? Qual a razão desse esquecimento?

No ano passado, perguntei exatamente isso ao coronel Mário Ventura, presidente da Sociedade Veteranos de 1932 — MMDC. Ele respondeu que é pela falta de uma entidade igual à de 1932, que realize eventos, distribua medalhas, diplomas e que organize núcleos em diversas cidades. Compactuo do mesmo pensamento. Aliás, acredito que a Revolução de 1932 será lembrada enquanto o coronel Ventura estiver vivo, porque, depois de sua passagem, um ou outro se lembrará, só que nenhum fará o que ele faz. As pessoas só fazem as coisas que lhe são convenientes. Se para alguém for conveniente lembrar de 1932, lembrará, se for conveniente lembrar de 1924, lembrará.

José Ribeiro

Representante comercial aposentado, José Ribeiro, de setenta anos, morador da zona oeste de São Paulo, é o único filho de João Ribeiro da Silva, soldado do Exército do 4º Regimento de Artilharia Montada (4º RAM) de Itu, um dos quartéis que se perfilaram ao lado dos rebeldes durante o episódio histórico da Revolução de 1924. Natural de Capivari, interior de São Paulo, seu pai servia ao Exército na ocasião e lutou na região da rua Vergueiro, na Igreja do Paraíso, contra tropas mineiras que avançavam contra a cidade. Ele lhe contava muitas histórias de fatos ligados à Revolta. Depois de participar do evento, Silva deu baixa no Exército e foi trabalhar com o pai, avô de Ribeiro, tornando-se ferroviário e, posteriormente, comerciante. Morreu em 1980, aos 76 anos. "Visitamos uma vez o 4º RAM e ele se lembrava de todos os lugares e o que havia lá. Nos horários de folga, relembrava fatos da Revolução. Sempre dizia que, perto de 1924, a Revolução de 1932 foi quase uma brincadeira. "Em 1924, a cidade foi quase destruída", conta.

O que seu pai contava da luta contra os soldados da PM de Minas Gerais?

Ele era um pai muito amigo e sempre fazia questão de me contar tudo o que ocorreu. Com relação à luta contra os mineiros, ele dizia que os soldados de um determinado comandante tiravam o chumbo dos cartuchos das balas e preenchiam o espaço com pinga, que bebiam. Isso lhes causava uma loucura temporária, que fazia com que fossem de peito aberto contra as metralhadoras dos paulistas, morrendo muita gente assim. Os mortos eram levados para o Cemitério do Araçá, onde estão enterrados muitos soldados mineiros. Para assustar os inimigos, os paulistas usavam a matraca, um pedaço de ferro preso em uma madeira que fazia um barulho que simulava o som dos tiros de uma metralhadora. Não havia muita munição, nem tropas, e era necessário economizar. Com isso, os mineiros pensavam que os paulistas tinham muitas armas e balas, o que não era verdade, mas assustava, ainda mais à noite, quando os atacantes ficavam preocupados com isso.

SÃO PAULO DEVE SER DESTRUÍDA

O que se fazia com os soldados mortos ou feridos em combate?

De acordo com ele, os corpos eram empilhados e amarrados com cordas. Depois, os caminhões levavam todos para o Cemitério do Araçá. Havia muitos casos de militares apenas feridos, mas mesmo assim eram levados ao cemitério, presos aos defuntos. Muita gente, com certeza, morreu imprensada entre os corpos ou sufocada nas covas comuns. Não havia tempo ou condições para separar os feridos dos mortos, ainda mais em meio a uma guerra. Parecia o caminhão do lixo nos dias de hoje.

Em algum momento ele falou do número de mortos? Os dados oficiais citam 503 mortos e quase 5 mil feridos.

Não sei de onde ele tirou esse número, mas ele falava em 4 mil mortos em toda a cidade, número muito superior ao oficial. Não tenho, no entanto, como dizer de que forma ele obteve essa informação.

Ele chegou a imaginar que não sobreviveria à guerra?

Sim. Uma vez, ele estava na trincheira, que era feita com enormes sacos de areia que ficavam duros como pedra, quando uma granada foi jogada e caiu ao seu lado. No entanto, não estourou imediatamente, porque, por sorte, a terra da trincheira estava fofa. Ele conseguiu pegar o artefato e jogar uns 10, 15 metros adiante, onde a granada explodiu. Viu a morte de perto, mas sobreviveu para contar a história. Em outra ocasião, ele estava com seis outros colegas e viram uma joalheria com a porta aberta por bombardeio. Decidiram pegar um relógio para cada um e fecharam a porta de aço para evitar que o lugar fosse saqueado. Agiram como se fossem "ladrões bonzinhos".

O que houve depois da Revolução, seu pai foi preso ou sofreu alguma represália?

Não. Ele saiu do Exército logo em seguida e foi trabalhar com meu avô. Algum tempo depois, ao lado de três companheiros, integrou uma equipe do Raide Fluvial Carlos de Campos, uma expedição que deveria estudar todos os rios do Brasil e de seus vizinhos. O projeto começou em 1926 e eles viajaram por todo o Brasil. Chegaram a ser presos em um dos países vizinhos, como subversivos, mas foram soltos quando se percebeu o equívoco. Depois da morte do presidente Carlos de Campos, o projeto foi suspenso e eles passaram a trabalhar para conseguir sobreviver fora, já que não chegava mais dinheiro para manter a expedição. Em Montevidéu, no Uruguai, meu pai trabalhou consertando motores de popa dos barcos. Eles viajaram também pela Argentina, Paraguai, Bolívia e outros países. Com o fim da atividade, ele retornou ao Brasil e constituiu família. Tinha 42 anos quando se casou com minha mãe. Era um pai muito próximo e até hoje sinto muito sua falta.

Notas

Capítulo 2

1. A mensagem ao Congresso Nacional do presidente Arthur Bernardes está disponível em http://brazil.crl.edu/bsd/bsd/u1317/00003.html. Fonte: Arquivo do Congresso Nacional.
2. Íntegra da emenda apresentada pelo presidente Arthur Bernardes disponível no site www2.camara.leg.br/emendaconstituicional 3-setembro-1926, acessado em 13/10/2013.
3. No trecho final do diário do secretário Bento Bueno, ele demonstra indignação com os incêndios, que no entanto foram causados pela própria artilharia governista, que atirou indiscriminadamente sobre a cidade. Como líder legalista, Bueno integrava as forças que atacaram São Paulo.
4. O título do livro de Benito Serpa faz referência à Batalha de Verdun, entre tropas francesas e alemãs, que durou de 21 de fevereiro a 18 de dezembro de 1916, com quase 1 milhão de baixas, segundo as últimas estimativas. A noroeste da França, Verdun era uma cidade com várias fortificações, que conseguiram conter o avanço alemão na região durante a Primeira Guerra Mundial.
5. Diário do cabo 377 no Museu de Polícia Militar. Assim como o livro do capitão Jorge Luiz, é um texto manuscrito, escrito a caneta em um caderno, guardado na pasta da Revolução de 1924 naquela instituição.
6. O armamento usado pelos legalistas na sedição paulista era fabricado pela metalúrgica francesa Schneider, Fréres & Cie., localizada nas proximidades de Paris, que produzia material bélico e locomotivas.

7. Quem conseguiu materializar o convênio com a França que possibilitou o treinamento do Exército pela Missão Francesa foi o ministro da Guerra, general Cardoso de Aguiar, em articulação com representantes brasileiros que estavam em Paris por ocasião das negociações do Tratado de Versalhes, entre eles o historiador Pandiá Calógeras — que foi o primeiro civil a assumir o ministério, entre 1919 e 1922. O major Malan d'Angrone, adido militar junto à Embaixada brasileira naquele país e descendente de franceses, foi, segundo Frank McCan, autor de *Soldados da pátria*, fundamental para a assinatura do acordo, ao conversar diretamente com o marechal Joffre, chefe militar francês, e acertar a vinda de vinte instrutores.
8. O relatório do coronel Joviniano Brandão está disponível no Museu de Polícia Militar, pasta da Revolução de 1924.
9. As informações dos blindados rebeldes e legalistas constam no artigo "Blindados paulistas na Revolução de 1924", de autoria do pesquisador Expedito Carlos Stephani Bastos (Universidade Federal de Juiz de Fora).
10. Os aviões Spad, usados pelos aviadores legalistas, eram produzidos na França pela empresa Societé pour l'Aviation et ses Derivés (Spad). A aeronave participou das batalhas aéreas na Primeira Guerra Mundial, em alguns casos substituindo o Neueport, também francês. Atingia velocidades de 192 quilômetros por hora e tinha autonomia de 360 quilômetros. Seu armamento consistia em uma metralhadora.

Capítulo 3

1. O Jornal *Última Hora*, 17 de novembro de 1967, caderno 2, p. 3. Disponível em www.arquivosp.gov.br (acessado em 20/2/2013) traz a declaração de Bernardes acerca da repressão em seu governo.

Capítulo 5

1. O chefe de Polícia se refere ao general Augusto Ximeno de Villeroy, um dos líderes do movimento de 1922, que também foi pronunciado em 1924 como um dos chefes da sedição. Acabou condenado a dez anos de prisão pelo Supremo Tribunal Federal (STF).

2. As informações sobre as artimanhas dos "tenentes" para permanecerem ocultos em São Paulo estão no documento "Sucessos subversivos de São Paulo: Denúncia apresentada ao Juiz Federal da 1ª Vara em São Paulo pelo procurador criminal da República". Rio de Janeiro, Imprensa Nacional, 1925, p. 5.
3. Apesar das amabilidades com o presidente Arthur Bernardes, no ano seguinte, Lobato assinaria a falência da Editora Revista do Brasil, que havia criado. Parte dos problemas haviam sido causados por uma determinação de Bernardes, que desvalorizou a moeda brasileira e suspendeu o redesconto de títulos da dívida da companhia no Banco do Brasil, levando o editor — que havia acabado de importar máquinas impressoras da Europa — a um grande prejuízo e muitas dívidas. No ano de 1924, ele lançou os livros *A caçada da onça*, *Jeca Tatuzinho* e *O noivado de Narizinho*, todos grandes sucessos editoriais que praticamente criaram a indústria brasileira de livros. Depois da falência da antiga editora, Lobato fundou, em 1925, a Companhia Editora Nacional, sediada no Rio de Janeiro, então capital federal.
4. O fac-símile do jornal que relatou a doença do marechal rebelde Odílio Bacellar está arquivado na Biblioteca Nacional — consulta de periódicos — Biblioteca Nacional Digital Brasil (www.memoria.bn.br), acessado em 20/5/2013.

Capítulo 6

1. O "bombardeio terrificante" ou "bombardeio à alemã" também era uma expressão muito usada na imprensa da época para designar um tipo de ataque com bomba em que estas são atiradas sem um destino certo, muitas vezes causando vítimas civis, como os bombardeios praticados pela Alemanha contra seus inimigos na Primeira Guerra Mundial.
2. O autor de *Férias de julho*, livro que citamos muito nesta obra, é o padre Luiz Marcigaglia, natural da Itália, que pertencia à Ordem dos Salesianos e dirigiu a escola por 13 anos. Escritor, poeta e compositor, deixou à posteridade o livro no qual descreve a revolta a partir do Liceu Coração de Jesus, o primeiro prédio atingido por balas de canhão dos revoltosos. Morreu em São Paulo em 1959, aos 76 anos.

3. Cyro Costa, delegado e poeta (1879-1937), escreveu, com Eurico de Góes, advogado e escritor (1878-1938), o livro *Sob a metralha: Histórico da revolta de 5 de julho de 1924*. Na obra, publicada em setembro daquele ano, os autores — Góes é parente da mulher de Carlos de Campos — classificam os rebeldes de "celerados" e defendem, usando argumentos legais, o bombardeio da cidade.
4. Aureliano Leite (1886-1976), advogado, historiador e político, é autor de *Dias de pavor: Figuras e scenas da revolta de São Paulo*, que escreveu a partir de crônicas publicadas no jornal *Diário Popular*. Na obra, mostra-se francamente favorável à legalidade e crítico aos rebeldes. Acabou se tornando um personagem proeminente da Revolução de 1932, em São Paulo.
5. Firmiano de Moraes Pinto (1861-1938) foi prefeito de São Paulo entre 1920 e 1926 e deputado federal. Após o episódio, foi acusado de simpatia pelos revolucionários, mas, defendido por Francisco Morato, acabou impronunciado. É homenageado com um busto referente à sua ação no período, de autoria do escultor Luiz Morrone, instalado no parque Buenos Aires, na zona oeste da capital paulista. Pinto teria pronunciado a frase "Serei o último habitante a abandonar São Paulo, aconteça o que acontecer", para demonstrar seu apreço pela cidade que governava.

Capítulo 7

1. As coleções do *Jornal do Brasil* e do *Correio da Manhã*, ambos sediados no Rio de Janeiro, estão disponíveis em www.hemerotecadigital.bn.br
2. Luigi (Gigi) Damiani, um dos anarquistas expulsos, nascido em 1876 em Roma e morto em 1953, jornalista e poeta, dirigiu o jornal anarquista *O Amigo do Povo*, no Brasil. Depois de deportado, redigiu o opúsculo em italiano *Brasil: País para onde não se deve emigrar*, condenando a imigração de italianos para o país. Por ocasião da sua expulsão, Nereu Rangel Pestana, diretor de *O Combate*, publicou um artigo questionando a deportação dos líderes sindicais estrangeiros e demonstrando que a medida era contrária à Constituição.

3. Farmacêutico, Otávio Brandão Rego nasceu em 1898, em Viçosa (AL) e morreu no Rio de Janeiro em 1980. Militante anarquista entre 1919 e 1921, aproximou-se do marxismo em 1922, meses após a fundação do Partido Comunista do Brasil (PCB), no qual exerceu vários cargos de direção e se tornou vereador no Rio de Janeiro. Preso em 1930, passou a viver na União Soviética em 1931. Em sua obra *Agrarismo e industrialismo*, apresenta uma contradição no capitalismo brasileiro com o setor rural e agrário sob influência do imperialismo britânico e o urbano e industrial, do imperialismo americano.

Capítulo 9

1. As biografias dos tenentes revolucionários foram extraídas do *Dicionário histórico biográfico brasileiro pós-1930*, Rio de Janeiro, Ed. FGV, 2001, e do CPDoc da Fundação Getulio Vargas (FGV).
2. A descrição do ataque frustrado do coronel João Francisco contra as forças legais foi reproduzida de "Sucessos subversivos" — memorial da Revolução de 1924 nos processos contra os rebeldes guardados no Arquivo Público do Estado de São Paulo, p. 115.
3. A carta do coronel João Francisco ao general Isidoro Dias Lopes está reproduzida no livro de João Silva, *Farrapos de nossa história: Marcha da Coluna Prestes*. São Luiz Gonzaga, Rio Grande do Sul, edição do autor, 1959, p.195-8.

Referências bibliográficas

Fontes

Fotografias da Revolta de 1924, parte de autoria desconhecida, publicadas nos álbuns, livros de memorialistas e jornais.

Jornais da grande imprensa: *O Estado de S. Paulo*, *Correio Paulistano*, *Jornal do Commercio*, *Correio da Manhã*, *A Marreta*, *A Capital* e *Jornal do Brasil* (várias edições), e da imprensa operária: *A Plebe* e *O Combate*.

Cartas da Revolução de 1924, sob a guarda do Arquivo do Estado de São Paulo (432 no total, das quais aproximadamente trinta tratam do movimento em São Paulo).

Livros de memorialistas

CABANAS, tenente João. *A columna da morte sob o comando do tenente Cabanas*. Assunção: Edição do autor, 1926.

DUARTE, Paulo. *Agora nós!* Chronica da revolução paulista com o perfil de alguns heroes da retaguarda (versão fac-similar de 1927). São Paulo: Fundap — Imprensa Oficial do Estado de São Paulo, 2007.

MARCIGAGLIA, Luiz. *Férias de julho*. São Paulo: Escolas Profissionais do Liceu Coração de Jesus, 1927.

NORONHA, Abílio de. *Narrando a verdade*. São Paulo: Edição do autor, 1924.

_____. *O resto da verdade*. São Paulo: Edição do autor, 1925.

SERPA, Benito. *A Verdun paulista:* Episódios da defesa do 4º Batalhão da Força Pública durante a Revolução de julho de 1924. São Paulo: Gráfica Biblos Editora, 1962.

SOARES, José Carlos de Macedo. *Justiça: A revolta militar em São Paulo.* Paris: Edição do autor, 1927.

Livros de cronistas

COSTA, Cyro; GÓES, Eurico. *Sob a metralha...* Histórico da revolta de São Paulo de 5 de julho de 1924. São Paulo: Graphico-Editora Monteiro Lobato, 1924.

FIGUEIREDO, Antonio dos Santos. *1924:* Episódios da revolução de S. Paulo. Porto: Indústria Gráfica do Porto, 1924.

GATTAI, Zélia. *Anarquistas graças a Deus.* São Paulo: Companhia das Letras, 2009.

GENEEN, Henrique. *Aventuras de uma família de São Paulo durante a revolução de julho de 1924.* São Paulo: Seção de obras de *O Estado de S. Paulo*, 1925.

LEITE, Aureliano. *Dias de pavor.* São Paulo: Edição do autor, 1924.

MEIRELLES, Domingos. *As noites das grandes fogueiras.* Rio de Janeiro: Record, 1999.

Material documental obtido nos seguintes locais: Arquivo da Cúria Metropolitana de São Paulo, Arquivo do Estado de São Paulo, Arquivo Público Mineiro, Arquivo Edgar Leuenroth, da Universidade Estadual de Campinas (Unicamp), Biblioteca Mário de Andrade, Fundação Instituto de Energia e Saneamento, Arquivo Histórico do Exército, Biblioteca da Faculdade de Saúde Pública da USP, Museu de Polícia Militar, Arquivo Washington Luiz, da Secretaria Municipal de Cultura de São Paulo, CPDoc-FGV, Museu Memória do Bixiga, Acervo histórico da Assembleia Legislativa de São Paulo.

Dissertações de mestrado

AQUINO, Laura Cristina Mello de. "A participação de batalhões estrangeiros na rebelião de 1924 em São Paulo". Pontifícia Universidade Católica de São Paulo (PUC-SP), Programa de Estudos Pós-graduados em História, São Paulo, 1995.

UEÓCKA, Lorayne Garcia. "1924: Dossiê de uma rebelião — operários ante a sedição paulista". Pontifícia Universidade Católica de São Paulo (PUC-SP), Programa de Estudos Pós-graduados em História, São Paulo, 1991.

Artigos acadêmicos

ARAGÃO, Isabel L. "Revoltas na caserna e a criação da polícia política no Brasil". Anais do XV Encontro Regional de História da Anpuh-Rio, Rio de Janeiro, 2012.

BASTOS, Expedito Carlos Stephani. "Blindados paulistas na Revolução de 1924". Universidade Federal de Juiz de Fora (UFJF), publicado em 2010. Disponível em www.ecsbdefesa.com.br/arq/Art%2011.htm. Acessado em 20/1/2013.

CRUZ FARIA, Heloísa & CUNHA PEIXOTO, Maria do Rosário. "Na oficina do historiador: Conversas sobre história e imprensa". In: *Projeto História*, revista do Programa de Estudos Pós-graduados em História e do Departamento de História da PUC-SP, n. 35, dez. 2007, p. 255.

MARTINS, Rui Décio. "O Direito Internacional e a Revolução de 1924 em São Paulo". In: *Verba Juris*, revista do Programa de Pós-Graduação em Ciências Jurídicas da Universidade Federal da Paraíba (UFPB), ano 7, n. 7, jan.-dez, 2008.

ROMANI, Carlo. "Antecipando a era Vargas: A Revolução Paulista de 1924 e a efetivação das práticas de controle político e social". In: *Topoi*, revista do Programa de Pós-graduação em História Social da Universidade Federal do Rio de Janeiro (UFRJ), vol. 12, n. 23, jul.-dez., 2011.

Vídeo

CASTRO, Caio Plesman de (direção). *São Paulo, cidade aberta — Capítulos da revolução brasileira*. CPC Umes, São Paulo, 2009.

Depoimentos orais

Álvaro de Oliveira Valle
Yuri Abyaza Costa
José Ribeiro
Tito Batini (em vídeo)

Demais obras

ACILINO, Rogério. *Clevelândia do Norte*. Rio de Janeiro: Biblioteca do Exército (Bibliex), 1971.
ALVES, Odair Rodrigues. *Os homens que governaram São Paulo*. São Paulo: Nobel/Edusp, 1986.
AMORA, PAULO. *Bernardes: O estadista de Minas na República*. São Paulo: Companhia Editora Nacional, 1964.
AMERICANO, Jorge. *São Paulo nesse tempo (1915-1935)*. São Paulo: Melhoramentos, 1962.
_____. *A lição dos factos*. São Paulo: Livraria Acadêmica Saraiva, 1924.
ANDRADE, Euclides; CÂMARA, Hely F. da, primeiro-tenente. *A Força Pública de São Paulo: Esboço histórico (1831-1931)*. Edição do autor, 1985.
ANDRADE, Oswald de. *Memórias sentimentais de João Miramar. Serafim Ponte Grande*. Rio de Janeiro: Civilização Brasileira, 1971.
AQUINO, Laura Christina Mello de. *Os "tenentes" estrangeiros: A participação de batalhões estrangeiros na rebelião de 1924 em São Paulo*. João Pessoa: Editora Universitária UFPB, 1998.
BARBULHO, Euclydes. *Mooca, 450 anos*. São Paulo: Edição do autor, 2006.

BARROS, João Alberto Lins de. *Memórias de um revolucionário. 1ª parte: A marcha da Coluna*. Rio de Janeiro: Civilização Brasileira, 1954.

BARROS, José D'Assunção. *O projeto de pesquisa em história: Da escolha do tema ao quadro teórico*. Petrópolis: Vozes, 2011.

BOMTEMPI, Silvio. *O bairro da Penha: História dos bairros de São Paulo*. Prefeitura Municipal. Secretaria de Educação e Cultura. Departamento de Cultura, s/d.

BORGES, Vavy Pacheco. *Tenentismo e revolução brasileira*. São Paulo: Brasiliense, 1992.

BOSI, Ecléa. *Memória e sociedade: Lembranças de velhos*, São Paulo: T.A Queiroz, 1983.

BRANDÃO, Octavio. *Agrarismo e industrialismo*. 2 ed. São Paulo: Anita Garibaldi, 2006.

BRITTO, Eduardo; DIANNO, Fábio. *São Paulo Tramway Tremembé Parada Inglesa*. São Paulo: Negócios e Projetos, 1999.

BURKE, Peter. *Testemunha ocular: História e imagem*. Bauru: Edusc, 2004.

CÁPUA, Claudio de. *Revolução de 1924 e seus desdobramentos até 1930*. São Paulo: Editoração, 2001.

CARNEIRO, Glauco. *História das revoluções brasileiras*. Rio de Janeiro: Record, 1989.

CARONE, Edgar. *A República Velha: Instituições e classes sociais*. São Paulo: Difel, 1972.

CARTA, Mino. *Histórias da Mooca: Com a bênção de San Gennaro*. São Paulo: Berlendis & Vertecchia, 1982.

CARVALHO, marechal Setembrino de. *Dados para a história do Brasil*. Rio de Janeiro: Edição do autor, 1950.

CERQUEIRA, João da Gama. *Responsabilidade civil do Poder Público pelos actos damnosos de seus agentes: A sedição de 1924*. São Paulo: Empresa gráfica da *Revista dos Tribunais*, 1939.

CERTEAU, Michel de. *A escrita da história*. Rio de Janeiro: Forense Universitária, 2010.

CHATEAUBRIAND, Assis. *Terra deshumana: A vocação revolucionária do presidente Arthur Bernardes*. Rio de Janeiro: Oficinas de *O Jornal*, 1926.

COHEN, Ilda Stern. *Bombas sobre São Paulo: A Revolução de 1924*. São Paulo: Editora Unesp, 2007.

CÔRREA, Anna Maria Martinez. *A rebelião de 1924 em São Paulo*. São Paulo: Hucitec, 1976.

COSTA, Edgar. *Efemérides judiciárias*. Rio de Janeiro: Instituto Nacional do Livro, 1961.

COSTA, Emília Viotti da. *Coroas de glória, lágrimas de sangue: A rebelião dos escravos de Demerara em 1825*. São Paulo: Companhia das Letras, 1998.

CUNHA, Paulo Ribeiro da. *Um olhar à esquerda: A utopia tenentista na construção do pensamento marxista de Nelson Werneck Sodré*. Rio de Janeiro: Fapesp — Editora Revan, 2002.

DANTAS, José Ibarê Costa. *O tenentismo em Sergipe*. Aracaju: J. Andrade, 1999.

D'ASSUMPÇÃO, Herculano Teixeira. *A campanha do Contestado*, vols. I e II. Curitiba: Edição do autor, s/d.

DEAN, Warren. *A industrialização de São Paulo (1880-1945)*. São Paulo: Difel — Universidade de São Paulo, 1971

DIAS, Everardo. *História das lutas sociais no Brasil*. São Paulo: Edaglit, 1962.

_____. *Bastilhas modernas*. São Paulo: Editora de Obras Sociais e Literárias, 1926.

DULLES, John. D. Forster. *Anarquistas e comunistas no Brasil:* 1900-1935. Rio de Janeiro: Nova Fronteira, 1973.

DUTRA, Eliana de Freitas. *O ardil totalitário: Imaginário político no Brasil dos anos de 1930*. Belo Horizonte: Editora UFMG, 2012.

FAUSTO, Boris. "A crise dos anos vinte e a Revolução de 1930", In *História geral da civilização brasileira*. Rio de Janeiro: Difel, 1977.

FLORIDO, Elizabeth. *Mooca, 450 anos*. São Paulo: Edição da autora, 2006.

FRAGA, Nilson César. *Contestado em guerra 1912-2012*. Florianópolis: Insular, 2012.

GINZBURG, Carlo. *Mitos, emblemas, sinais: Morfologia e história*. São Paulo: Companhia das Letras, 2011.

_____. *O queijo e os vermes: O cotidiano e as ideias de um moleiro perseguido pela Inquisição*. São Paulo: Companhia das Letras, 1987.

ISAU, Manoel. *Liceu Coração de Jesus*. São Paulo: Editora Salesiana Dom Bosco, 1985.

JONHSON, Carlos Molina. *Chile: Los militares y la politica*. Editorial Andrés Bello, 1989.
JORGE, Fernando. *Getúlio Vargas e seu tempo:* Um retrato com luz e sombra. Vol. II (1900-1925). São Paulo: T.A. Queiroz Editor, 1994.
_____. *Cale a boca, jornalista*. São Paulo: Novo Século, 2008.
KHOURY, Yara Aun. *As greves de 1917 em São Paulo*. São Paulo: Cortez, 1981.
KOSSOY, Boris. *Fotografia & história*. São Paulo: Ateliê Editorial, 2001.
LACERDA, Maurício de. *História de uma covardia*. Rio de Janeiro: Nova Fronteira, 1980.
LIMA, Alberto de Souza. *Arthur Bernardes perante a história*. Belo Horizonte: Imprensa Oficial de Minas Gerais, 1986.
LIMA, Lourenço Moreira. *A Coluna Prestes, marchas e combates*. São Paulo: Alfa Ômega, 1985.
LOPREATO, Cristina da Silva Roquette. *A greve geral anarquista de 1917: A semana trágica*. São Paulo: Secretaria de Estado da Cultura-Museu da Imigração, 1997.
LÖWY, Michael (Org.). *Revoluções*. São Paulo: Boitempo, 2009.
MACIEL, Alceu Dantas. *A revolta de 1924*. São Paulo: Edição do autor, 1924.
MAGALHÃES, Bruno de Almeida. *Arthur Bernardes: Estadista da República*. Rio de Janeiro: José Olympio, 1973.
MALTA, Octavio. *Os "tenentes" na revolução brasileira*. Rio de Janeiro: Civilização Brasileira, 1969.
MALATIAN, Tereza. "Narrador, registro e arquivo", In PINSKY, Carla Bassanezi; DE LUCA, Tania Regina (Orgs.) *O historiador e suas fontes*. São Paulo: Contexto, 2010.
MARINS, Francisco. *Atalhos sem fim*. São Paulo: Escrituras, 2004.
MATOS, Maria Izilda Santos de. *Cotidiano e cultura: História, cidade e trabalho*. Bauru: Edusc, 2002.
McCAN, Frank. *Soldados da pátria: História do Exército Brasileiro (1889-1937)*. São Paulo: Companhia das Letras, 2005.
MEDEIROS, Daniel H. *1930: A revolução disfarçada*. São Paulo: Editora do Brasil, 1989.
MELLO, Frederico Pernambucano de. *A guerra total de Canudos*. São Paulo: A Girafa, 2007.

MORAES, João Quartim de. *A esquerda militar no Brasil*. São Paulo: Expressão Popular, 2005.

MORAIS, Fernando. *Chatô: O rei do Brasil*. São Paulo: Companhia das Letras, 1994.

NEGRO, Antonio Luigi; SILVA, Sergio. *E. P. Thompson: As peculiaridades dos ingleses e outros artigos*. Campinas: Editora Unicamp, 2001.

OLIVEIRA, Nelson Tabajara de. *1924: A revolução de Isidoro*. São Paulo: Companhia Editora Nacional, 1926.

PENTEADO, Jacob. *Belènzinho,1910: Retrato de uma época*. São Paulo: Carrenho Editorial, 2003.

PEIXOTO, Demerval. *A campanha do Contestado*. Rio de Janeiro: Segundo Milênio, 1920.

_____. *Campanha do Contestado III: A grande ofensiva*. Curitiba: Coleção Farol do Saber. Prefeitura Municipal de Curitiba, 1995.

PEREIRA, Duarte Pacheco. *1924: O diário da revolução — Os 23 dias que abalaram São Paulo*. São Paulo: Fundação Energia e Saneamento e Imprensa Oficial, 2010.

PINHEIRO, Paulo Sérgio. *Estratégias da ilusão: A revolução mundial e o Brasil 1922-1935*. São Paulo: Companhia das Letras, 1991.

PINSKY, Carla Bassanezi (Org.). *Fontes históricas*. São Paulo: Contexto, 2011.

PINTO, Firmiano. *A Prefeitura de São Paulo em face dos acontecimentos de julho*. São Paulo: Seção de Obras de O Estado de S. Paulo, 1924.

PIZA, Wladimir Toledo. *O dinheiro do Brasil*. São Paulo: Duas Cidades, 1980.

PRESTES, Anita Leocádia. *Uma epopeia brasileira: A Coluna Prestes*. São Paulo: Moderna, 1985.

RODRIGUES, Edgar. *Os Companheiros*, vols. 1 e 2. Rio de Janeiro: VJR Editores Associados, 1994.

_____. *Novos rumos — pesquisa social 1922-1946*. São Paulo: Mundo Livre, 1990.

RODRIGUES, Cândido Moreira. *Intelectuais & comunismo no Brasil: 1924-1950*. Cuiabá: Editora UFMT, 2011.

SAMIS, Alfredo. *Clevelândia: Anarquismo, sindicalismo e repressão política no Brasil*. Rio de Janeiro: Imaginário/Achiamé, 2002.

SESSO, Geraldo Jr. *Retalhos da velha São Paulo*. 3 ed. São Paulo: Oesp/Maltese, 1987.

SILVA, Hélio. *A marcha da coluna Prestes: 1923-1926*. São Paulo: Editora Três, 1998.

SILVA, João. *Farrapos de nossa história: Marcha da Coluna Prestes*. São Luiz Gonzaga: Edição do autor, 1959.

SOARES, Gerson de Macedo. *A acção da Marinha na Revolução Paulista de 1924*. Rio de Janeiro: Guanabara, 1924.

SODRÉ, Nelson Werneck. *História militar do Brasil*. São Paulo: Expressão Popular, 2010.

SOUSA, Jorge Pedro. *Fotojornalismo: Introdução à história, às técnicas e à linguagem da fotografia na imprensa*. Florianópolis: Letras Contemporâneas, 2004.

TÁVORA, Juarez. *À guisa de depoimento*. 3 vol. São Paulo: Edição do autor, 1925.

_____. *Uma vida e muitas lutas: A caminho do altiplano*. Vol. 2. Rio de Janeiro: José Olympio, 1974.

_____. *Costumes em comum: Estudos sobre a cultura popular tradicional*. São Paulo: Companhia das Letras, 1998.

VÁRIOS AUTORES. *A Light e a Revolução de 24*. São Paulo: Departamento de Patrimônio Histórico, 1987.

VÁRIOS AUTORES. *Dicionário histórico biográfico brasileiro pós-1930*. Rio de Janeiro: Editora FGV, 2001.

Este livro foi composto na tipografia
Minion Pro Regular, em corpo 12/16, e impresso em
papel off-white no Sistema Digital Instant Duplex
da Divisão Gráfica da Distribuidora Record.